国家自然科学基金资助项目（71971001）
安徽省自然科学基金资助项目（2208085Y21）
安徽省高校杰出青年科研项目（2022AH020047）
安徽省高校学科（专业）拔尖人才学术资助项目（gxbjZD2022019）
安徽省高校优秀科研创新团队（2022AH010045）

波动率建模与预测研究

基于价格极差的金融

吴鑫育 ◎著

Modelling and Forecasting
# FINANCIAL
# VOLATILITY
with Price Range

中国财经出版传媒集团

经济科学出版社
Economic Science Press

·北京·

图书在版编目（CIP）数据

基于价格极差的金融波动率建模与预测研究/吴鑫育著. --北京：经济科学出版社，2023.12
ISBN 978 - 7 - 5218 - 5298 - 1

Ⅰ.①基…　Ⅱ.①吴…　Ⅲ.①金融市场 - 经济波动 - 经济模型 - 预测 - 研究　Ⅳ.①F830.9

中国国家版本馆 CIP 数据核字（2023）第 201235 号

责任编辑：周国强
责任校对：齐　杰
责任印制：张佳裕

基于价格极差的金融波动率建模与预测研究

JIYU JIAGE JICHA DE JINRONG BODONGLÜ JIANMO YU YUCE YANJIU

吴鑫育　著

经济科学出版社出版、发行　新华书店经销
社址：北京市海淀区阜成路甲 28 号　邮编：100142
总编部电话：010 - 88191217　发行部电话：010 - 88191522
网址：www. esp. com. cn
电子邮箱：esp@ esp. com. cn
天猫网店：经济科学出版社旗舰店
网址：http：//jjkxcbs. tmall. com
固安华明印业有限公司印装
710 × 1000　16 开　16.5 印张　270000 字
2023 年 12 月第 1 版　2023 年 12 月第 1 次印刷
ISBN 978 - 7 - 5218 - 5298 - 1　定价：98.00 元
（图书出现印装问题，本社负责调换。电话：010 - 88191545）
（版权所有　侵权必究　打击盗版　举报热线：010 - 88191661
QQ：2242791300　营销中心电话：010 - 88191537
电子邮箱：dbts@ esp. com. cn）

　　众所周知，金融市场是一个具有不确定性的复杂系统，而衡量不确定性最重要的一个变量或工具就是波动率。研究表明，金融波动率具有复杂的特征，例如波动率聚集性、非对称性和长记忆性。关于金融波动率建模与预测的模型很多，其中波勒斯勒夫（Bollerslev，1986）提出的广义自回归条件异方差（GARCH）模型和泰勒（Taylor，1994）提出的随机波动率（SV）模型是两类能够较好地刻画波动率的时变性和聚集性等动态特征的模型。虽然GARCH模型和SV模型在实证中获得了较大的成功，但这些模型仍仅利用了收益率数据，忽略了日内价格变动的信息，导致信息与效率的损失，从而不能有效测度资产价格实际波动的情况。为了克服这一问题，有学者提出采用价格极差测度波动率，基于价格极差相比基于收益率估计的波动率具有更高的效率。由此，为进一步描述价格极差的动态性，仇（Chou，2005）提出了经典的条件自回归极差（CARR）模型。该模型相比基于收益率的波动率模型（如GARCH模型）具有更好的波动率预测效果。但是，该模型对于波动率动态性的刻画仍存在许多可拓展的地方，例如，可以通过进一步考虑波动率长记忆性、波动率非对称性、不同类型信息（如前瞻信息和宏观信息）对波动率建模。因此，有必要对CARR模型进行扩展，构建更加合理、精确的波动率预测模型，这对于资产组合配置、风险管理和期权定价具有重要的理论价值和现实意义。

　　本书着眼于目前国内外在金融波动率建模与预测研究方面的不足，较为深入地研究了基于价格极差的金融波动率的建模与预测问题，提出了多种基于价格极差的金融波动率模型，并结合金融市场实际数据，对提出模型进行了实证研究。本研究丰富和完善了现有的金融波动率建模理论与方法，为市场投资者提供了更多的理论依据与实践指导。

　　本书共 12 章。第 1 章为绪论，重点介绍本书的研究背景与意义、相关文献综述和研究内容。第 2 章介绍了带 Gamma 分布的 CARR（GCARR）模型。第 3 章对仇（Chou，2006）提出的非对称 CARR（ACARR）模型进行扩展，提出了拓展的 CARR（EXCARR）模型。第 4 章将波动率分解为两个成分：长期（趋势）成分和短期成分，提出了双成分 CARR（CCARR）模型。第 5 章提出了非对称 CCARR（ACCARR）模型来捕获波动率非对称性（杠杆效应）。第 6 章通过在 CARR 模型中引入已实现测度（高频数据信息）和波动率乘性成分结构，提出了得分驱动乘性成分已实现 CARR（SD-MCRCARR）模型。第 7 章借鉴 GARCH-MIDAS 模型的建模思路，提出了非对称 CARR-MIDAS（ACARR-MIDAS）模型。第 8 章构建了带隐含波动率的 CARR-MIDAS（CARR-MIDAS-Ⅳ）模型，对极差波动率进行建模和预测。第 9 章利用 CARR-MIDAS 模型研究了经济政策不确定性（EPU）对中国股票市场和国际原油期货市场波动率的影响以及预测能力。第 10 章构建了带杠杆效应的随机条件极差（SCRL）模型，提出了一种灵活且易于实现的基于连续粒子滤波（continuous particle filters）的极大似然估计方法，并针对股票市场指数进行了实证研究。第 11 章提出了双因子随机条件极差（2FSCR）模型，实证分析验证了提出模型的优越性。第 12 章是本书的结论与展望，对本书的主要研究结论进行了总结，并对后续可能的研究方向提出了前瞻性的展望。

　　本书的研究工作得到了国家自然科学基金项目、安徽省自然科学基金项目、安徽省高校杰出青年科研项目和安徽省高校学科（专业）拔尖人才学术资助项目的资助以及安徽财经大学金融学院的支持。在本书出版之际，要特别感谢湖南大学工商管理学院马超群教授、南京大学工程管理学院李心丹教授，感谢他们指导了本书的研究工作。感谢对外经济贸易大学金融学院谢海滨教授对本书研究工作的帮助和支持。感谢我的硕士生蒋正婷、钱佳、赵安、朱志田和成腾飞等在写作过程中提供的帮助。

　　由于笔者学识有限，书中难免存在不足甚至谬误，恳请广大读者提出宝贵意见，以便将来本书再版时予以改进和完善。

吴鑫育

2023 年 4 月

# 目　录

第 1 章

# 绪　论

## 1.1　研究背景与意义

### 1.1.1　研究背景

众所周知，在金融市场上，建模和预测波动率是十分重要的。金融市场是一个具有不确定性的复杂系统，而衡量不确定性最重要的一个变量或工具就是波动率，用概率统计的语言来表述则为方差或者条件方差。条件方差可以利用过去的历史信息预测未来方差或波动率。对波动率的预测可以让我们了解金融市场不确定性的大小，从而能够进一步探究不确定性如何影响投资者的投资决策，进而影响资产价格。

研究表明，波动率往往表现出时变性和聚集性，即一个大的波动后面往往伴随着较大的波动，而一个小的波动后面往往伴随着较小的波动。有关波动率预测的模型有很多，其中，波勒斯勒夫（Bollerslev，1986）提出的广义自回归条件异方差（GARCH）模型和泰勒（Taylor，1994）提出的随机波动率（SV）模型是两类能够较好地捕获波动率这种动态特征的模型。GARCH

模型假设条件方差是历史信息集的一个确定性函数，而 SV 模型假设条件方差由一个隐含的随机过程所生成，是不可观测的。由于 SV 模型在条件方差过程中引入了一个新的随机过程，模型的尾部拟合能力更强，能够解释资产收益率大部分的非正态性（"尖峰""厚尾"），这使得 SV 模型相比 GARCH 模型具有更高的灵活性，且其对金融时间序列数据具有更好的样本内拟合效果和样本外波动率预测效果。而且，SV 模型与连续时间的金融数据密切相关，因而这类模型在资产定价和衍生产品定价中得到了广泛的关注与应用。但是，SV 模型相比 GARCH 模型较难实现。

无论是 GARCH 模型还是 SV 模型，都是基于收益率数据进行建模的。但收益率数据仅利用了收盘价信息，忽略了日内价格变动的信息，导致信息与效率的损失，并不能完全反映资产价格实际的波动情况。特别是在金融市场高波动率时期，采用收益率信息估计的波动率往往被严重低估。为了克服上述问题，进一步充分利用金融资产的最高价和最低价（日内价格）信息，帕金森（Parkinson，1980）考虑构建了价格极差（最高价和最低价之差）作为波动率的代理变量，该估计量在理论上比基于收益率估计的波动率具有更高的效率，提高了对波动率估计的有效性。此外，基于日内高频交易数据构建的已实现波动率测度对波动率进行估计是另一种利用日内信息的方法。已实现波动率测度不仅构造简单，而且充分利用了日内交易的收益率信息，理论上利用高频交易数据可以获得更加精确的波动率估计。然而，现实中由于高频数据受到微观结构噪声的影响，高频环境下市场微观结构噪声对已实现波动率测度存在显著的影响，而且这种影响会随着抽样频率的增加而增加，导致已实现波动率测度往往是真实波动率的有偏估计。相比较而言，价格极差对微观结构噪声的影响并不敏感，是对微观结构噪声较为稳健的波动率估计量。特别地，德吉安纳基斯和利瓦达（Degiannakis and Livada，2013）研究发现，价格极差波动率相比已实现波动率测度是更为精确的波动率估计量。此外，由于金融市场每日交易的最高价和最低价相比高频数据在数据的获取上也更为容易，这使得基于价格极差的波动率建模方法具有广泛的适用性，在金融学文献中得到了越来越多的关注与应用。

然而，相较于基于收益率对波动率建模的研究，基于价格极差对波动率建模的研究相对较少。阿里扎德等（Alizadeh et al.，2002）、勃兰特和琼斯（Brandt and Jones，2006）考虑了将价格极差与传统 SV 模型和 EGARCH 模型结合对波动率进行估计，他们发现基于价格极差的波动率模型相比基于收益率的波动率模型可以获得更好的样本外预测效果。然而，这些研究主要针对对数价格极差进行建模，建立在对数价格极差近似服从正态分布的假设上。但是事实上价格极差并非完全服从正态分布。基于此，仇（Chou，2005）构建了对价格极差动态性直接建模的条件自回归极差（CARR）模型。他发现基于价格极差的 CARR 模型相比传统的基于收益率的 GARCH 模型可以获得更准确的波动率估计结果。尽管 CARR 模型在实证中获得了一定的成功，但是该模型在刻画波动率复杂的动态性方面仍存在一定的局限性，存在诸多可拓展之处。因此，对 CARR 模型进行扩展，构建更加合理、精确的基于价格极差的波动率模型值得深入研究。

## 1.1.2　研究意义

波动率作为衡量金融市场风险的一个标准测度，其建模与预测是金融经济学和计量经济学文献关注的热点问题。无论是学术研究人员、政策制定者还是监管机构，都非常关注波动率。波动率的准确估计与预测对于投资组合、风险管理和期权定价等都具有十分重要的意义。对于研究者来说，波动率是理解金融市场定价效率的关键（Campbell and Shiller，1988；Cuthbertson and Hyde，2002）。对于政策制定者和监管者来说，波动率与金融市场的运行密切相关，且其对实体经济的稳定发展也有着巨大的影响。

传统上，常用 GARCH 模型来估计和预测波动率。GARCH 模型采用绝对或平方收益率作为波动率的代理变量。但是，这些波动率代理变量是基于收盘价计算得到的，没有充分利用日内价格变动的信息，导致 GARCH 模型的波动率预测效果并不能令人满意。因此，寻找更合理、更充分利用了日内价格变动信息的波动率代理变量来改进波动率估计和预测的精确性至关重要。帕金森

（Parkinson，1980）提出采用价格极差作为波动率的代理变量，而 CARR 模型为描述价格极差的动态性提供了一个良好的模型框架。CARR 模型的形式与标准 GARCH 波动率模型的形式类似。其主要区别是：GARCH 模型使用收益率作为其波动率的测度，而 CARR 模型使用价格极差作为波动率的测度。CARR 模型与 GARCH 模型相比，是一种更有效的建模和预测波动率的方法。

尽管基于价格极差的波动率建模的相关理论和实证研究已经取得了部分成果，但仍存在一些尚未被探索的研究领域和研究路径，或者需要进一步深入研究的问题。例如，传统的 CARR 模型不能刻画波动率的长记忆性，也没有考虑到不同类型信息（如高频信息、前瞻信息和宏观信息）对波动率建模和预测的影响。因此，对经典的 CARR 模型加以修正和拓展，探寻能够更精确地对波动率预测的模型和方法至关重要。本书提出了多种扩展的 CARR 模型，包括带伽马分布的 CARR（GCARR）模型、拓展 CARR（EXCARR）模型、双成分 CARR（CCARR）模型、非对称 CCARR（ACCARR）模型、得分驱动乘性成分已实现 CARR（SD-MCRCARR）模型、非对称 CARR-MIDAS（ACARR-MIDAS）模型、引入隐含波动率的 CARR-MIDAS（CARR-MIDAS-IV）模型、引入经济政策不确定性（EPU）的 CARR-MIDAS（CARR-MIDAS-EPU）模型、带杠杆效应的随机条件极差（SCRL）模型和双因子随机条件极差（2FSCR）模型，对实际市场的金融波动率进行建模、预测及进一步分析，具有较高的理论价值及现实意义。本书的工作丰富和完善了基于价格极差的金融波动率建模及预测的研究，为相关研究提供了有益的理论与借鉴方法，无论对学术研究人员还是实际从业人员都具有重要的指导意义。本书研究工作不仅有助于研究者提高金融市场定价效率，而且有利于政策制定者和监管者把控金融市场稳定运行。

## 1.2　国内外研究文献

随着理论研究的不断深入和技术的快速发展，波动率建模和预测的研究已取得了丰硕的成果。金融相关的研究中，学者们一致认为金融波动率是时变且可预测的。但一方面由于波动率本身并不能直接观测到，只能利用某些代理变量去估计，会产生度量误差；另一方面，波动率展现非常复杂的特性，例如，波动率聚集性、非对称性和长记忆性等，因此，建立合理的模型刻画波动率的这些特性并进行准确的估计与预测，是一件具有挑战性的工作。

### 1.2.1　价格极差

最新研究表明，人们使用价格极差来估计波动率的兴趣越来越浓厚。曼德（Mandelbrot，1971）最早在金融中使用价格极差的想法，他利用了价格极差来测试资产价格是否存在长记忆性。一些研究指出，价格极差数据比收益率数据更能准确地估计波动。帕金森（Parkinson，1980）运用极值理论和极差性质，有力地论证了极差估计波动率的优越性。阿里扎德等（Alizadeh et al.，2002）从理论和经验上表明，基于价格极差的波动率代理变量不仅高效、近似高斯，且对微观结构噪声具有稳健性。德吉安纳基斯和利瓦达（Degiannakis and Livada，2013）发现，基于价格极差的波动率估计值比基于五个或更少等距时间点的已实现波动率估计值更准确。克里斯滕森和波多尔斯基（Christensen and Podolskij，2007）、马丁斯和范戴克（Martens and van Dijk，2007）发现，基于价格极差的积分方差（integrated variance，IV）的估计相比基于收益率的估计更为有效，且对微观结构噪声稳健。

特别地，勃兰特和琼斯（Brandt and Jones，2006）将 EGARCH 模型（Nelson，1991）与日对数价格极差数据相结合，提出了一种基于价格极差的 EGARCH 模型，该模型结构简单且易于实现，可以用于捕获股票收益数据中的聚类、负相关性和对数正态性等重要特征。仇和刘（Chou and Liu，2010）利用基于价格极差的波动率模型实证考察了波动率择时的经济价值，发现基于价格极差的波动率模型相比基于收益率的波动率模型具有更好的表现（Garman and Klass，1980；Beckers，1983；Wiggins，1991；Rogers and Satchell，1991；Kunitomo，1992；Rogers，1998；Yang and Zhang，2000）。

国内一些学者也对价格极差波动率模型进行了深入研究。周杰和刘三阳

（2006）、蒋祥林等（2006）探讨了基于价格极差的波动率模型比基于收益率的波动率模型更具有效性。李红权和汪寿阳（2009）、李和洪（Li and Hong，2011）引入并扩展了基于价格极差的自回归波动率模型，研究发现该模型能够有效刻画波动率的动态性，且比 GARCH 模型具有更好的波动率预测效果。郑挺国和左浩苗（2013）构建了基于价格极差的区制转移 SV 模型，并对模型的波动率预测能力进行了研究。孙便霞和王明进（2013）、刘威仪等（2016）将价格极差引入 GARCH 模型中，考察了模型对波动率及风险价值的预测能力。

## 1.2.2 CARR 模型及其扩展

基于价格极差理论的不断发展，同时鉴于价格极差在估计波动率方面的优势，越来越多的学术研究人员和金融从业人员对价格极差的动态变化特征展开了研究。为了对价格极差的动态变化进行建模和预测，仇（Chou，2005）提出了 CARR 模型，该模型与波勒斯勒夫（Bollerslev，1986）所提出的 GARCH 模型，以及恩格尔和罗素（Engle and Russell，1998）所提出的自回归条件持续时间（ACD）模型较为相似，但 CARR 模型为基于价格极差的波动率动态建模提供了一个很好的框架。与只使用收盘价数据的 GARCH 模型不同的是，CARR 模型使用的是金融资产日交易价格中的最高和最低价数据来对波动率进行建模和预测。仇（Chou，2005）、仇和刘（Chou and Liu，2010）和苗等（Miao et al.，2013）的研究表明，相较基于收益率的 GARCH 模型，基于价格极差的 CARR 模型能产生更准确的波动率预测结果。因此，基于价格极差的波动率模型在文献中得到了大量的研究和应用（Chen et al.，2008；Auer，2016；Xie，2019）。

关于 CARR 模型的扩展研究亦层出不穷。仇（Chou，2006）提出了非对称 CARR（ACARR）模型，研究发现上、下行价格极差波动率存在着非对称性。邵等（Shao et al.，2009）构建了基于已实现价格极差的 CARR 模型。仇和刘（Chou and Liu，2010）将 CARR 模型与 DCC 结构相结合，实证考察了时变波动率的经济价值。李和洪（Li and Hong，2011）提出了基于价格极差的自回归波动率模型，并证明该模型优于基于收益率的 GARCH 模型。单等（Chan et al.，2012）提出了条件自回归几何过程极差（CARGPR）模型，并证明该模型在样本内拟合和样本外预测方面都优于 CARR 模型。林等（Lin et al.，2012）基于平滑过渡条件久期模型的研究成果，提出了一种非线性平滑过渡 CARR 模型来刻画国际金融股票市场波动的非对称性。森（Sin，2013）基于带外生变量的 CARR（CARRX）模型分析了影响亚洲股票市场波动的因素。单等（Chan et al.，2015）考虑了基于 CARR 模型的金融市场风险度量。库玛（Kumar，2015）考虑了基于 RS 测度的 CARR 模型的波动率预测。蒋和王（Chiang and Wang，2011）和安德森等（Anderson et al.，2015）分别考虑了一个时变对数 CARR 模型来研究金融市场和证券化房地产市场的波动性传染。蒋等（Chiang et al.，2016）提出了对数正态条件自回归极差（lognormal Log-CARR）模型来检测波动率的异常值并提高了预测的准确性。谢等（Xie et al.，2018）将 CARR 模型与 GARCH 模型结合起来建模，提出 GARCH & CARR 模型对波动率进行了预测研究。单等（Chan et al.，2018）在具有动态波动性的 CARR 模型中应用了参数分位数回归结构来预测金融风险。谭等（Tan et al.，2019）提出分位数帕金森（QPK）测度，发现使用 QPK 测度的 CARR 模型能够显著改善样本外预测效果。

国内学者对于 CARR 及其扩展模型也进行了广泛的研究。周杰等（2007）提出了一类新的基于价格极差的 CARR 模型——条件自回归拟极差模型（QCARR）。QCARR 模型与仇（Chou，2005）所提出的 CARR 模型以及恩格尔（Engle，2002）所提出的 ACD 模型等具有类似的结构，可看作 CARR 模型在样本分位数下的推广，进一步提高了 CARR 模型的波动率预测能力。夏天（2007）基于 CARR 模型对股市交易量与股价波动率的动态关系进行了研究。殷炼乾和邵锡栋（2009）、邵锡栋和殷炼乾（2008）分别比较了 GARCH 和 CARR 模型的波动率预测能力以及对于金融市场风险（VaR）的预测能力，均发现 CARR 模型具有更好的预测效果。赵树然等（2012）考察了基于 CARR-EVT 模型的 VaR 和 CVaR 估计问题。王沁（2017）提出具有"杠杆效应"的 CARR 模型对波动率进行了预测研究。鲁万波等（2018）提出非参数 CARR 模型对我国股市波动率进行了预测，实证发现其比参数 CARR 模型具有更好的预测能力。

### 1.2.3 成分波动率模型

#### 1.2.3.1 加性成分波动率模型

经典的 CARR 模型属于单成分波动率模型且模型的波动率自相关函数呈指数型衰减，衰减速度较快，与波动率实际的样本自相关函数衰减缓慢不相符。因此，单成分的 CARR 模型可能不足以捕获波动率的长记忆性。贝雷等（Baillie et al.，1996）提出分数积分 GARCH（FIGARCH）模型以刻画波动率的长记忆特征，然而该模型计算成本高且难以实现。后来许多学者发现，波动率具有多因子结构（Engle and Lee，1999；Alizadehet al.，2002；Brandt and Jones，2006）。姚远等（2019）提出基于神经网络的加性成分波动率模型，该模型将成分结构与神经网络相结合，取得了较好的样本外预测结果。经典地，恩格尔和李（Engle and Lee，1999）构建加性成分 GARCH 模型，该模型把条件波动率分解为长期（趋势）成分和短期成分，发现成分模型对波动率的预测效果要优于单成分模型。丁（Ding，2016）的研究表明，加性成分 GARCH 模型中波动率的自相关函数是双曲衰减的，其相比指数衰减更慢，能够较好地刻画波动率的长期记忆特征，且比单成分 GARCH 模型提供了更好的数据拟合效果。克里斯托奥弗森等（Christoffersen et al.，2008）和巴勃格鲁等（Babaoglu et al.，2017）将成分 GARCH 模型应用于期权定价，获得了更好的定价效果。刘威仪（2018）考察了半价格极差的长记忆特征，发现充分考虑长记忆特征有助于提高模型的拟合预测能力。有鉴于此，汉瑞斯等（Harris et al.，2011）将日内价格极差加性分解为长期成分与短期成分以捕获价格极差的长记忆性。其中，长期成分未被设定具体的动态变化过程，而是由非参数滤波器从价格极差中提取得到，因此模型采用两步估计方法实现。汉瑞斯和马兹布斯（Harris and Mazibas，2016）随即提出马尔可夫机制转换的加性成分自回归条件极差模型以捕获波动率在不同机制下周期性切换的特征，遵循汉瑞斯等（2011）的方法，该模型首先采用非参数滤波器从价格极差中提取长期成分，其次对短期成分以及马尔科夫机制转换参数进行估计，实证结果表明在马尔可夫机制转换的自回归条件极差模型框架下，成分模型的样本外预测能力优于单成分模型。

因此，基于恩格尔和李（Engle and Lee，1999）的加性成分 GARCH 模型，吴和侯（Wu and Hou，2020）提出基于极差的加性成分 CARR（CCARR）模型对价格极差动态性建模，并进一步将其用于波动率预测。CCARR 模型引入第二个成分来解释波动率的长记忆性，扩展了 CARR 模型。具体而言，CCARR 模型由两部分组成，一部分是长期（趋势）成分，另一部分为短期成分。该模型指定长期成分的动态变化遵循 GARCH 类模型，能够采用极大似然方法一步实现估计，模型实现更为简便。

### 1.2.3.2 乘性成分波动率模型

近年来，在乘性误差模型框架下，学者们提出了统计性质更优良的乘性成分波动率模型，例如，恩格尔和兰格尔（Engle and Rangel，2008）、恩格尔等（Engle et al.，2013）、亚马多和特尔斯维尔塔（Amado and Teräsvirta，2013，2017）和亚马多等（Amado et al.，2019）。王和吉塞尔斯（Wang and Ghysels，2015）、康拉德和克伦（Conrad and Kleen，2020）探讨了乘性成分模型的统计性质，发现乘性成分模型能够很好地捕获波动率复杂的动态性（如波动率高持续性和长记忆性），以及处理波动率结构性突变或非平稳性。

恩格尔等（Engle et al.，2013）借鉴吉塞尔斯等（Ghysels et al.，2004，2007）提出的混频数据抽样（mixed data sampling，MIDAS）方法，对传统的基于同频数据的 GARCH 模型进行扩展，提出了 GARCH-MIDAS 模型。该模型将波动率乘性分解为两个成分：高频短期成分和低频长期成分，其中短期成分服从一个日度 GARCH 过程，而长期成分基于 MIDAS 方法建模，与低频（例如月度）波动率或宏观经济变量直接联系起来。GARCH-MIDAS 模型为结合不同频率抽样的数据对波动率建模提供了一个有用且方便的框架，避免了信息的丢失，在金融计量学文献中获得了广泛的关注（Asgharian et al.，2013；Conrad and Loch，2015；Wang and Ghysels，2015；Dorion，2016；Pan et al.，2017；Conrad and Kleen，2020；郑挺国和尚玉皇，2014）。

基于 GARCH-MIDAS 模型框架，国内一些学者研究了经济政策不确定性（EPU）指数对中国股市波动率的影响及预测作用。例如，雷立坤等（2018）运用 GARCH-MIDAS 模型分析了 EPU 指数对上证综指波动率的影响及预测作用，发现 EPU 指数能够很好地解释我国股市波动率的长期成分，并显著改进对上证综指波动率的预测精度。夏婷和闻岳春（2018）运用 GARCH-MIDAS 模型分析了 EPU 指数对中国 A 股、B 股波动率的影响，发现中国 EPU 指数对 A 股无显著影响，但会显著影响 B 股的长期波动趋势，美国 EPU 指数对中国股市波动率的影响不显著。于等（Yu et al.，2018）、于和黄（Yu and Huang，2021）采用 GARCH-MIDAS 模型研究了全球 EPU 指数对中国股市波动率的影响以及预测能力，发现全球 EPU 指数对中国股市波动率具有显著的正向影响，且对预测中国股市波动率具有重要作用。张一锋等（2020）基于 GARCH-MIDAS 模型的实证研究发现，EPU 指数对中国 A 股市场波动率具有显著的负向影响。李等（Li et al.，2020）采用 GARCH-MIDAS 模型研究了全球 EPU 指数对中国股市波动率的影响，发现全球 EPU 指数方向（向上和向下）对中国股市波动率具有正向影响，且能够改进模型波动率预测精确性。王等（Wang et al.，2021）采用 GARCH-MIDAS 模型研究了 EPU 对中国金融股票波动率的影响，发现 EPU 对中国金融股票波动率具有显著的负向影响。

但是，上述成分波动率模型都是基于收益率建模。基于收益率的波动率模型仅仅利用了资产价格的收盘信息，忽略了日内价格变动的信息。鉴于此，吴等（Wu et al.，2020）和谢（Xie，2020）借鉴乘性成分波动率模型的建模思路，提出基于价格极差的乘性成分 CARR 模型对价格极差动态性进行建模。

## 1.2.4　随机条件极差（SCR）模型

CARR 模型在结构上与 GARCH 模型相似，但模型灵活性仍有待提高。

借鉴 SV 模型的建模思路，加利（Galli，2014）提出随机条件极差（SCR）模型来描述价格极差的动态性。在 SCR 模型中，价格极差动态性由一个不可观测的隐变量驱动，这可以捕获市场上不可观测的信息流的到来，使模型变得更加灵活。加利（Galli，2014）研究表明，SCR 模型相比 CARR 模型具有更好的样本内拟合效果，但是样本外预测表现与 CARR 模型并没有太大差别。此外，研究也发现基本的 SCR 模型对于描述金融时间序列的一些经验特征事实仍过于局限，例如波动率不仅具有短期的相关性，而且具有长期相互影响，即波动率具有持续性和长记忆性。SCR 模型对于充分刻画这种波动率长记忆特征仍存在局限性。此外，加利（Galli，2014）采用对数正态分布和 Weibull 分布对价格极差的新息建模，其对于价格极差尾部分布的拟合并不充分。

## 1.3　研究内容与结构安排

根据金融资产波动率建模的理论发展脉络，系统地研究不同的波动率模型理论和条件自回归极差（CARR）模型及其扩展的模型与方法，研究它们的特征、适用条件，并基于此对金融资产波动率进行有效估计和预测。因此，本书将从条件自回归极差（CARR）模型及其扩展模型的建模和估计进行研究。全书共 12 章，各章主要内容简述如下：

第 1 章是绪论部分。本章首先介绍本书的研究背景与意义；然后介绍国内外已有的研究进展；进一步介绍本书的研究内容与结构安排；进而介绍本书的研究方法与技术路线，形成本书研究的起点；最后介绍本书研究的创新与特色。

第 2 章在 CARR 模型的基础上，提出带 Gamma 分布的 CARR（GCARR）模型对基于价格极差的金融资产波动率进行建模。首先讨论了 GCARR 模型的理论性质；其次，将 GCARR 模型与带 Weibull 分布的 CARR（WCARR）模型的实证表现进行比较；最后采用不同时期的巴西 BVSP、法国 CAC40、德国 DAX、印度尼西亚 JKSE、韩国 KOSPI、日本 NK225，以及中国香港 HSI 等股票指数进行实证研究。

第 3 章提出扩展的 CARR（EXCARR）模型对金融资产波动率进行建模。首先在 CARR 模型的基础上，考虑上、下行价格极差波动率存在的非对称性并阐明 EXCARR 模型与 CARR 和 ACARR 模型之间的关系；其次，介绍 EX-CARR 模型的参数估计以及样本外预测方法；最后采用美国标普 500 指数（SPX）、德国 DAX 指数、日本日经 225 指数（NK225），以及中国香港恒生指数（HSI）等多种股指进行实证研究。

第 4 章提出 CCARR 模型对金融资产的波动率进行建模与预测。首先在 CARR 模型的基础上，将条件价格极差加性分解为长期成分和短期成分，所构建的 CCARR 模型能够捕捉波动率的长记忆性。该模型直观，且参数估计易于实现，能够采用极大似然方法进行估计。然后，采用中国上证综合指数（SSEC）、中国香港恒生指数（HSI）、日本日经 225 指数（NK225）、美国标普 500 指数（SPX）、法国 CAC40 指数（CAC40）、德国 DAX 指数（GDAXI）6 个股票市场指数以及比特币市场数据进行实证研究。

第 5 章提出非对称的 CCARR（ACCARR）模型对金融资产的波动率进行建模及预测。有别于第 4 章对条件价格极差加性分解的 CCARR 模型，本章首先构建具有乘性结构的 CCARR 模型，在此基础上引入杠杆效应构建 AC-CARR 模型。然后采用中国上证综合指数（SSEC）、中国香港恒生指数（HSI）、日本日经 225 指数（NK225）、法国 CAC40 指数（CAC40）和德国 DAX 指数（GDAXI）5 个股票市场的指数数据进行实证研究。

第 6 章提出得分驱动乘性成分已实现 CARR（SD-MCRCARR）模型描述金融资产波动率的建模及预测问题。首先在 CARR 模型的基础上引入基于高频数据的已实现测度，其次将条件价格极差进行乘性分解，然后采用广义自回归得分（GAS）框架下的得分驱动方法设定长期成分与短期成分的驱动过程。本章所构建的 SD-MCRCARR 模型能够刻画市场大的波动、充分捕获波动率的长记忆性以及观测变量条件分布的信息，最后选取上证综合指数（SSEC）与深证成份股指数（SZSEC）数据进行实证研究。

第 7 章引入已实现测度（高频信息）和杠杆效应，提出非对称 CARR 混频（ACARR-MIDAS）模型对金融资产的波动率进行建模及预测。其中，条件价格极差分解成长期成分和短期成分，其中短期成分近似服从 GARCH（1，1）过程，引入收益率滞后项来捕获价格极差的杠杆效应，长期成分基于 MIDAS 回归思想建模。然后选取中国上证综合指数（SSEC）、中国香港恒生指数（HSI）、日本日经指数（NK225）和韩国综合股价指数（KOSPI）这四个股票市场指数数据进行实证研究，对构建的理论模型进行实证检验。

第 8 章引入隐含波动率（高频信息），构建了带隐含波动率的混频 CARR（CARR-MIDAS-Ⅳ）模型对条件价格极差进行建模和预测。然后采用中国香港恒生指数（HSI）和美国标普 500 指数（SPX）进行实证研究。

第 9 章引入宏观信息（经济政策不确定性），构建 CARR-MIDAS-EPU 模型，研究经济政策不确定性（EPU）对国际原油期货市场和中国股票市场波动率的影响。通过使用西得克萨斯中质原油（WTI）期货、上证综合指数（SSEC）与四个 EPU 指数数据，即全球 EPU 指数、美国 EPU 指数、中国 EPU 指数和俄罗斯 EPU 指数，研究不同 EPU 指数对 WTI 期货条件价格极差的影响，探讨全球 EPU 指数与中国 EPU 指数对中国股票市场条件价格极差的影响。

第 10 章基于包含杠杆效应的随机条件自回归极差（SCRL）模型探讨考虑杠杆效应的波动率建模和预测问题。首先，借鉴 SV 模型的建模思想，对 CARR 模型进行拓展，构建 SCRL 模型对波动率进行建模和预测，分析考虑杠杆效应对波动率建模和预测的影响；其次，构建基于连续粒子滤波的极大似然（CSIR-ML）估计方法，并利用蒙特卡洛模拟实验检验 CSIR-ML 估计方法的有效性；最后，给出基于上证综合指数、恒生指数、日经 225 指数和 SPX 指数数据的实证研究。

第 11 章基于双因子随机条件价格极差（2FSCR）模型研究波动率长记忆特征以及价格极差新息服从 Gamma 分布的波动率建模和预测问题。首先，对 SCR 模型进行拓展，构建 2FSCR 模型，描述价格极差的动态性；其次，采用标的资产日内价格极差数据，给出 2FSCR 模型基于 CSIR-ML 方法的参数估计；最后，给出基于上证综合指数、深证成份股指数、香港恒生指数和标普 500 指数数据的实证研究。

第 12 章对本书进行总结，并对后续可能的研究方向进行前瞻性的展望。

# 1.4  研究方法与技术路线

有关金融波动率的研究中，GARCH 模型和 SV 模型都是基于收益率数据来建模和预测波动率。但是收益率数据仅利用了收盘价信息，忽略了日内价格变动，导致信息的损失。为了更好地估计波动率，帕金森（Parkinson，1980）提出采用价格极差来估计波动率，研究发现其相比基于收益率的波动率测度更为有效。随着价格极差的波动率估计方法的提出，越来越多的学者发现引入价格极差测度有助于改善模型的估计和预测效果。基于此，本书结合金融市场波动率的特性，对价格极差进行建模，同时对相关模型进行了一系列的扩展研究。此外，将模型应用到各大金融市场，进一步探究模型的有效性。本书主要以计量经济方法为理论基础，综合运用金融计量、金融时间序列分析等多种基本分析手段，通过将数理推导、数值模拟实验与实证应用研究相结合，对波动率估计及预测问题进行系统深入的研究与探讨。具体的研究方法如下：

（1）对价格极差模型进行估计时，在观测驱动的模型下采用经典的、有效的极大似然估计方法；在参数驱动的模型框架下采用基于连续粒子滤波的极大似然估计方法，并采用了蒙特卡洛模拟的检验该方法的有效性。为进行这些研究，还需要用到数值分析和概率统计等基本理论和方法。

（2）采用对数似然值、赤池信息准则（AIC）和贝叶斯信息准则（BIC）相结合的方法对价格极差模型以及基准模型的估计结果进行比较。同时，选择均方误差（MSE）和拟似然（QLIKE）两个稳健的损失函数以及 MCS 检验对价格极差模型的波动率预测效果进行评价。

（3）本书通过定量分析，采用数值分析方法和计算机技术进行了大量的实证研究。在数据的选取上，本研究使用了股票、原油期货及期权市场价格数据。在数据的获取上，这些数据主要来源于专业数据库，如万得（Wind）资讯和国泰安 CSMAR 数据库，以及交易所的官方网站。

本书的技术路线如图 1.1 所示。

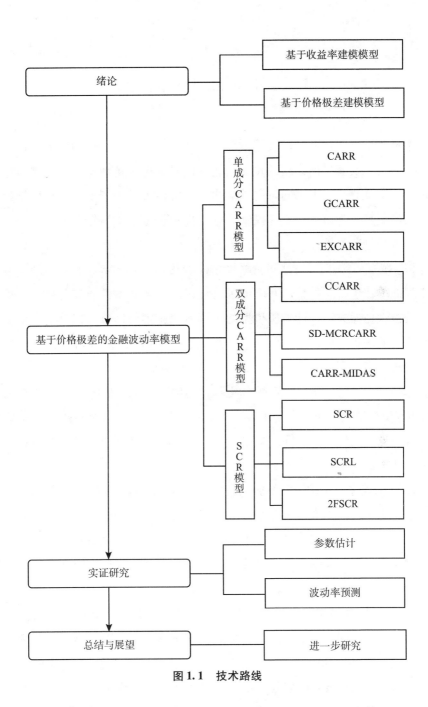

图 1.1 技术路线

# 1.5　本书的创新与特色

本书着眼于国内外价格极差模型与研究方法的不足，较为深入地研究了价格极差模型及其扩展模型的预测问题。同时结合市场数据，对价格极差模型进行了实证研究。本书的研究成果弥补了价格极差模型及其扩展模型的预测方面的不足，为市场投资者提供了更多的理论支持与实践指导。

本书的创新之处体现在以下几个方面：

（1）采用极大似然方法对价格极差模型及其扩展模型这类基本的金融随机模型的参数进行了估计，并验证了估计量的有限样本性质和有效性。采用经典的极大似然方法估计随机模型的原因有二：第一，极大似然估计量本身具有优良的统计性质，如一致性和渐近正态性；第二，在实际应用中，极大似然方法具有更高的效率，可以节省更多的计算时间。

（2）将一般的 CARR 模型扩展到 GCARR 模型，很好地减弱了常用的 WCARR 模型所表现出的内点和异常值问题，在基于价格极差的波动率建模方面具有更大的优越性。同时提出了与 CARR 模型具有相似结构的 EXCARR 模型，并将这两个模型运用到股票市场进行实证研究。

（3）构建了 CARR 模型的一系列扩展模型，例如，CCARR 模型、AC-CARR 模型。CCARR 模型将其条件价格极差分解为长期成分和短期成分以充分捕获波动率的长记忆特征，在此基础上引入杠杆效应构建 ACCARR 模型，能够更灵活地刻画波动率的非对称特征，同时将两类模型运用到各股票市场进行实证分析。

（4）CCARR 模型忽略了高频数据信息且对成分结构动态过程的设定缺乏准则与理论基础，本书提出 SD-MCRCARR 模型。该模型引入基于高频数据的已实现测度以及 GAS 框架，能够捕获金融市场大的波动、波动率的长记忆性与观测变量条件分布的信息。由于该模型构建于观测驱动模型框架下，存在闭型似然函数，因此可以直接采用极大似然方法进行估计，具有易于实现的优点。

（5）在经典的 CARR 模型基础上，借鉴 GARCH-MIDAS 模型的建模思想，充分考虑价格极差的长期动态性，构建了乘性成分的混频 CARR（CARR-MIDAS）模型对价格极差波动率进行建模和预测。CARR-MIDAS 模型通过引入 MIDAS 结构能够捕获条件极差的长期趋势过程（长期记忆特征）。基于该模型，引入已实现测度（高频信息）、隐含波动率包含的关于未来波动率的信息（前瞻信息），以及宏观信息（经济政策不确定性）对波动率进行建模和预测，研究这些信息对中国股票市场以及国际原油期货波动率的影响。

（6）借鉴 SV 模型建模思想，对传统的 CARR 模型进行拓展，构建包含杠杆效应的 SCRL 模型和考虑长记忆性和 Gamma 分布的 2FSCR 模型，探讨了价格极差的动态性。此外，基于连续粒子滤波算法，给出了 SCRL 和 2FSCR 模型参数的极大似然估计方法，并通过蒙特卡洛模拟实验证明了该估计方法的有效性。

# 第 2 章
# 带 Gamma 分布的 CARR 模型

## 2.1 引　言

对 CARR 模型进行有效估计，需要假定扰动项服从一个恰当的分布函数，常用的是带 Weibull 分布的 CARR（WCARR）模型。尽管 WCARR 模型能够描述基于价格极差的波动率的动态性，但其存在较为严重的内点（inlier）问题，即对于小的极差值，会存在明显偏离 Weibull 分布的情况。仇（Chou，2005）亦指出了这一问题。因此，本章通过指定扰动项服从 Gamma 分布①来解决内点问题，同时提出带 Gamma 分布的 CARR（GCARR）模型来对金融资产的波动率进行建模。Gamma 分布的一个特点是，内点在 Gamma 分布中可以通过调整形参来控制：形参越大，内点越少。

图 2.1 给出了不同形参的 Gamma 分布。

本章首先讨论了 GCARR 模型的理论属性，然后将其与 WCARR 模型的实证表现进行比较。同时，为探讨 GCARR 模型的有效性，本章对不同国家

---

① Gamma 分布的密度函数为：$g(x; \alpha, \lambda) = \left(\dfrac{x}{\lambda}\right)^{\alpha-1} \dfrac{1}{\Gamma(\alpha)\lambda} e^{-\frac{x}{\lambda}}$，其中，$\alpha$ 和 $\lambda$ 分别为形参和数值范围。当 $\alpha$ 为 1 时，指数分布将是特殊的 Gamma 分布。

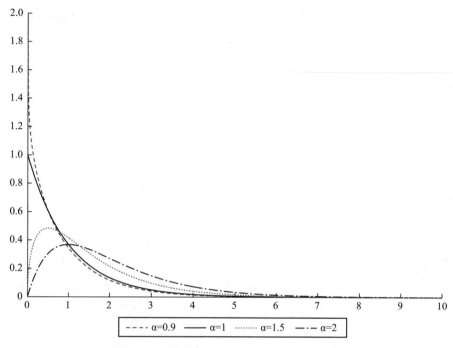

**图 2.1　不同形参下 Gamma 分布的密度函数**

不同时期的股票指数进行了实证研究。结果发现：

（1）与 WCARR 模型相比，GCARR 模型不仅效率提高了，且其对数似然函数值（Log-lik）更大，赤池信息准则（AIC）和贝叶斯信息准则（BIC）所对应的值更小。

（2）Gamma 分布的设定，使得内点问题确实得到了一定程度的解决。实证结果一致表明，与 WCARR 模型相比，GCARR 模型在内点问题上受到的影响更小。

（3）与 WCARR 模型相比，GCARR 模型受异常值（outlier）的影响也较小。这是一个新的发现，它表明 Gamma 分布比 Weibull 分布更适合大的价格极差值。

本章其余部分内容安排如下：第 2.2 节介绍了 GCARR 模型并对其进行必要讨论；第 2.3 节采用一系列股票指数数据对 GCARR 模型进行参数估计；

第2.4节为实证研究并与其他模型进行对比；第2.5节对本章进行总结。

## 2.2 GCARR 模型的构建

仇（Chou，2005）提出的 CARR（p，q）模型如下：

$$
\begin{cases}
R_t = \lambda_t \varepsilon_t \\
\lambda_t = \omega + \sum_{i=1}^{p} \alpha_i R_{t-i} + \sum_{j=1}^{q} \beta_j \lambda_{t-j} \\
\varepsilon_t \mid I_{t-1} \sim f(\cdot)
\end{cases}
\tag{2.1}
$$

其中，$\lambda_t$ 是基于 t 时刻前所有信息的价格极差的条件均值。$\varepsilon_t$ 是独立同分布的非负扰动项，$f(\cdot)$ 为其概率密度函数。条件均值方程中的系数（$\omega$，$\alpha_i$，$\beta_j$）均为正，从而确保价格极差为正。$R_t$ 为 $[t-1, t]$ 时间区间下定义的价格极差：

$$
R_t = \max_\tau P_\tau - \min_\tau P_\tau, \ \tau \in [t-1, t]
\tag{2.2}
$$

其中，$P_\tau$ 为金融资产的对数价格。

### 2.2.1 GCARR 模型

带 Gamma 分布的 CARR（p，q）模型记为 GCARR（p，q），设定如下：

$$
\begin{cases}
R_t = \lambda_t \varepsilon_t \\
\lambda_t = \omega + \sum_{i=1}^{p} \alpha_i R_{t-i} + \sum_{j=1}^{q} \beta_j \lambda_{t-j} \\
\varepsilon_t \sim \Gamma(\alpha, 1), \text{ i.i.d}
\end{cases}
\tag{2.3}
$$

其中，$\Gamma(\alpha, 1)$ 是 Gamma 分布的密度函数，且假定 $\varepsilon_t$ 与 $\lambda_t$ 相互独立。

与 Weibull 分布[①]类似，Gamma 分布也将指数密度视为一种特例，不同的

---

① Weibull 分布的密度函数为：$f(x; \lambda, \theta) = \frac{\lambda}{\theta} \left( \frac{x}{\lambda} \right)^{\theta-1} e^{-(x/\lambda)^\theta}$，$x \geq 0$，从该函数可以看出，当 $\theta$ 取 1 时，指数分布是特殊的 Weibull 分布。

是，只要形参 $\alpha$ 不等于 1，Gamma 分布就不能转化为指数分布。此外，Gamma 分布的一个有趣的特性是，其密度中内点的分布可以通过调整形参来控制。

### 2.2.2 模型特征

GCARR（p，q）模型类似于恩格尔和罗素（Engle and Russell，1998）提出的 ACD（p，q）模型，这两种模型有许多相同的性质。本节将介绍 GCARR 模型的一些性质。

**引理 2.1** GCARR（p，q）具有恒定的无条件均值：

$$\overline{R} = \alpha \mu \tag{2.4}$$

如果方程所有的根都落在单位圆外，

$$0 = \sum_{i=1}^{\max\{p,q\}} (\alpha\alpha_i + \beta_i) z^i \tag{2.5}$$

则 $\lambda_t$ 的无条件均值 $\mu$ 为：

$$\mu = \frac{\omega}{1 - \sum\limits_{i=1}^{\max\{p,q\}} (\alpha\alpha_i + \beta_i)} \tag{2.6}$$

根在单位圆外的一个必要条件是：

$$\sum_{i=1}^{\max\{p,q\}} (\alpha\alpha_i + \beta_i) < 1 \tag{2.7}$$

**引理 2.2** 条件均值 $R_t$ 可以表示为具有高度非高斯新息的 ARMA（m，q）过程。最简单、常用的模型是 GCARR（1，1）：

$$\begin{cases} R_t = \lambda_t \varepsilon_t \\ \lambda_t - \mu = \alpha_1 (R_{t-1} - \alpha\mu) + \beta_1 (\lambda_{t-1} - \mu) \\ \mu = \dfrac{\omega}{1 - (\alpha\alpha_1 + \beta_1)} \\ \varepsilon_t \sim \Gamma(\alpha, 1) \end{cases} \tag{2.8}$$

**引理 2.3** 在 $\alpha\alpha_1 + \beta_1 < 1$ 和 $\alpha\alpha_1^2 + (\alpha\alpha_1 + \beta_1)^2 < 1$ 的条件下，GCARR（1，1）模型是弱平稳的，此时其无条件均值为：

$$\overline{R} = \alpha\mu \qquad (2.9)$$

无条件方差为:

$$\sigma_R^2 = \frac{\alpha\mu^2 \left[ 1 - (\beta_1^2 + 2\alpha\alpha_1\beta_1) \right]}{1 - \left[ \alpha\alpha_1^2 + (\alpha\alpha_1 + \beta_1)^2 \right]} \qquad (2.10)$$

n 阶自相关函数为:

$$\rho_n^R = \frac{\alpha_1^2}{1 - (\beta_1^2 + 2\alpha\alpha_1\beta_1)} (\rho_1^\lambda)^n \qquad (2.11)$$

其中,$\rho_n^R$ 和 $\rho_1^\lambda$ 分别是 $R_t$ 和 $\lambda_t$ 的自相关函数。

**引理 2.4** 对于 GCARR (1,1) 模型,向前 h 步的条件预测为:

$$E(R_{t+h} \mid H_t) = \sum_{i=0}^{h-1} \alpha\omega (\alpha\alpha_1 + \beta_1)^i + (\alpha\alpha_1 + \beta_1)^h R_t \qquad (2.12)$$

其中,$H_t = \{ R_t, R_{t-1}, \cdots, R_{t-n}, \cdots \}$。

## 2.3 GCARR 模型的估计

本节实证研究了 GCARR 模型在描述基于价格极差的动态波动率方面的表现,并将其表现与 WCARR 模型进行了比较。

### 2.3.1 数据

本章实证研究采用的是不同时期的多种日度股票指数数据,包括巴西 BVSP 指数(1993 年 4 月 27 日 ~ 2017 年 1 月 11 日),法国 CAC40 指数(1990 年 3 月 1 日 ~2017 年 1 月 11 日),德国 DAX 指数(1990 年 11 月 26 日 ~ 2017 年 1 月 11 日),印度尼西亚 JKSE 指数(1997 年 7 月 1 日 ~ 2017 年 1 月 11 日),韩国 KOSPI 指数(1997 年 7 月 1 日 ~ 2017 年 1 月 11 日),日本 NK225 指数(1986 年 9 月 3 日 ~2017 年 1 月 11 日),Frank Russell 公司 RUS-SELL 2000 指数(1987 年 9 月 10 日 ~ 2017 年 1 月 11 日),美国 SPX 指数

（1985 年 1 月 2 日 ~ 2017 年 1 月 11 日），以及中国香港 HSI 指数（1989 年 10 月 11 日 ~ 2017 年 1 月 11 日），中国台湾 TSEC 指数（1997 年 7 月 2 日 ~ 2017 年 1 月 11 日）。所有数据均来源于 www. finance. yahoo. com 网站，该网站每天有四条价格信息可获取，即最高、最低、开盘和收盘价格。

表 2.1 给出了价格极差的描述性统计①。峰度大于 3，即尖峰，表示显著偏离正态分布，大且正的偏度值表明应该为扰动项指定一个具有高偏度的密度函数。由表中 Ljung-Box Q 统计量（从 JKSE 指数的 8110 到 DAX 指数的 32320）可以看出，价格极差波动率存在较强的长记忆性。

**表 2.1** 不同股票指数价格极差的描述性统计

| 项目 | BVSP | CAC40 | DAX | HSI | JKSE | KOSPI | NK225 | RUSSELL2000 | SPX | TSEC |
|---|---|---|---|---|---|---|---|---|---|---|
| 均值 | 0.027 | 0.016 | 0.015 | 0.015 | 0.016 | 0.018 | 0.015 | 0.013 | 0.013 | 0.014 |
| 标准误 | 0.019 | 0.010 | 0.012 | 0.010 | 0.013 | 0.012 | 0.010 | 0.010 | 0.010 | 0.009 |
| 最小值 | 0.001 | 0.002 | 0.001 | 0.002 | 0.002 | 0.002 | 0.002 | 0.001 | 0.001 | 0.001 |
| 最大值 | 0.346 | 0.093 | 0.111 | 0.176 | 0.204 | 0.158 | 0.161 | 0.134 | 0.229 | 0.095 |
| 偏度 | 3.691 | 2.260 | 2.246 | 3.272 | 3.312 | 2.152 | 3.173 | 3.051 | 4.512 | 1.959 |
| 峰度 | 32.043 | 11.214 | 11.096 | 26.362 | 24.490 | 11.517 | 24.915 | 20.391 | 53.044 | 9.388 |
| J-B 统计量 | 220342 | 24955 | 23638 | 166326 | 100145 | 18317 | 151824 | 99073 | 754188 | 11278 |
| Q（12） | 16826 | 19490 | 32320 | 16841 | 8110 | 20885 | 14951 | 27210 | 21420 | 10523 |

注：Q（·）表示对应滞后阶数的 Ljung-Box Q 统计量。

## 2.3.2 参数估计

仇（Chou，2005）经过研究发现 CARR（1，1）模型足以对价格极差进行建模②。根据这一结论，采用 CARR（1，1）模型进行接下来的研究。同时，在进行估计时将所有的价格极差值都乘以 100。表 2.2 给出了 GCARR（1，1）

---

① 删除所有零价格极差的数据。零价格极差意味着在一段时间内没有进行交易活动，因此是没有信息量的。删除零价格极差的另一个原因是在执行对数极大似然估计时不允许出现零价格极差。

② 与 GARCH 一致，GARCH（1，1）对大多数投机性资产收益率的建模都是有效的，见 Bollerslev 等（1992）。

表 2.2　　　具有 Gamma 扰动和 Weibull 扰动的 CARR（1，1）估计

| 模型 | 参数 | BVSP | CAC40 | DAX | HSI | JKSE |
|---|---|---|---|---|---|---|
| GCARR（1，1） | $\omega$ | 0.013<br>(0.002) | 0.005<br>(0.001) | 0.002<br>(0.000) | 0.004<br>(0.001) | 0.017<br>(0.002) |
| | $\alpha_1$ | 0.034<br>(0.002) | 0.028<br>(0.001) | 0.029<br>(0.001) | 0.023<br>(0.001) | 0.059<br>(0.003) |
| | $\beta_1$ | 0.754<br>(0.012) | 0.798<br>(0.010) | 0.816<br>(0.009) | 0.849<br>(0.009) | 0.669<br>(0.020) |
| | $\alpha$ | 6.341<br>(0.114) | 6.502<br>(0.109) | 6.017<br>(0.102) | 5.910<br>(0.099) | 4.774<br>(0.095) |
| | $\alpha\alpha_1 + \beta_1$ | 0.970 | 0.980 | 0.990 | 0.968 | 0.951 |
| | K-S | 0.044 *** | 0.034 *** | 0.041 *** | 0.049 *** | 0.055 *** |
| | Log-lik | −7782.522 | −5548.807 | −4940.837 | −5487.379 | −4634.160 |
| | AIC | 1.578e+04 | 1.111e+04 | 9.892e+03 | 1.099e+04 | 9.278e+03 |
| | BIC | 1.581e+04 | 1.114e+04 | 9.926e+03 | 1.102e+04 | 9.311e+03 |
| WCARR（1，1） | $\omega$ | 0.088<br>(0.012) | 0.056<br>(0.006) | 0.027<br>(0.003) | 0.030<br>(0.004) | 0.073<br>(0.011) |
| | $\alpha_1$ | 0.230<br>(0.010) | 0.201<br>(0.009) | 0.183<br>(0.009) | 0.134<br>(0.007) | 0.306<br>(0.017) |
| | $\beta_1$ | 0.736<br>(0.013) | 0.762<br>(0.012) | 0.797<br>(0.010) | 0.845<br>(0.009) | 0.654<br>(0.021) |
| | $\theta$ | 2.379<br>(0.021) | 2.451<br>(0.021) | 2.300<br>(0.019) | 2.205<br>(0.017) | 2.035<br>(0.020) |
| | $\alpha_1 + \beta_1$ | 0.966 | 0.963 | 0.980 | 0.979 | 0.960 |
| | K-S | 0.129 *** | 0.116 *** | 0.123 *** | 0.139 *** | 0.131 *** |
| | Log-lik | −8412.968 | −6112.705 | −5552.785 | −6029.453 | −5068.503 |
| | AIC | 1.684e+04 | 1.224e+04 | 1.112e+04 | 1.243e+04 | 1.015e+04 |
| | BIC | 1.687e+04 | 1.227e+04 | 1.115e+04 | 1.246e+04 | 1.018e+04 |

续表

| 模型 | 参数 | BVSP | CAC40 | DAX | HSI | JKSE |
|---|---|---|---|---|---|---|
| GCARR (1, 1) | $\omega$ | 0.003<br>(0.001) | 0.008<br>(0.001) | 0.005<br>(0.001) | 0.003<br>(0.001) | 0.017<br>(0.002) |
| | $\alpha_1$ | 0.029<br>(0.002) | 0.039<br>(0.002) | 0.043<br>(0.002) | 0.030<br>(0.001) | 0.025<br>(0.002) |
| | $\beta_1$ | 0.793<br>(0.012) | 0.762<br>(0.011) | 0.793<br>(0.010) | 0.819<br>(0.008) | 0.847<br>(0.011) |
| | $\alpha$ | 6.881<br>(0.137) | 5.364<br>(0.085) | 4.399<br>(0.070) | 5.314<br>(0.081) | 5.748<br>(0.114) |
| | $\alpha\alpha_1 + \beta_1$ | 0.993 | 0.971 | 0.982 | 0.978 | 0.991 |
| | K-S | 0.045 *** | 0.049 *** | 0.032 *** | 0.032 *** | 0.054 *** |
| | Log-lik | −4109.119 | −6286.630 | −5350.140 | −5355.056 | −3681.789 |
| | AIC | 8.288e+03 | 1.258e+04 | 1.071e+04 | 1.072e+04 | 7.374e+03 |
| | BIC | 8.261e+03 | 1.262e+04 | 1.075e+04 | 1.076e+04 | 7.406e+03 |
| WCARR (1, 1) | $\omega$ | 0.031<br>(0.005) | 0.071<br>(0.008) | 0.044<br>(0.004) | 0.037<br>(0.004) | 0.019<br>(0.004) |
| | $\alpha_1$ | 0.212<br>(0.012) | 0.259<br>(0.011) | 0.208<br>(0.009) | 0.186<br>(0.008) | 0.145<br>(0.011) |
| | $\beta_1$ | 0.768<br>(0.014) | 0.639<br>(0.013) | 0.745<br>(0.011) | 0.784<br>(0.010) | 0.841<br>(0.012) |
| | $\theta$ | 2.394<br>(0.023) | 2.073<br>(0.015) | 1.999<br>(0.016) | 2.152<br>(0.016) | 2.245<br>(0.022) |
| | $\alpha_1 + \beta_1$ | 0.980 | 0.952 | 0.962 | 0.970 | 0.986 |
| | K-S | 0.141 *** | 0.139 *** | 0.101 *** | 0.120 *** | 0.133 *** |
| | Log-lik | −4635.225 | −7117.703 | −5905.044 | −6074.109 | −4136.208 |
| | AIC | 9.280e+03 | 1.425e+04 | 1.182e+04 | 1.216e+04 | 8.282e+03 |
| | BIC | 9.313e+03 | 1.428e+04 | 1.186e+04 | 1.219e+04 | 8.315e+03 |

注：*** 表示 1% 的置信水平下显著。

和 WCARR（1，1）的估计结果。与 Ljung-Box Q 统计量相一致，GCARR 模型和 WCARR 模型的估计结果在价格极差中表现出了很强的长记忆性，即 GCARR 模型的系数 $\alpha\alpha_1 + \beta_1$ 和 WCARR 模型的系数 $\alpha_1 + \beta_1$ 都接近于 1。

从表 2.2 中可以看出，WCARR 模型中所有 $\theta$ 的估计值都大于 1（从 1.99 到 2.46），GCARR 模型中的 $\alpha$ 更大，最小的 $\alpha$ 值为 4.399（RUSSELL 2000 指数），$\theta$ 和 $\alpha$ 的值表明显著偏离指数分布。同时可以看到，每组股票指数数据中 GCARR 的 $\alpha$ 都比 WCARR 中的 $\theta$ 更大。这一发现意味着 GCARR 模型比 WCARR 模型显示出更大的指数密度偏差。除此之外，通过计算 GCARR 模型和 WCARR 模型的 Log-lik、AIC 和 BIC 值，发现对所有股票指数，GCARR 模型均优于 WCARR 模型，即 GCARR 模型的 Log-lik 更大，AIC 和 BIC 更小。

## 2.4 实证研究

本节通过计算 Kolmogorov-Smirnov（K-S）统计量（Smirnov，1948）以进一步确定哪个模型能够更好地适应价格极差的动态变化。K-S 统计量量化了样本的经验分布函数与参考分布的累积分布函数之间的差异。该统计量的原分布是在样本取自参考分布的零假设下计算的。对于 GCARR 模型的残差，参考分布为 $\Gamma(\alpha, 1)$ 的 Gamma 分布。WCARR 模型中，由于变换后的残差 $(R_t/\lambda_t)^\theta$ 服从指数分布，因此采用指数密度作为参考分布。表 2.2 中给出了 K-S 值，结果表明，K-S 显著地从 WCARR 的 0.10 ~ 0.15 降至 GCARR 的 0.03 ~ 0.06，表明 Gamma 分布能够更好地拟合残差。

为了观察 GCARR 模型是否减少了内点问题，图 2.2 和图 2.3 中给出了每个指数小价格极差（本节将小于 0.01 的极差定义为小价格极差，将大于 0.02 的极差定义为大价格极差）的 Q-Q（分位点到分位点）图。Q-Q 图是一

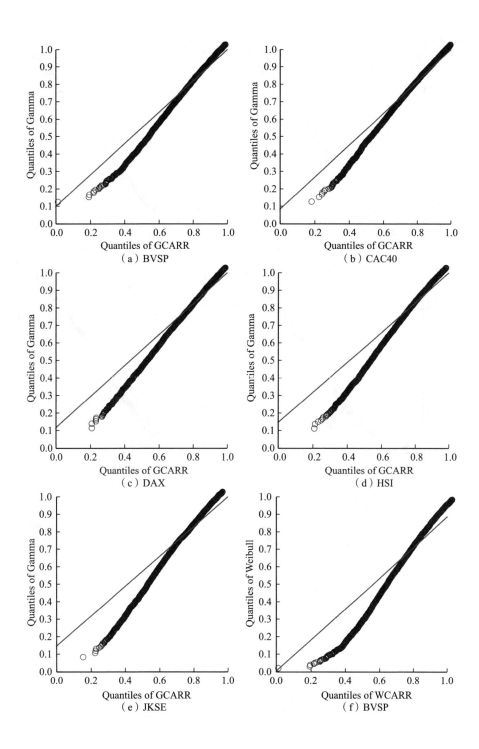

（a）BVSP

（b）CAC40

（c）DAX

（d）HSI

（e）JKSE

（f）BVSP

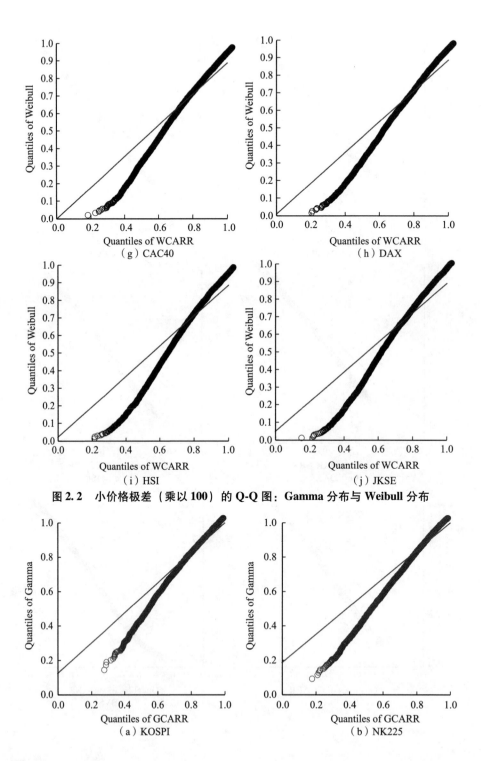

图 2.2　小价格极差（乘以 100）的 Q-Q 图：Gamma 分布与 Weibull 分布

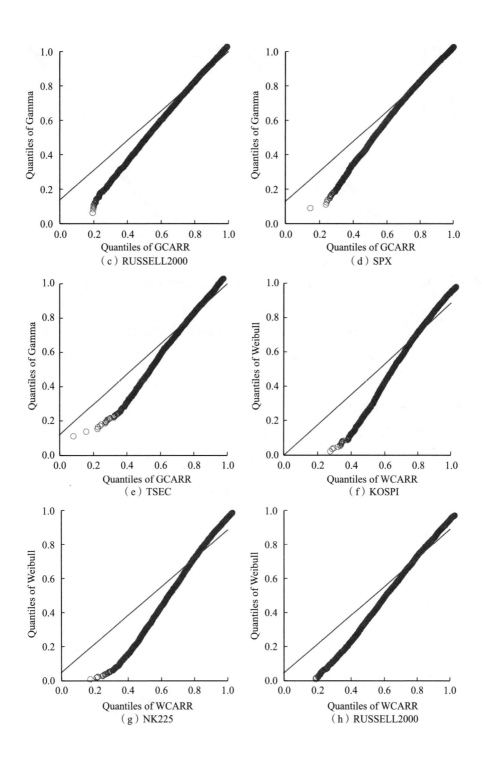

（c）RUSSELL2000

（d）SPX

（e）TSEC

（f）KOSPI

（g）NK225

（h）RUSSELL2000

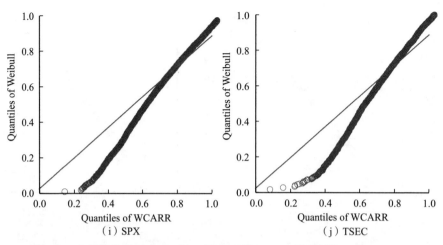

图 2. 3  小价格极差（乘以 100）的 Q-Q 图：Gamma 分布与 Weibull 分布

种概率图，即一种通过绘制两个概率分布的分位点来比较这两个概率分布的图形方法。如果两个概率分布是线性相关的，那么 Q-Q 图中的点将近似位于一条直线上。从 Q-Q 图中可以明显看出，对于小价格极差，相较于 Weibull 分布，Gamma 分布能够更好地拟合扰动项。

图 2. 4 和图 2. 5 中给出了大价格极差的 Q-Q 图。从图中可以看出 Gamma 分布比 Weibull 分布更适合价格极差大的扰动项。这个新发现有两个含义：第一，

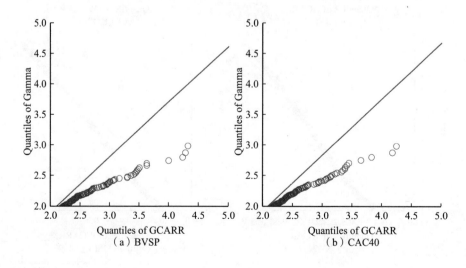

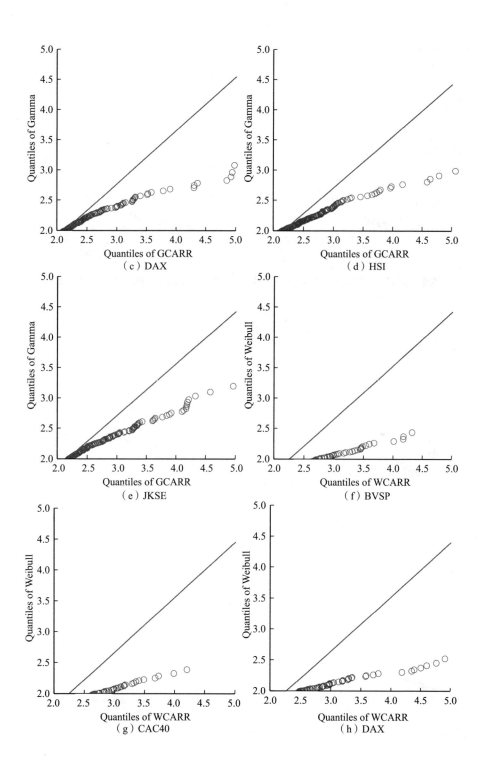

（c）DAX

（d）HSI

（e）JKSE

（f）BVSP

（g）CAC40

（h）DAX

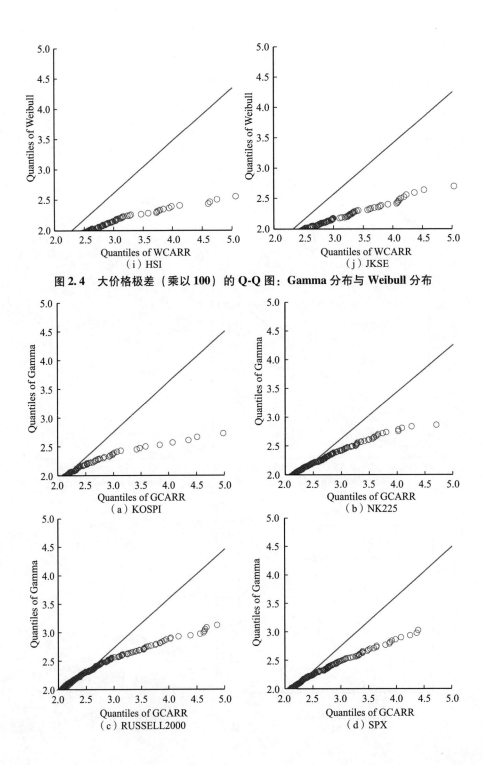

图 2.4　大价格极差（乘以 100）的 Q-Q 图：Gamma 分布与 Weibull 分布

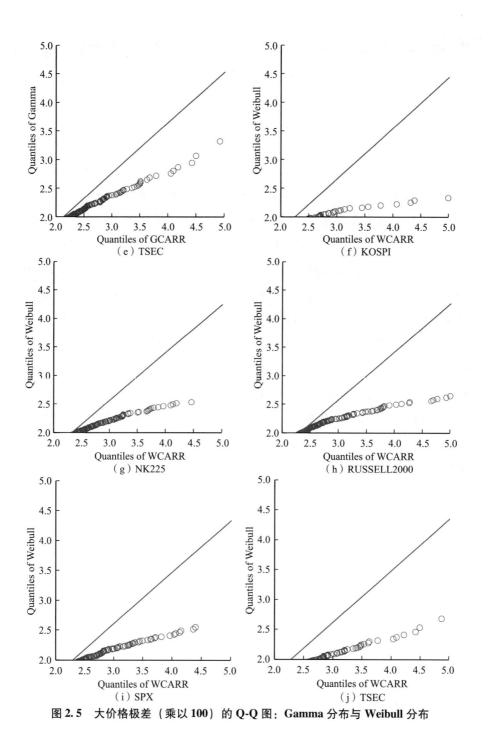

图 2.5  大价格极差（乘以 100）的 Q-Q 图：Gamma 分布与 Weibull 分布

WCARR 模型在遇到了大价格极差的异常值问题时，该模型会显著偏离 Weibull 分布；第二，GCARR 模型可以减弱异常值问题。

## 2.5  本 章 小 结

CARR 模型为基于价格极差的波动率动态建模提供了一个很好的框架。虽然 WCARR 是一个常用的 CARR 模型，但实证结果表明 WCARR 存在严重的内点问题。本章提出了 GCARR 模型来解决这一问题。通过对多种股票指数进行实证分析，结果表明 GCARR 模型更有效且可以减少 WCARR 模型的内点问题。这些结果证实了 GCARR 模型比 WCARR 模型更适于拟合基于价格极差的波动率，因此其可以作为一个更好的比较基准。

由于 GCARR 模型仍然存在一些不足，例如，该模型只减少了部分内点问题，实证结果显示仍存在偏离 Gamma 分布的情况，这表明若要进一步改进 GCARR 模型还需要做大量工作。对 GCARR 模型的改进将是未来研究的重点，例如，可将马尔可夫转换参数纳入 GCARR 模型之中。当然，GCARR 模型在风险溢价检验、资产定价、投资组合管理和风险价值计算等方面的表现也值得进一步研究。

第 3 章

# 拓展的 CARR 模型

## 3.1 引　言

　　CARR 模型中使用的价格极差由对称处理最高价和最低价而得，因此 CARR 模型的本质是对称的。通过将价格极差分解为上行极差和下行极差，并允许上、下行极差的动态变化不同，仇（Chou，2006）提出了非对称 CARR（ACARR）模型，该模型可将上、下行极差以独立的形式进行处理，并通过对美国标普 500 指数（SPX）的实证研究，提供了一致的证据，即实证结果支持上、下行极差之间波动的非对称性。此外，仇和王（Chou and Wang，2014）发现将 ACARR 模型与极值理论相结合，可以得到更精确的风险价值（VaR）估计值。但 ACARR 模型比 CARR 模型的估计更为复杂，其所需要估计的参数是 CARR 模型的两倍。因此，如何保持 ACARR 模型捕获杠杆效应的灵活性而又能降低模型的复杂性变得十分重要。

　　鉴于此，本章提出了与 CARR 模型具有相似结构的扩展的 CARR（EX-CARR）模型，该模型相较于 ACARR 模型更易于实现且能够捕获杠杆效应。在 EXCARR 模型中，价格极差可表示为上行价格极差指数加权移动平均

（EWMA）与下行价格极差 EWMA 的加权和。本章采用多个股票指数进行了实证研究，结果表明，相较于 ACARR 模型，EXCARR 模型能较好地捕获杠杆效应。同时，与 CARR 模型和 ACARR 模型相比，EXCARR 模型具有更高的样本内与样本外预测能力，该模型为基于价格极差的波动率分析提供了新的模型框架。

本章其余部分内容安排如下：第 3.2 节提出 EXCARR 模型并阐明其与 CARR 和 ACARR 模型之间的关系；第 3.3 节介绍 EXCARR 模型的参数估计以及预测方法；第 3.4 节对 EXCARR 模型进行实证研究并与 CARR 以及 ACARR 模型的预测性能进行比较；第 3.5 节对本章进行总结。

## 3.2　EXCARR 模型的构建

### 3.2.1　ACARR 模型

ACARR 模型将上行价格极差定义为日内最高价与开盘价之差，将下行价格极差定义为开盘价与日内最低价之差。由此，价格极差可表示如下：

$$
\begin{aligned}
R_t &= \max_{t-1 \leqslant \tau \leqslant t} p_\tau - \min_{t-1 \leqslant \tau \leqslant t} p_\tau \\
&= \left( \max_{t-1 \leqslant \tau \leqslant t} p_\tau - o_{t-1} \right) + \left( o_{t-1} - \min_{t-1 \leqslant \tau \leqslant t} p_\tau \right) \\
&= UR_t + DR_t
\end{aligned}
\tag{3.1}
$$

其中，$UR_t$ 与 $DR_t$ 分别表示上、下行价格极差，$o_{t-1}$ 为对数开盘价。$UR_t$ 与 $DR_t$ 分别代表 $[t-1, t]$ 时间间隔内可能获得的最大收益与最大损失。

由于 CARR 模型把价格极差视为不可分割的整体，忽略了上、下行价格极差的非对称变动。仇（Chou，2006）采用 ACARR 模型以获取上、下行价格极差的非对称性。ACARR 模型设定如下：

$$\begin{cases} R_t = UR_t + DR_t \\ UR_t = \lambda_t^U \xi_t^U, \ DR_t = \lambda_t^D \xi_t^D \\ \lambda_t^U = \omega^U + \sum_{i=1}^{p} \delta_i^U \lambda_{t-i}^U + \sum_{j=1}^{q} \eta_j^U UR_{t-j} \\ \lambda_t^D = \omega^D + \sum_{i=1}^{p} \delta_i^D \lambda_{t-i}^D + \sum_{j=1}^{q} \eta_j^D UR_{t-j} \\ \xi_t^U \sim f^U(\cdot), \ \xi_t^D \sim f^D(\cdot), \ iid \end{cases} \quad (3.2)$$

其中，$\xi_t^U(\xi_t^D)$ 是概率密度函数 $f^U(\cdot)(f^D(\cdot))$ 的随机扰动项，该模型针对上、下行价格极差的动态特征分别建模，杠杆效应的特征由参数对（$\omega^U$，$\omega^D$），（$\delta^U$，$\delta^D$），（$\eta^U$，$\eta^D$）的参数值决定。

由此可见，ACARR 模型的设定与 CARR 模型相比包含了更多的波动率信息。当忽略随机误差项且带有上标"U"和"D"的参数对相同时，ACARR 模型退化为 CARR 模型。

### 3.2.2 EXCARR 模型

由于 ACARR 模型需要估计的参数是 CARR 模型的两倍，模型形式过于复杂且难以实现。因此，本章在保留该模型捕获杠杆效应的基础上对其进行简化处理而得到 EXCARR 模型，EXCARR（p，q）模型设定如下：

$$\begin{cases} R_t = \lambda_t \varepsilon_t \\ \lambda_t = \mu + \sum_{i=1}^{p} \alpha_i \lambda_{t-i} + \sum_{j=1}^{q} (\beta_j UR_{t-j} + \gamma_j DR_{t-j}), \ \varepsilon_t \sim f(\cdot), \ iid \\ \mu, \ \alpha_i, \ \beta_j, \ \gamma_j \geqslant 0 \end{cases} \quad (3.3)$$

其中，$\varepsilon_t$ 是独立同分布的随机扰动项，$f(\cdot)$ 为其概率密度函数。同时，为了保证 $\lambda_t$ 为正，参数（$\mu$，$\alpha_i$，$\beta_j$，$\gamma_j$）均为正。

相比于 CARR 模型和 ACARR 模型，EXCARR 模型具有以下优点：

（1）参数 $\beta_j \neq \gamma_j$ 时，EXCARR 模型与 ACARR 模型一样，能够捕获杠杆效应；

（2）当 $\beta_j = \gamma_j$ 时，由式（3.3）可知此时 EXCARR 模型退化为 CARR 模型；

（3）EXCARR 模型的待估参数相比于 ACARR 模型更少，因此 EXCARR 模型更易于实现。

以下命题表明与 CARR 模型相比，EXCARR 模型包含更多的波动率信息，且 EXCARR 模型还具有捕获杠杆效应的能力。

**命题 3.1** CARR 模型是 EXCARR 模型在 $\beta_j = \gamma_j$ 时的特例，当 $\beta_j \neq \gamma_j$ 时，EXCARR 模型能够捕获杠杆效应。

**命题 3.1 的证明** 由 $R_t = UR_t + DR_t$ 可得 $R_{t-j} = UR_{t-j} + DR_{t-j}$。在式（3.3）中，如果 $\beta_j = \gamma_j$，则 EXCARR 模型退化为 CARR 模型，因此可将 CARR 模型当作 EXCARR 模型的特例。如果 $\beta_j \neq \gamma_j$，则 1 单位 $UR_{t-j}$ 对 $\lambda_t$ 的冲击不同于 1 单位 $DR_{t-j}$ 对 $\lambda_t$ 的冲击，这恰恰说明上、下行价格极差对波动率影响的非对称性。

**命题 3.2** 假设 $\varepsilon_t$，$UR_t$ 与 $DR_t$ 相互独立，且 $UR_t$ 与 $DR_t$ 是平稳序列。当 $\sum_{i=1}^{p} \alpha_i < 1$ 时，EXCARR 模型是无条件均值为 $\overline{\omega}$ 的平稳序列，$\overline{\omega}$ 的值如下：

$$\overline{\omega} = \frac{\mu}{1-A(1)} + \frac{B(1)}{1-A(1)}\overline{\omega}^U + \frac{G(1)}{1-A(1)}\overline{\omega}^D \tag{3.4}$$

其中，$\overline{\omega}^U$ 和 $\overline{\omega}^D$ 分别为上、下行价格极差的无条件均值。

**命题 3.2 的证明** 相关定义如下：

$$A(L) = \sum_{i=1}^{p} \alpha_i L^i, \quad B(L) = \sum_{j=1}^{q} \beta_j L^j, \quad G(L) = \sum_{j=1}^{q} \gamma_j L^j \tag{3.5}$$

其中，L 为滞后因子。此时 $\varepsilon_t$ 可表示为：

$$[1-A(L)]\lambda_t = \mu + B(L)UR_t + G(L)DR_t \tag{3.6}$$

或

$$\lambda_t = \frac{\mu}{1-A(L)} + \frac{B(L)}{1-A(L)}UR_t + \frac{G(L)}{1-A(L)}DR_t \tag{3.7}$$

假设 $\varepsilon_t$、$UR_t$ 以及 $DR_t$ 随时间变化是相互独立的，且 $UR_t$ 与 $DR_t$ 是平稳序列。当 $\sum_{i=1}^{p} \alpha_i < 1$ 时，EXCARR 模型为弱平稳序列，且其极差的无条件均

值推导如下：

$$E(R_t) = E(\lambda_t \varepsilon_t)$$

$$= E(\lambda_t)$$

$$= \frac{\mu}{[1 - A(1)]} + \frac{B(1)}{1 - A(1)} E(UR_t) + \frac{G(1)}{1 - A(1)} E(DR_t) \quad (3.8)$$

根据 $UR_t$ 与 $DR_t$ 是平稳序列的假定，可得价格极差的均值如下：

$$E(R_t) = \frac{\mu}{[1 - A(1)]} + \frac{B(1)}{1 - A(1)} \overline{\omega}^U + \frac{G(1)}{1 - A(1)} \overline{\omega}^D \quad (3.9)$$

其中，$\overline{\omega}^U$ 和 $\overline{\omega}^D$ 分别是上、下行价格极差的无条件均值。

**命题 3.3** 以 EXCARR（1，1）模型为例，基于信息集 $I_{t-1}$ 的 $R_t$ 条件均值可用上、下行价格极差 EWMA 的加权和表示。

**命题 3.3 的证明** EXCARR（1，1）模型设定如下：

$$R_t = \lambda_t \varepsilon_t, \quad \lambda_t = \mu + \alpha_1 \lambda_{t-1} + \beta_1 UR_{t-1} + \gamma_1 DR_{t-1} \quad (3.10)$$

通过迭代，基于信息集 $I_{t-1}$ 的 $R_t$ 的条件均值表示如下：

$$E(R_t \mid I_{t-1}) - \lambda_t$$

$$= \mu + \alpha_1 \lambda_{t-1} + \beta_1 UR_{t-1} + \gamma_1 DR_{t-1}$$

$$= \mu + \alpha_1 (\mu + \alpha_1 \lambda_{t-2} + \beta_1 UR_{t-2} + \gamma_1 DR_{t-2}) + \beta_1 UR_{t-1} + \gamma_1 DR_{t-1}$$

$$\cdots$$

$$= \frac{\mu}{1 - \alpha_1} + \beta_1 \sum_{i=1}^{\infty} \alpha_1^{i-1} UR_{t-i} + \gamma_1 \sum_{i=1}^{\infty} \alpha_1^{i-1} DR_{t-i} \quad (3.11)$$

显然，$R_t$ 的条件均值是 $UR_t$ 的 EWMA 与 $DR_t$ 的 EWMA 的加权和，两者的权重分别为 $\beta_1$，$\gamma_1$。

此外，EXCARR 模型可通过纳入信息集 $I_{t-1}$ 所包含的其他解释变量进行拓展，比如 $X_{t,l}$（$l = 1$，2，$\cdots$，N）等，拓展后的 EXCARR 模型如下：

$$\lambda_t = \mu + \sum_{i=1}^{p} \alpha_i \lambda_{t-i} + \sum_{j=1}^{q} (\beta_j UR_{t-j} + \gamma_j DR_{t-j}) + \sum_{l=1}^{N} \theta_l X_{t-1,l} \quad (3.12)$$

这一模型叫作带外生变量的 EXCARR（EXCARRX）模型，重要的外生变量有交易量（Karpoff，1987；Lamoureux and Lastrapes，1990），捕捉杠杆效应的滞后收益率（Black，1976；Nelson，1991）以及基于价格极差刻画季节模型的一些季节性因素。

## 3.3　EXCARR 模型的估计与预测

### 3.3.1　模型估计

EXCARR 模型可采用极大似然方法进行参数估计，其极大似然函数如下所示：

$$L(\mu,\ \alpha_i,\ \beta_j,\ \gamma_j) = \prod_{t=1}^{T} f\left(\frac{R_t}{\lambda_t}\right)\frac{1}{\lambda_t} \tag{3.13}$$

其对数形式为：

$$l(\mu,\ \alpha_i,\ \beta_j,\ \gamma_j) = \sum_{t=1}^{T}\left\{ \ln\left[ f\left(\frac{R_t}{\lambda_t}\right)\right] + \ln\left(\frac{1}{\lambda_t}\right)\right\} \tag{3.14}$$

其中，$l(\cdot) = \ln L(\cdot)$。在价格极差模型中，只有当条件密度函数被正确指定时才会获得一致且有效的估计。

由于指数分布满足随机扰动项非负的假定，因此假设 $\varepsilon_t$ 服从指数分布，该分布下的 EXCARR 模型的极大似然函数如下：

$$l(\mu,\ \alpha_i,\ \beta_j,\ \gamma_j) = -\sum_{i=1}^{T}\left[ \frac{R_t}{\lambda_t} + \ln(\lambda_t)\right] \tag{3.15}$$

服从指数分布的 EXCARR 模型被称为 EXCARR@E 模型。

恩格尔和罗素（Engle and Russell，1998）的研究表明当 $\varepsilon_t$ 服从均值为 1 的指数分布时，EXCARR 模型的参数可通过拟极大似然估计法（QMLE）估计。恩格尔（Engle，2002）对此做了进一步研究。

Gamma 分布[①]作为更广泛的模型分布，服从这一分布的模型的对数似然

---

① Gamma 分布的概率密度函数为：$f(x) = \dfrac{x^{d-1}}{\Gamma(d)\,a^d} e^{-(x/a)}$，其中，参数 d 和 a 分别为形参和规模，$\Gamma(\cdot)$ 为 Gamma 函数。

函数如下:

$$l(\mu,\ \alpha_i,\ \beta_j,\ \gamma_j) = \sum_{t=1}^{T} \left\{ \ln\left[\frac{1}{\Gamma(d)}\right] + d\ln\left(\frac{R_t}{\lambda_t}\right) + \ln\left(\frac{1}{R_t}\right) - \frac{R_t}{\lambda_t} \right\} \quad (3.16)$$

指数分布是 Gamma 分布的特例,当 d = 1 时,Gamma 分布简化为指数分布,服从 Gamma 分布的 EXCARR 模型被称为 EXCARR@ G 模型。

### 3.3.2　模型预测

对波动率建模的主要目的之一就是对波动率进行预测,关于波动率的一步向前预测易于实现。引入上、下行价格极差的 ACARR 模型可以实现多步向前预测,ACARR 模型的设定如下:

$$\begin{cases} R_t = \lambda_t \varepsilon_t,\ \lambda_t = \mu + \sum_{i=1}^{p} \alpha_i \lambda_{t-i} + \sum_{j=1}^{q} (\beta_j UR_{t-j} + \gamma_j DR_{t-j}) \\[2mm] UR_t = \lambda_t^U \xi_t^U,\ \lambda_t^U = \omega^U + \sum_{i=1}^{m} \alpha_i^U \lambda_{t-i}^U + \sum_{j=1}^{n} \beta_i^U UR_{t-j} \\[2mm] DR_t = \lambda_t^D \xi_t^D,\ \lambda_t^D = \omega^D + \sum_{i=1}^{m} \alpha_i^D \lambda_{t-i}^D + \sum_{j=1}^{n} \beta_i^D DR_{t-j} \end{cases} \quad (3.17)$$

该模型为 EXCARR (p, q)-ACARR (p, q) 模型。

可以看出,该模型的多步向前预测复杂性较高,故选择较为容易实现的 EXCARR (p, q)-ACARR (p, q) 模型。

**命题 3.4**　EXCARR (1, 1)-ACARR (1, 1) 模型的 n 步向前预测如下所示:

$$\begin{aligned} E(R_{t+n} \mid I_t) &= E(\lambda_{t+n} \mid I_t) \\ &= \left(\mu + \frac{\beta_1 \omega^U}{1-l_U} + \frac{\gamma_1 \omega^D}{1-l_D}\right)\frac{1-\alpha_1^{n-1}}{1-\alpha_1} + \alpha_1^{n-1}\lambda_{t+1} \\ &\quad + l_U^{n-2}\beta_1\left(\lambda_{t+1}^U - \frac{\omega^U}{1-l_U}\right)\left[\frac{1-(\alpha_1/l_U)^{n-1}}{1-\alpha_1/l_U}\right] \\ &\quad + l_D^{n-2}\gamma_1\left(\lambda_{t+1}^D - \frac{\omega^D}{1-l_D}\right)\left[\frac{1-(\alpha_1/l_D)^{n-1}}{1-\alpha_1/l_D}\right] \end{aligned} \quad (3.18)$$

其中，$l^U = \alpha_1^U + \beta_1^U$，$l^D = \alpha_1^D + \beta_1^D$，$\mu + \beta_1 \omega^U / (1 - l_U) + \gamma_1 \omega^D / (1 - l_D)$ 为总价格极差的无条件均值，$\omega^U / (1 - l_U)$ 与 $\omega^D / (1 - l_D)$ 分别为上、下行价格极差的无条件均值。

# 3.4 实 证 研 究

本节从实证研究的角度对 EXCARR 模型刻画基于价格极差的波动率动态性的表现进行评价，并将其拟合与预测效果同对称的 CARR 模型和非对称的 ACARR 模型进行比较。

## 3.4.1 数据

本节采用美国 SPX 指数、德国 DAX 指数、日本 NK225 指数和中国香港恒生指数（HSI）的日度数据（包括最高价、最低价、开盘价和收盘价）进行实证研究，数据抽样阶段选取为 1995 年 1 月 1 日至 2016 年 12 月 31 日，所有数据均来源于 www. finance. yahoo. com 网站。

表 3.1 给出了四个指数的总价格极差以及上、下行价格极差的描述性统计结果①。从表 3.1 可以看到，总价格极差以及上、下行价格极差的峰度明显大于 3，偏度大于 0，表明三类价格极差均偏离于正态分布。Ljung-Box Q 统计量的结果表明总价格极差的波动率序列具有非常强的持续性，并且下行价格极差的 Q 统计量明显高于上行价格极差的 Q 统计量，这表明下行价格极差的波动率序列持续性更强，即上、下行价格极差之间存在非对称的动态特征。

---

① 删除所有零价格极差的数据。零价格极差意味着在一段时间内没有进行交易活动，因此是没有信息量的。删除零价格极差的另一个原因是在执行对数最大似然估计时不允许出现零价格极差。

**表 3.1　总价格极差与上、下行价格极差的描述性统计结果**

| 项目 | SPX | | | DAX | | | NK225 | | | HSI | | |
|---|---|---|---|---|---|---|---|---|---|---|---|---|
| | R | UR | DR | R | UR | DR | R | UR | DR | R | UR | DR |
| 均值 | 0.01 | 0.007 | 0.007 | 0.017 | 0.008 | 0.009 | 0.015 | 0.007 | 0.008 | 0.015 | 0.007 | 0.008 |
| 中位数 | 0.011 | 0.005 | 0.004 | 0.014 | 0.005 | 0.006 | 0.013 | 0.005 | 0.006 | 0.012 | 0.004 | 0.006 |
| 标准误 | 0.010 | 0.007 | 0.009 | 0.012 | 0.009 | 0.010 | 0.010 | 0.008 | 0.009 | 0.010 | 0.008 | 0.009 |
| 最小值 | 0.002 | 0.000 | 0.000 | 0.001 | 0.000 | 0.000 | 0.002 | 0.000 | 0.000 | 0.003 | 0.000 | 0.000 |
| 最大值 | 0.109 | 0.102 | 0.096 | 0.111 | 0.111 | 0.086 | 0.138 | 0.117 | 0.138 | 0.176 | 0.122 | 0.147 |
| 偏度 | 3.127 | 3.018 | 3.051 | 2.146 | 2.853 | 2.317 | 3.117 | 2.741 | 3.388 | 3.431 | 3.466 | 3.263 |
| 峰度 | 20.303 | 21.432 | 19.450 | 10.437 | 17.997 | 10.810 | 22.725 | 19.019 | 27.443 | 28.315 | 27.336 | 27.000 |
| Jarque-Bera | 78136.71 *** | 86830.49 *** | 71056.12 *** | 17117.50 *** | 59786.74 *** | 19149.85 *** | 96410.80 *** | 64581.26 *** | 144949.8 *** | 155906.6 *** | 145105.8 *** | 140194.5 *** |
| p (1) | 0.625 | 0.149 | 0.287 | 0.689 | 0.231 | 0.335 | 0.495 | 0.121 | 0.149 | 0.577 | 0.187 | 0.230 |
| p (2) | 0.622 | 0.135 | 0.248 | 0.676 | 0.227 | 0.315 | 0.464 | 0.132 | 0.158 | 0.546 | 0.173 | 0.223 |
| p (3) | 0.593 | 0.167 | 0.263 | 0.647 | 0.201 | 0.289 | 0.427 | 0.137 | 0.149 | 0.548 | 0.172 | 0.255 |
| p (6) | 0.550 | 0.172 | 0.245 | 0.617 | 0.206 | 0.273 | 0.365 | 0.106 | 0.123 | 0.493 | 0.178 | 0.241 |
| p (12) | 0.483 | 0.178 | 0.213 | 0.551 | 0.192 | 0.239 | 0.330 | 0.117 | 0.093 | 0.431 | 0.161 | 0.172 |
| Q (12) | 20487 *** | 1703.7 *** | 3732.6 *** | 25537 *** | 3075.0 *** | 5441.8 *** | 9778.6 *** | 819.67 *** | 1206.2 *** | 15954 *** | 1717.5 *** | 2801.5 *** |

注：R、UR、DR 分别代表总价格极差、正向价格极差与负向价格极差，定义如下：$R_t = h_t - l_t$，$UR_t = h_t - o_t$，$DR_t = l_t - o_t$。$\rho(i)$ 为对应变量滞后 $i$ 阶的回归系数，$Q(\cdot)$ 表示对应滞后数的 Ljung-Box Q 统计量；*、**、*** 分别表示在 10%、5%、1%的置信水平下显著。

### 3.4.2 参数估计结果

表 3.2 给出了 EXCARR@E 模型的估计结果，只有 EXCARR（1，1）模型能在最大程度降低参数估计复杂性的同时刻画价格极差的动态特征（Chou，2005，2006）。

表 3.2 **EXCARR（1，1）@G 模型与 EXCARR（1，1）@E 模型的估计结果**

| 项目 | SPX | | DAX | | NK225 | | HSI | |
|---|---|---|---|---|---|---|---|---|
| | EXCARR (1, 1) @ G | EXCARR (1, 1) @ E | EXCARR (1, 1) @ G | EXCARR (1, 1) @ E | EXCARR (1, 1) @ G | EXCARR (1, 1) @ E | EXCARR (1, 1) @ G | EXCARR (1, 1) @ E |
| $\mu$ | 0.0001 (0.000) | 0.0003 (0.0001) | 0.000 (0.000) | 0.0002 (0.0001) | 0.0001 (0.001) | 0.0004 (0.0001) | 0.000 (0.000) | 0.0002 (0.0001) |
| $\alpha_1$ | 0.808 (0.009) | 0.835 (0.021) | 0.784 (0.010) | 0.819 (0.023) | 0.797 (0.012) | 0.811 (0.027) | 0.852 (0.009) | 0.864 (0.022) |
| $\beta_1$ | 0.012 (0.001) | 0.052 (0.019) | 0.025 (0.002) | 0.120 (0.023) | 0.022 (0.002) | 0.109 (0.023) | 0.019 (0.008) | 0.104 (0.020) |
| $\gamma_1$ | 0.042 (0.002) | 0.223 (0.024) | 0.042 (0.002) | 0.218 (0.025) | 0.040 (0.002) | 0.210 (0.026) | 0.024 (0.009) | 0.140 (0.022) |
| $d$ | 5.895 (0.108) | — | 6.037 (0.110) | — | 5.510 (0.102) | — | 6.122 (0.113) | — |
| $\gamma_1 - \beta_1$ | 0.030 | 0.171 | 0.017 | 0.098 | 0.018 | 0.101 | 0.005 | 0.036 |
| K-S | 0.035 ** | 0.331 *** | 0.036 ** | 0.333 *** | 0.044 ** | 0.328 *** | 0.048 ** | 0.331 *** |
| Log-lik | 21811.64 | 18860.06 | 20964.95 | 17933.45 | 20305.66 | 17595.17 | 20749.28 | 17768.26 |
| Q (12) | 27.284 *** | 22.539 ** | 23.635 ** | 21.191 ** | 24.749 ** | 28.224 *** | 13.691 | 17.384 |

注：括号内为标准差。EXCARR（1，1）模型设定为：$R_t = \lambda_t \varepsilon_t$，$\lambda_t = \mu + \alpha_1 \lambda_{t-1} + \beta_1 BR_{t-1} + \gamma_1 DR_{t-1}$，其中 $\varepsilon_t$ 为随机干扰项。EXCARR（1，1）@E 模型为服从指数分布的 EXCARR（1，1）模型，EXCARR（1，1）@G 模型为服从 Gamma 分布的 EXCARR（1，1）模型。*、**、*** 分别表示在 10%、5%、1% 的置信水平下显著。K-S 即 K-S 检验下的统计量，Log-lik 为对数极大似然函数值，Q(·) 表示对应滞后阶数 Ljung-Box Q 统计量。

$\beta_1(\gamma_1)$ 测度了上行价格极差（下行价格极差）对价格极差的条件均值（$\lambda_t$）的单位冲击，若冲击是对称的，则 $\beta_1 = \gamma_1$。从表 3.2 可以看出，$\beta_1 \neq \gamma_1$，说明上、下行价格极差对 $\lambda_t$ 的冲击是非对称的。就美国 SPX 指数而言，参数 $\gamma_1 = 0.223$，$\beta_1 = 0.052$，表明其下行价格极差对价格极差的单位冲击是上行价格极差的 4 倍，杠杆效应表现得最为明显。中国香港恒生指数（HSI）的 $\gamma_1$ 与 $\beta_1$ 之差仅为 0.036，杠杆效应最弱。与表 3.1 相比，Ljung-Box Q 统计量显著降低，表明 EXCARR@E 模型极好地解释了价格极差的持续性。

表 3.2 同样给出了 EXCARR@G 模型的估计结果，该模型同样展示了正向冲击与负向冲击的非对称性。可以看到参数 d 的估计结果明显大于 1，表明 $\varepsilon_t$ 的分布远远偏离于指数分布。图 3.1 展示了 $\varepsilon_t$ 的真实分布函数与其估计值的分布函数图，显然当 $\varepsilon_t$ 服从 Gamma 分布时，估计值的分布函数拟合效果较好。EXCARR@G 模型的最大似然函数值（Log-lik）更大，同样说明了 EXCARR@G 模型与 EXCARR@E 模型相比，更具有优越性。

此外，表 3.2 还给出了模型的 K-S 统计量，它度量的是样本经验分布函数与模型设定所参考的累积分布函数的差异。在样本数据服从参考分布的原假设下计算 K-S 统计量的值，EXCARR@E 模型与 EXCARR@G 模型相比，前者对应的取值范围为 0.328 ~ 0.333，后者的取值范围为 0.035 ~ 0.048。即相比于指数分布，$\varepsilon_t$ 服从 Gamma 分布时，模型的拟合效果更好，这一结论与谢和吴（Xie and Wu，2017）的研究结论一致。

为了比较模型的优劣，本章还估计了 CARR 模型与 ACARR 模型。在仇（Chou，2005，2006）的研究中，CARR 模型与 ACARR 模型下的 $\varepsilon_t$ 均服从指数分布，估计结果如表 3.3 所示。与 Ljung-Box Q 统计量一致，估计结果表明总价格极差与上、下行价格极差均具有很强的持续性特征。此外，估计结果表明波动率存在杠杆效应。就长期冲击而言，四种指数上行价格极差的系数 $\alpha$ 均大于下行价格极差的对应系数，表明正向冲击对波动率的影响更持久。就短期冲击而言，上行价格极差的系数 $\beta$ 均小于下行价格极差的对应系数，表明负向冲击大于正向冲击。

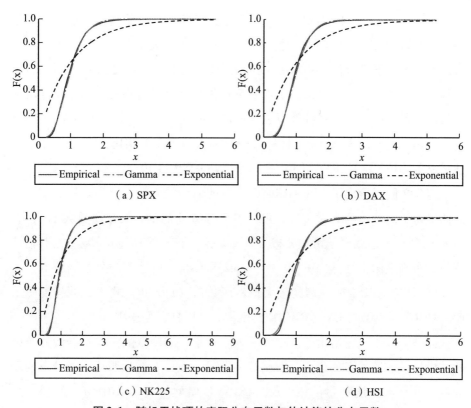

图 3.1　随机干扰项的实际分布函数与估计值的分布函数

注：标准残差由 $\varepsilon_t = R_t / \lambda_t$ 确定。

### 3.4.3　样本内与样本外预测

本节采用均方根误差（RMSE）与平均绝对误差（MAE）检验模型的预测精度，以进一步探究 EXCARR 模型在样本内和样本外预测方面是否比 CARR 模型更优越[①]。这个问题很重要，因为它决定了将非对称性纳入极差中建模是否有价值。

---

　①　仇（Chou, 2005）的实证研究表明对于扰动项的不同假设对预测极差的条件均值几乎没有影响。因此，在本节中，对于样本内和样本外预测，扰动项都被假定为服从指数分布。

表 3.3

**样本内拟合结果**

| 参数 | SPX | | | DAX | | | NK225 | | | HSI | | |
|---|---|---|---|---|---|---|---|---|---|---|---|---|
| | CARR | ACARR | | CARR | ACARR | | CARR | ACARR | | CARR | ACARR | |
| | | 上行极差 | 下行极差 | | 上行极差 | 下行极差 | | 上行极差 | 下行极差 | | 上行极差 | 下行极差 |
| $\mu$ | 0.0003 (0.000) | 0.000 (0.000) | 0.0002 (0.000) | 0.0001 (0.0001) | 0.000 (0.000) | 0.0001 (0.000) | 0.0004 (0.0001) | 0.0001 (0.000) | 0.0002 (0.000) | 0.0002 (0.0001) | 0.000 (0.000) | 0.0001 (0.000) |
| $\alpha$ | 0.794 (0.025) | 0.960 (0.005) | 0.886 (0.012) | 0.806 (0.023) | 0.951 (0.005) | 0.901 (0.010) | 0.790 (0.029) | 0.942 (0.009) | 0.907 (0.011) | 0.862 (0.022) | 0.963 (0.005) | 0.937 (0.008) |
| $\beta$ | 0.186 (0.022) | 0.035 (0.004) | 0.091 (0.009) | 0.188 (0.022) | 0.047 (0.005) | 0.090 (0.009) | 0.182 (0.024) | 0.044 (0.006) | 0.071 (0.008) | 0.126 (0.019) | 0.033 (0.004) | 0.054 (0.007) |
| $\alpha + \beta$ | 0.980 | 0.995 | 0.996 | 0.994 | 0.998 | 0.991 | 0.972 | 0.986 | 0.978 | 0.988 | 0.996 | 0.992 |

注：括号里的数据为标准差。ACARR 与 CARR 模型设定如下：$X_t = \lambda_t \varepsilon_t$，$\lambda_t = \mu + \alpha \lambda_{t-1} + X_{t-1}$，其中，$\varepsilon_t$ 为随机干扰项。在 CARR 模型中，X 代表价格极差，在 ACARR 模型中 X 代表上行极差，下行价格极差。对两种模型而言，服从指数分布且均值为 1，采用拟极大似然估计（QMLE）法对模型进行参数估计。

$$
\begin{cases}
\mathrm{RMSE} = \sqrt{\mathrm{T}^{-1} \displaystyle\sum_{t=1}^{T} \left[ \mathrm{R_t} - \mathrm{R_t^F} \right]^2} \\[4mm]
\mathrm{MAE} = \mathrm{T}^{-1} \displaystyle\sum_{i=1}^{T} \left| \mathrm{R_t} - \mathrm{R_t^F} \right|
\end{cases}
\tag{3.19}
$$

其中，$R_t$ 与 $R_t^F$ 分别为极差的观测值与预测值。

表3.4 展示了样本内预测结果。表3.4（a）给出了 EXCARR 模型与 CARR 模型预测下的 MAE 值和 RMSE 值。四种指数在 EXCARR 模型下的 RMSE 值与 MAE 值均小于 CARR 模型的对应值，表明 EXCARR 模型相比于 CARR 模型更具优越性，进一步说明引入杠杆效应能够提高对价格极差的预测效果。且杠杆效应越强，EXCARR 模型相对于 CARR 模型的预测能力越优。

此外，表3.4（b）给出了 ACARR 模型预测下的 MAE 值与 RMSE 值的计算结果。可以看出，ACARR 模型预测的 MAE 值与 RMSE 值比 CARR 模型更高，意味着相比于 CARR 模型，ACARR 模型预测的误差更大。针对这种现象一种可能的解释是 ACARR 模型忽略了上、下行价格极差的独立性假定。

对于现实的经济意义而言，样本外预测能力更为重要。本节采用滚动窗口进行样本外预测，将数据样本分为"样本内"和"样本外"两个部分。样本内部分由前 m 个观测值组成，样本外部分由后 q 个观测值组成。基于前 m 个观测值，得到第一个样本外预测值 $R_{m+1}^F$；基于前 m+1 个观测值，重新估计模型，根据所估计的模型得到第二个样本外预测值 $R_{m+2}^F$，依次推进直至得到最后一个样本外预测值，即生成 q 个样本外预测值，这种递进的预测程序模拟了实时的预测情况。本节将后 2500 个样本观测值作为样本外预测评价的基准，以一年 250 个交易日计算，2500 个样本观测值覆盖了十年的交易时间。

表3.5 给出了样本外的预测结果。其中，表3.5（a）为 EXCARR 模型样本外预测的 MAE 值与 RMSE 值，用以度量该模型预测的精确度。此外，四种指数在 EXCARR 模型下的 MAE 值与 RMSE 值均比 CARR 模型小，说明 EXCARR 模型的样本外预测效果更好。表3.5（b）给出了 ACARR 模型预测下的 MAE 值与 RMSE 值，同 CARR 模型比较发现，CARR 模型比 ACARR 模型更为优越。这与样本内的结果一致，样本外的预测结果进一步证明 EXCARR 模型在

表 3.4　　样本内预测

**(a) CARR 与 EXCARR**

| 模型 | SPX | | | DAX | | | NK225 | | | HSI | | |
|---|---|---|---|---|---|---|---|---|---|---|---|---|
| | CARR | EXCARR | $\frac{\text{CARR}}{\text{EXCARR}}$ | CARR | EXCARR | $\frac{\text{CARR}}{\text{EXCARR}}$ | CARR | EXCARR | $\frac{\text{CARR}}{\text{EXCARR}}$ | CARR | EXCARR | $\frac{\text{CARR}}{\text{EXCARR}}$ |
| MAE | 0.000450 | 0.000432 | 1.042 | 0.000528 | 0.000519 | 1.019 | 0.000515 | 0.000509 | 1.013 | 0.000496 | 0.000495 | 1.003 |
| RMSE | 0.000672 | 0.000641 | 1.048 | 0.000773 | 0.000756 | 1.023 | 0.000772 | 0.000762 | 1.019 | 0.000762 | 0.000757 | 1.006 |

**(b) CARR 与 ACARR**

| 模型 | SPX | | | DAX | | | NK225 | | | HSI | | |
|---|---|---|---|---|---|---|---|---|---|---|---|---|
| | CARR | ACARR | $\frac{\text{CARR}}{\text{ACARR}}$ | CARR | ACARR | $\frac{\text{CARR}}{\text{ACARR}}$ | CARR | ACARR | $\frac{\text{CARR}}{\text{ACARR}}$ | CARR | ACARR | $\frac{\text{CARR}}{\text{ACARR}}$ |
| MAE | 0.000450 | 0.000455 | 0.990 | 0.000537 | 0.000519 | 0.984 | 0.000524 | 0.000509 | 0.983 | 0.000496 | 0.000508 | 0.978 |
| RMSE | 0.000672 | 0.000690 | 0.974 | 0.000795 | 0.000756 | 0.972 | 0.000797 | 0.000762 | 0.984 | 0.000762 | 0.000792 | 0.963 |

注：样本内预测是基于整个时间序列进行的，表中 CARR/EXCARR 表示 CARR 模型与 EXCARR 模型样本内预测下的 MAE（RMSE）之比。同理，CARR/ACARR 表示 CARR 模型与 ACARR 模型样本内预测下的 MAE（RMSE）之比。如果比率大于 1，则 CARR 模型相比 EXCARR（ACARR）模型的预测能力更优。反之，CARR 模型的预测能力更差。

表 3.5　样本外预测

(a) CARR 与 EXCARR

| 模型 | | SPX | | | DAX | | | NK225 | | | HSI | | |
|---|---|---|---|---|---|---|---|---|---|---|---|---|---|
| | | CARR | EXCARR | $\frac{CARR}{EXCARR}$ | CARR | EXCARR | $\frac{CARR}{EXCARR}$ | CARR | EXCARR | $\frac{CARR}{EXCARR}$ | CARR | EXCARR | $\frac{CARR}{EXCARR}$ |
| | MAE | 0.000471 | 0.000450 | 1.046 | 0.000558 | 0.000546 | 1.023 | 0.000509 | 0.000500 | 1.020 | 0.000490 | 0.000489 | 1.001 |
| | RMSE | 0.000719 | 0.000685 | 1.050 | 0.000801 | 0.000781 | 1.025 | 0.000816 | 0.000800 | 1.021 | 0.000778 | 0.000774 | 1.001 |

(b) CARR 与 ACARR

| 模型 | | SPX | | | DAX | | | NK225 | | | HSI | | |
|---|---|---|---|---|---|---|---|---|---|---|---|---|---|
| | | CARR | ACARR | $\frac{CARR}{ACARR}$ | CARR | ACARR | $\frac{CARR}{ACARR}$ | CARR | ACARR | $\frac{CARR}{ACARR}$ | CARR | ACARR | $\frac{CARR}{ACARR}$ |
| | MAE | 0.000471 | 0.000487 | 0.967 | 0.000558 | 0.000566 | 0.985 | 0.000509 | 0.000527 | 0.965 | 0.000490 | 0.000503 | 0.973 |
| | RMSE | 0.000719 | 0.000757 | 0.950 | 0.000801 | 0.000827 | 0.968 | 0.000816 | 0.000853 | 0.957 | 0.000778 | 0.000807 | 0.964 |

注：CARR/EXCARR 表示 CARR 模型与 EXCARR 模型样本外预测下的 MAE（RMSE）之比。同理，CARR/ACARR 表示 CARR 模型与 ACARR 模型的预测的预测能力更差，反之，CARR 模型的预测能力更优。如果比率大于 1，则 CARR 模型样本外预测下的 MAE（RMSE）模型样本外预测相比 EXCARR（ACARR）模型的预测能力更差，反之，CARR 模型的预测能力更优。

刻画价格极差的动态特征方面比 CARR 模型和 ACARR 模型更具有优越性。

图3.2 展示了模型的 MAE 比率与非对称性的散点图，MAE 比率为 CARR 模型与 EXCARR（ACARR）模型的 MAE 之比。本章将非对称性定义为参数 $\gamma_1$ 与 $\beta_1$ 之差，即 $\gamma_1 - \beta_1$。从图中可以看出，无论是样本内还是样本外预测，随着非对称性的增加，EXCARR 模型的预测能力也在不断增强。而 ACARR 模型在样本外的预测中，其预测能力随非对称性的增加而减弱，这一结果证明 EXCARR 模型能更好地刻画杠杆效应。

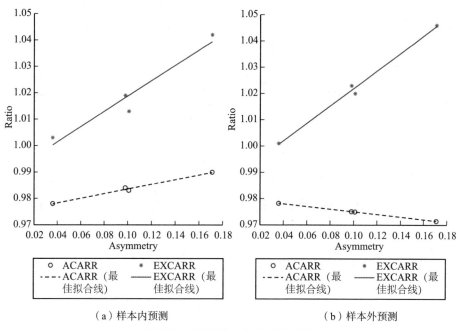

（a）样本内预测　　　　　　　　（b）样本外预测

**图 3.2　MAE 比率与非对称关系**

注：将非对称性定义为 $\gamma_1 - \beta_1$，MAE 比率即 CARR 模型与 EXCARR（ACARR）模型的 MAE 之比。

图 3.3 为模型样本外预测值的 CAFED 时间序列图。其中，CAFED 为 CARR 模型的绝对预测误差与 EXCARR（ACARR）模型的绝对预测误差之差。图 3.3 将各模型预测能力的差异可视化，如果曲线的梯度上升则表明 EXCARR（ACARR）模型的样本外预测能力比 CARR 模型更优越，反之 CARR 模型更优越。如果曲线斜率一直为正，则进一步说明 EXCARR（ACARR）模

型总是优于 CARR 模型。图 3.3 表明对非对称性较大的股票指数（本章中为美国 SPX 指数、德国 DAX 指数以及日本 NK225 指数），EXCARR 模型均优于CARR 模型；而对于非对称性较小的股票指数（本章中为 HSI 指数），从图3.3（d）中可以看出，曲线斜率并不显著为正，说明在对 HSI 指数进行价格极差的样本外预测方面，EXCARR 模型相较于 CARR 模型的优越性并不明显。此外，度量 CARR 模型与 ACARR 模型样本外预测能力差异的曲线的梯度随时间下降，表明 CARR 模型的预测效果比 ACARR 模型更好。由此可得出结论：与 CARR 模型和 ACARR 模型相比，EXCARR 模型的样本外预测效果更好。

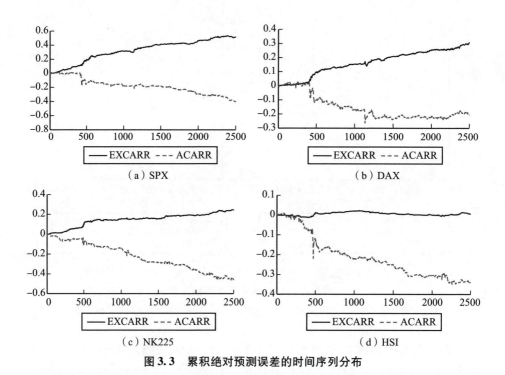

**图 3.3　累积绝对预测误差的时间序列分布**

注：CARR 模型与 EXCARR（ACARR）模型的累计绝对误差之差被定义为 $CAFED_t = \sum_{i=1}^{t} [(|R_i - CARR_i| - |R_i - XCARR_i|)]$，其中 XCARR 指代 EXCARR 或 ACARR 模型，CAFED 指代累积绝对预测误差。

此外，本节采用 DM 统计量（Diebold and Mariano，1995）来进一步判断两个模型的样本外预测能力是否有显著的差异。对模型 i 的预测误差定义如下：

$$\in_{i,t} = R_t - FV_t(M_i) \tag{3.20}$$

其中，$R_t$ 与 $FV_t(M_i)$ 分别表示价格极差的样本观测值，以及由模型 i 得到的相应的价格极差的预测值。此外，本节通过对 $\mu_{i,j}$ 的系数进行 t 检验以测度模型 j 相较于模型 i 的优越性。对 $\mu_{i,j}$ 的定义如下：

$$\in_{i,t}^2 - \in_{j,t}^2 = \mu_{i,j} + \eta_t \tag{3.21}$$

若 $\mu_{i,j}$ 为正，则模型 j 相较于模型 i 更优越。

表 3.6 展示了 DM 统计量的结果，可以看出，在 1% 的显著性水平下，EXCARR 模型优于 CARR 模型与 ACARR 模型；在 5% 的显著性水平下，CARR 模型优于 ACARR 模型。

**表 3.6** **DM 统计量**

| 模型 | SPX | | DAX | | NK225 | | HSI | |
|---|---|---|---|---|---|---|---|---|
| | EXCARR | CARR | EXCARR | CARR | EXCARR | CARR | EXCARR | CARR |
| ACARR | 5.064 *** | 3.021 *** | 3.204 *** | 2.033 *** | 3.645 *** | 3.033 *** | 2.600 *** | 2.426 *** |
| CARR | 5.770 *** | — | 5.393 *** | — | 4.068 *** | — | 2.968 *** | — |

注：表中数据为 $\in_{i,t}^2 - \in_{j,t}^2 = \mu_{i,j} + \eta_t$ 中 $\mu_{i,j}$ 估计值的 t 统计量，$\in_{i,t}$ 为模型 i 在 t 时刻的预测误差。t 统计量为正则表明模型 j 优于模型 i，其预测误差更小，反之则模型 i 优于模型 j。

为了进一步测度两种模型预测能力的差异，本节根据明瑟和扎诺维茨（Mincer and Zarnowitz，1969）的研究作如下回归：

$$R_t = a + bFV_t(M_i) + v_t \tag{3.22}$$

对预测的波动率的无偏性检验可通过 $a = 0$ 且 $b = 1$ 的联合检验进行。

为了获取两个波动率模型的相关信息，进一步做联合回归的预测如下：

$$R_t = a + bFV_t(M_i) + cFV_t(M_j) + v_t \tag{3.23}$$

若系数 b 的估计在统计上显著而 c 的估计不显著，则模型 i 的样本外预测能力优于模型 j。

　　表3.7展示了单一回归与双变量联合回归的估计结果以及两个回归方程对应的 $R^2$。从单一回归结果可以明显看出，CARR模型与EXCARR模型关于价格极差的有偏估计比ACARR模型更小。此外，在ACARR模型的预测结果作为解释变量的单一回归方程中，其系数在1%的置信水平下显著，而一旦引入CARR模型的预测结果，联合回归下的ACARR模型的系数在10%的置信水平下依旧不显著，这一结果表明CARR模型比ACARR模型更具有优越性。而CARR模型的预测结果尽管在1%的置信水平下是显著的，但在与EX-CARR模型的联合回归中其显著性降低，说明EXCARR模型的预测结果更接近于真实值。此外，包含CARR模型和EXCARR模型预测结果的联合回归较大程度地改善了对价格极差的预测效果。同样的结论在回归方程对应的 $R^2$ 上也有所体现，由使用EXCARR模型预测结果作为解释变量得到的 $R^2$ 值最高，说明EXCARR模型的样本外预测效果最好。

表3.7　　　　　　　　　　　　　　　回归估计结果

| 模型 | 价格极差 | 常数项 | FV (CARR) | FV (ACARR) | FV (EXCARR) | $R^2$ (%) |
|---|---|---|---|---|---|---|
| | | | 解释变量 | | | |
| SPX | $R_{sp}$ | −0.421E-03 | 1.028 *** | — | — | 59.7 |
| | $R_{sp}$ | −2.665E-03 *** | — | 1.185 *** | — | 56.7 |
| | $R_{sp}$ | −0.105E-03 *** | — | — | 1.066 *** | 63.7 |
| | $R_{sp}$ | −0.690E-03 *** | 0.941 *** | 0.106 | — | 59.8 |
| | $R_{sp}$ | −1.017E-03 *** | −0.519 *** | — | 1.579 *** | 64.2 |
| DAX | $R_{dax}$ | 0.962E-03 *** | 0.939 *** | — | — | 49.8 |
| | $R_{dax}$ | −0.784E-03 *** | — | 1.036 *** | — | 46.2 |
| | $R_{dax}$ | 0.725E-03 *** | — | — | 0.951 *** | 52.1 |
| | $R_{dax}$ | 0.770E-03 *** | 0.883 *** | 0.067 | — | 49.8 |
| | $R_{dax}$ | 1.028E-03 *** | −1.146 *** | — | 2.078 *** | 53.1 |

续表

| 模型 | 解释变量 | | | | | |
|---|---|---|---|---|---|---|
| | 价格极差 | 常数项 | FV（CARR） | FV（ACARR） | FV（EXCARR） | $R^2$（%） |
| （c）NK225 | $R_{nk}$ | $-0.137e\text{-}03$ | $0.992^{***}$ | — | — | 39.7 |
| | $R_{nk}$ | $-3.628e\text{-}03^{***}$ | — | $1.222^{***}$ | — | 35.3 |
| | $R_{nk}$ | $-0.385e\text{-}03$ | — | — | $1.011^{***}$ | 42.1 |
| | $R_{nk}$ | $0.297e\text{-}03$ | $1.071^{***}$ | $-0.108$ | — | 39.7 |
| | $R_{nk}$ | $-5.790e\text{-}05$ | $-1.076^{***}$ | — | $2.064^{***}$ | 43.0 |
| （d）HSI | $R_{hsi}$ | $0.121e\text{-}03$ | $0.986^{***}$ | — | — | 44.5 |
| | $R_{hsi}$ | $-1.476e\text{-}03^{***}$ | — | $1.091^{***}$ | — | 40.1 |
| | $R_{hsi}$ | $-7.911e\text{-}05^{***}$ | — | — | $0.995^{***}$ | 45.1 |
| | $R_{hsi}$ | $0.401e\text{-}03$ | $1.077^{***}$ | $-0.111$ | — | 44.5 |
| | $R_{hsi}$ | $-0.248e\text{-}03$ | $-1.976^{***}$ | — | $2.975^{***}$ | 45.6 |

注：*、**、***分别表示在 10%、5%、1%的置信水平下显著。

## 3.5 本 章 小 结

本章提出 EXCARR 模型以刻画上、下行价格极差波动率的非对称性，该模型不仅降低了 ACARR 模型在参数估计方面的复杂性，也具有 CARR 模型不具备的刻画杠杆效应的能力。此外，本章也从实证的角度证明了无论是样本内还是样本外，EXCARR 模型都能提供比 ACARR 模型和 CARR 模型更准确地基于价格极差的波动率预测结果。因此，EXCARR 模型为刻画价格极差波动率动态特征提供了一个简单且有效的基本模型框架。

第 4 章

# 双成分 CCARR 模型

## 4.1 引　　言

前述章节表明价格极差波动率模型在实际中获得了较好的应用，但上述模型均属于单成分价格极差波动率模型，对于刻画波动率的长记忆性仍存在局限性。另外，基于收益率数据的 GARCH 模型对比特币市场的波动率建模与预测已得到了广泛的研究。然而，到目前为止，对于比特币市场的波动率建模与预测，尚未有基于 CARR 模型，特别是 CCARR 模型的研究。

因此，本章提出 CCARR 模型对股票市场和比特币市场的波动率进行建模和预测。事实上，本章所提出的 CCARR 模型与汉瑞斯等（Harris et al.，2011）的成分价格极差模型密切相关。在 CCARR 模型中，长期成分的动态性被定义为 GARCH 类模型，而汉瑞斯等（Harris et al.，2011）未指定其精确的动态变化过程，需要利用一些非参数滤波器从价格极差中分解出长期成分，且模型的估计需要分两步实现。而本章模型使用极大似然估计方法能够一步实现估计，更为简便。此外，在使用汉瑞斯等（Harris et al.，2011）的模型预测波动率时，假设长期成分遵循一个随机游走过程，这可能是不现实的。因为长期趋势虽然捕获了波动率的高持续性但仍旧是平稳的，这与本章的设定一致，即长期成分是均值回复的。基于此，本章将探讨 CCARR 模型下的股市波动率与比特币波动率的建模与预测问题。关于股票市场，本章采用 6 个股票市场指数数据，分别为中国上证综合指数（SSEC）、中国香港恒生指数（HSI）、日本日经 225 指数（NK225）、美国标普 500 指数（SPX）、法国 CAC 40 指数（CAC40）、德国 DAX 指数（GDAXI）进行实证研究。

本章其余部分内容安排如下：第 4.2 节介绍了 CCARR 模型的构建；第 4.3 节介绍了 CCARR 模型的估计与预测；第 4.4 节给出了 6 个股票市场指数的实证结果；第 4.5 节给出了比特币市场的实证结果；第 4.6 节对本章研究内容进行总结。

## 4.2 CCARR 模型的构建

设 $p_t$ 是资产在 t 时刻观察到的对数价格，t = 1，2，…，T。t 时刻的（尺度）价格极差 $R_t$，定义为：

$$R_t = \frac{1}{\sqrt{4\ln 2}}(\max\{p_\tau\} - \min\{p_\tau\}), \quad \tau \in [t-1, t] \tag{4.1}$$

根据帕金森（Parkinson，1980）研究表明，价格极差 $R_t$ 是资产收益波动率的一个无偏估计量。

为了描述价格极差 $R_t$ 的动态性，仇（Chou，2005）提出了 CARR 模型，尽管 CARR 模型在价格极差建模方面很有效，但该模型仍然不能充分捕捉极差（波动率）的长记忆性（或者长期相关性）。因此，本章对 CARR 模型进行了扩展，提出了 CCARR 模型。CCARR 模型的双成分形式在刻画价格极差的自相关结构方面具有更大的灵活性。丁和恩格尔（Ding and Granger，1996）与恩格尔和李（Engle and Lee，1999）提出的双成分模型能够捕捉绝对或平方收益率自相关函数的缓慢衰减，而本章提出的模型就是在该模型基础上构建的。

CCARR 模型形式如下：

$$R_t = \lambda_t \varepsilon_t \tag{4.2}$$

$$\lambda_t = q_t + \alpha_1 (R_{t-1} - q_{t-1}) + \beta_1 (\lambda_{t-1} - q_{t-1}) \tag{4.3}$$

$$q_t = \omega + \alpha_2 R_{t-1} + \beta_2 q_{t-1} \tag{4.4}$$

$$\varepsilon_t | F_{t-1} \sim i.i.d. f(\cdot) \tag{4.5}$$

其中，$q_t$ 是长期（趋势）成分并且 $E[q_t] = \dfrac{\omega}{1 - \alpha_2 - \beta_2}$，$\lambda_t - q_t$ 是短期成分且 $E[\lambda_t - q_t] = 0$。为了确保短期和长期成分的平稳性和可辨识性，施加约束条件 $\alpha_1 + \beta_1 < \alpha_2 + \beta_2 < 1$，其中，$\alpha_1 + \beta_1$ 与 $\alpha_2 + \beta_2$ 分别决定了短期和长期价格极差冲击的持续性。

显然，与 CARR 模型相比，CCARR 模型更具有一般性，能够更灵活地刻画价格极差的动态特征。事实上，方程（4.2）~方程（4.5）构成的 CCARR 模型可以重新改写成结构化的 CARR（2，2）模型，形式如下：

$$q_t = \frac{\omega}{1 - \beta_2} + \alpha_2 (1 - \beta_2 L)^{-1} R_{t-1} \tag{4.6}$$

$$
\begin{aligned}
\lambda_t = {}& \omega(1 - \alpha_1 - \beta_1) + (\alpha_1 + \alpha_2) R_{t-1} - (\alpha_1 \beta_2 + \alpha_2 \beta_1 + \alpha_1 \alpha_2) R_{t-2} \\
& + (\beta_1 + \beta_2) \lambda_{t-1} - \beta_1 \beta_2 \lambda_{t-2}
\end{aligned} \tag{4.7}
$$

显然，CCARR 模型包含了 CARR 模型。令 $\alpha_1 = \beta_1 = 0$，$\alpha_2 = \alpha$，$\beta_2 = \beta$ 可以得到 CARR 模型。

## 4.3　CCARR 模型的估计与预测

### 4.3.1　CCARR 模型的估计

CCARR 模型的一个比较好的特性是易于估计，事实上，CCARR 模型可直接采用极大似然方法进行估计。CCARR 模型的对数似然函数可以写成

$$\ell(\alpha_1, \beta_1, \omega, \alpha_2, \beta_2) = \sum_{t=1}^{T} \left[ \ln f\left(\frac{R_t}{\lambda_t}\right) - \ln(\lambda_t) \right] \tag{4.8}$$

当且仅当条件概率密度函数 f(·) 的假设比较合理时，才能获得一致和有效的估计。因为扰动项 $\varepsilon_t$ 非负，因此假定其概率密度函数为指数类型①。在这种情况下，服从指数分布且均值为 1 的 CCARR 模型的对数似然函数可以写成

$$\ell(\alpha_1, \beta_1, \omega, \alpha_2, \beta_2) = -\sum_{t=1}^{T} \left[ \frac{R_t}{\lambda_t} + \ln(\lambda_t) \right] \tag{4.9}$$

### 4.3.2 预测评估

为了评价这些模型，本章使用三种衡量事后波动率的变量作为真实波动率的"代理值"，即价格极差（RNG）、已实现波动率（RV）和已实现极差波动率（RRV）。价格极差（RNG）的形式如式（4.1）所示，已实现波动率（RV）和已实现极差波动率（RRV）的形式如下：

$$RV_t = \sqrt{\sum_{i=1}^{N} r_{t,i}^2} \tag{4.10}$$

$$RRV_t = \sqrt{\frac{1}{4\ln 2} \sum_{i=1}^{N} (\log H_{t,i} - \log L_{t,i})^2} \tag{4.11}$$

其中，$r_{t,i}$、$H_{t,i}$ 和 $L_{t,i}$ 分别是第 t 个交易日的第 i 个日内收益率、最高价和最低价。N 是日内收益率数目。在本章中，使用 5 分钟的日内价格数据来计算 RV 和 RRV 测度。

为了比较模型的预测性能，本章考虑了四种常用的评价标准，即平均绝对误差（MAE）、平均绝对百分比误差（MAPE）、均方误差（MSE）以及拟似然（QLIKE）。MAE 和 MAPE 是常用的误差度量指标，MSE 与 QLIKE 是稳

---

① 具有单位均值的指数概率密度函数形式为 f(x) = exp(−x)，x≥0。由于本章的研究重点是波动率预测，而不是分布的选择，故扰动项选择比较简单的指数分布来说明本章提出的模型。未来的研究方向是考虑误差项服从其他分布，如 Weibull 分布（Chou，2005）和 Gamma 分布（Xie and Wu，2017）。

健的损失函数（Patton，2011）。这四个评价指标分别定义为：

$$MAE(m) = \frac{1}{L}\sum_{l=1}^{L}|MV_l - FV_l(m)| \tag{4.12}$$

$$MAPE(m) = \frac{1}{L}\sum_{l=1}^{L}\left|\frac{MV_l - FV_l(m)}{MV_l}\right| \tag{4.13}$$

$$MSE(m) = \frac{1}{L}\sum_{l=1}^{L}(MV_l - FV_l(m))^2 \tag{4.14}$$

$$QLIKE(m) = \frac{1}{L}\sum_{l=1}^{L}\left\{\frac{MV_l}{FV_l(m)} - \log\left[\frac{MV_l}{FV_l(m)}\right] - 1\right\} \tag{4.15}$$

其中，$MV_l$ 是真实波动率，即 $RNG_l$、$RV_l$ 或 $RRV_l$，$FV_l(m)$ 是模型 m 预测的波动率，其中 m 表示 GARCH、CGARCH、CARR 或 CCARR 模型，L 是样本外预测数目。

## 4.4　关于股市波动率的实证研究

### 4.4.1　数据

在实证分析方面，使用 CCARR 模型来预测中国上证综合指数（SSEC）、中国香港恒生指数（HSI）、日本日经 225 指数（NK225）、美国标普 500 指数（SPX）、法国 CAC40 指数（CAC40）和德国 DAX 指数（GDAXI）这6 个股指的波动率。股市指数的日度数据（包括开盘价、最高价、最低价和收盘价）可以从雅虎财经网站（https：//finance. yahoo. com/）获得。数据样本期为 2001 年 1 月 2 日至 2018 年 9 月 26 日，日度的日内价格极差可以通过第 4.2 节中的式（4.1）计算得到，图 4.1 给出了日内价格极差的时间序列。

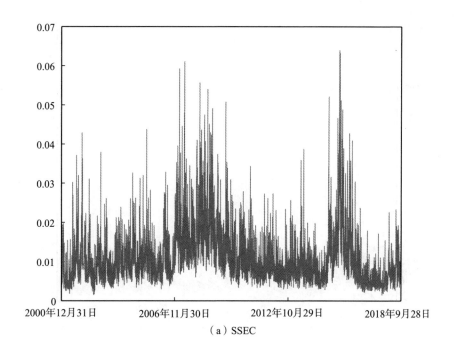

（a）SSEC

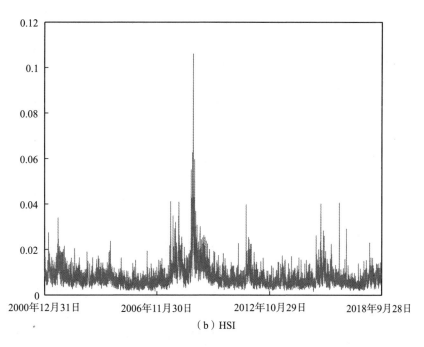

（b）HSI

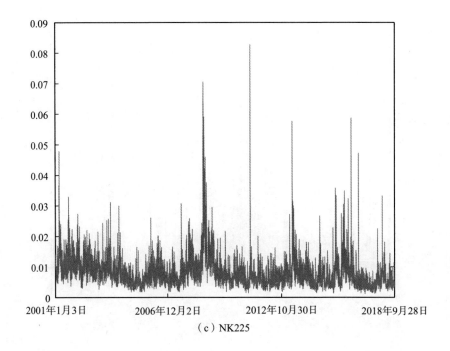

（c）NK225

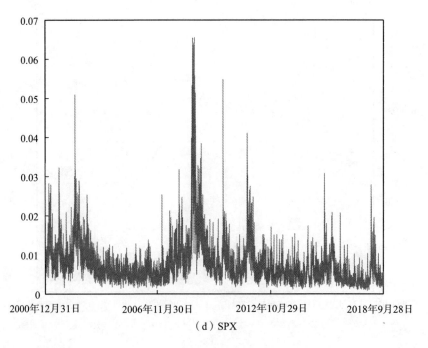

（d）SPX

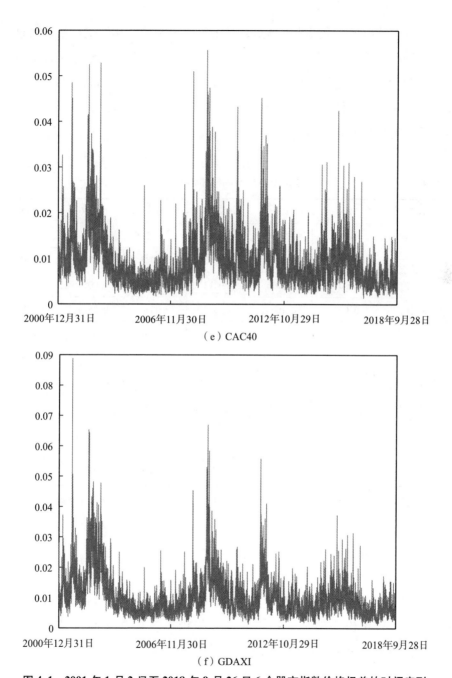

（e）CAC40

（f）GDAXI

**图 4.1 2001 年 1 月 2 日至 2018 年 9 月 26 日 6 个股市指数价格极差的时间序列**

表 4.1 给出了 6 个股票市场指数日度价格极差的描述性统计量。结果表明，对于所有指数，价格极差的分布特征都是右偏、尖峰厚尾的，Jarque-Bera 统计检验结果拒绝了分布的正态性假设。从滞后 10 阶的 Ljung-Box Q 统计量可以看出，每个价格极差序列都展现出高度显著的自相关性（持续性），这表明所有指数的波动率均存在长记忆性。

表 4.1 指数价格极差的描述性统计量

| 项目 | SSEC | HSI | NK225 | SPX | CAC40 | GDAXI |
|---|---|---|---|---|---|---|
| 样本数 | 4283 | 4347 | 4332 | 4452 | 4521 | 4500 |
| 均值 | 0.0110 | 0.0080 | 0.0082 | 0.0078 | 0.0094 | 0.0103 |
| 最小值 | 0.0015 | 0.0016 | 0.0012 | 0.0009 | 0.0014 | 0.0009 |
| 最大值 | 0.0639 | 0.1060 | 0.0827 | 0.0655 | 0.0556 | 0.0888 |
| 标准差 | 0.0074 | 0.0053 | 0.0057 | 0.0061 | 0.0063 | 0.0074 |
| 偏度 | 2.1967 | 4.3351 | 3.6241 | 3.2340 | 2.2388 | 2.4842 |
| 峰度 | 10.0517 | 46.6128 | 28.8940 | 20.8791 | 10.5861 | 13.2107 |
| Jarque-Bera | 12318.7389 (0.000) | 358129.0693 (0.000) | 130507.7096 (0.000) | 67057.7465 (0.000) | 14617.5076 (0.000) | 24176.9471 (0.000) |
| Q (10) | 9306.9893 (0.000) | 9971.0997 (0.000) | 8423.1427 (0.000) | 17320.3973 (0.000) | 14539.7750 (0.000) | 17623.5557 (0.000) |

注：Q (10) 是价格极差自相关滞后 10 阶的 Ljung-Box Q 统计量。p 值在括号中给出。

## 4.4.2 估计结果

CARR（CCARR）模型参数估计结果如表 4.2 所示。与 Ljung-Box Q 统计量一致，CARR 模型的估计结果表明价格极差序列存在高度持续性，即 CARR 模型中的持续性系数 $\alpha + \beta$ 的估计值都非常接近于 1。

**表 4.2　CARR 和 CCARR 模型的估计结果**

| 参数 | SSEC | | HSI | | NK225 | | SPX | | CAC40 | | GDAXI | |
|---|---|---|---|---|---|---|---|---|---|---|---|---|
| | CARR | CCARR | CARR | CCARR | CARR | CCARR | CARR | CCARR | CARR | CCARR | CARR | CCARR |
| $\alpha_1$ | — | 0.1558 (0.0158) | — | 0.0925 (0.0143) | — | 0.1786 (0.0154) | — | 0.2011 (0.0139) | — | 0.1903 (0.0145) | — | 0.1729 (0.0146) |
| $\beta_1$ | — | 0.6353 (0.0218) | — | 0.7437 (0.0215) | — | 0.5498 (0.0235) | — | 0.7211 (0.0154) | — | 0.7010 (0.0167) | — | 0.7513 (0.0162) |
| $\omega$ | 0.0002 (0.0001) | 0.0001 (0.0001) | 0.0001 (0.0001) | 0.0001 (0.0001) | 0.0002 (0.0001) | 0.0001 (0.0001) | 0.0001 (0.0001) | 0.0000 (0.0000) | 0.0002 (0.0001) | 0.0000 (0.0001) | 0.0002 (0.0001) | 0.0000 (0.0001) |
| $\alpha$ ($\alpha_2$) | 0.1598 (0.0129) | 0.0491 (0.0106) | 0.1137 (0.0120) | 0.0457 (0.0104) | 0.1957 (0.0132) | 0.0621 (0.0108) | 0.2076 (0.0133) | 0.0173 (0.0090) | 0.1971 (0.0133) | 0.0241 (0.0094) | 0.1828 (0.0134) | 0.0201 (0.0097) |
| $\beta$ ($\beta_2$) | 0.8249 (0.0134) | 0.9448 (0.0113) | 0.8727 (0.0126) | 0.9467 (0.0116) | 0.7766 (0.0137) | 0.9269 (0.0119) | 0.7729 (0.0133) | 0.9784 (0.0104) | 0.7842 (0.0143) | 0.9717 (0.0108) | 0.8011 (0.0144) | 0.9754 (0.0112) |
| $\alpha+\beta$ ($\alpha_2+\beta_2$) | 0.9847 | 0.9939 | 0.9864 | 0.9924 | 0.9723 | 0.9890 | 0.9805 | 0.9956 | 0.9813 | 0.9958 | 0.9839 | 0.9954 |
| Log-lik | 15401.1259 | 15404.8958 | 16909.2147 | 16910.7476 | 16778.7254 | 16782.5221 | 17733.1374 | 17735.6987 | 17018.7172 | 17022.1034 | 16604.5508 | 16606.5796 |
| AIC | -30796.2517 | -30799.7916 | -33812.4295 | -33811.4952 | -33551.4508 | -33555.0442 | -35460.2748 | -35461.3975 | -34031.4344 | -34034.2067 | -33203.1016 | -33203.1592 |

注：括号中的数字是标准误差，Log-lik 是对数似然函数，AIC 是赤池信息准则。

在 CCARR 模型中，价格极差由两部分组成：长期成分 $q_t$ 和短期成分 $\lambda_t -$ $q_t$。短期成分和长期成分的参数（$\alpha_1$，$\beta_1$，$\alpha_2$，$\beta_2$）估计都在统计意义上显著。值得注意的是，长期成分的持续性系数 $\alpha_2 + \beta_2$ 非常接近于 1，在所有情况下，它的值都比 CARR 模型中 $\alpha + \beta$ 的值和短期成分的持续性系数 $\alpha_1 + \beta_1$ 的值大，这表明价格极差的长期趋势具有高持续性，而短期成分是强均值回复的，这为极差的双成分表示提供了支持。

还值得注意的是，从对数似然值和 AIC 准则来看，除了 HSI 指数以外，在所有情形下 CCARR 模型都比标准的 CARR 模型数据拟合更好。这种结果强调了将第二成分纳入价格极差模型的重要性。

对于每个模型和指数，本章基于转换残差进行模型的充分性测试，能够检验模型是否解释了数据的关键特征。转换残差构建如下：

$$\hat{\varepsilon}_t = \frac{R_t}{\lambda_t} \sim \text{i. i. d. } f(\,\cdot\,) \varepsilon_t \qquad (4.16)$$

$$u_t = F(\hat{\varepsilon}_t) = P(\varepsilon_t \leqslant \hat{\varepsilon}_t) \sim \text{i. i. d. } U[0, 1] \qquad (4.17)$$

$$z_t = \Phi^{-1}(u_t) \sim \text{i. i. d. } N(0, 1) \qquad (4.18)$$

其中 $F(\,\cdot\,)$ 和 $\Phi(\,\cdot\,)$ 分别是指数分布函数和正态分布函数。如果模型构建是比较合理的，那么 $u_t$ 应该是 $[0, 1]$ 上独立同分布的一致随机变量，因此转换残差 $z_t$ 应该是标准的正态变量，这为测试检验提供了有效的依据。

表 4.3 给出了对标准化转换残差 $z_t$ 的 Ljung-Box Q 检验结果。可以看出，CCARR 模型能够较好地拟合除 SPX 指数以外的所有指数数据。而 CARR 模型拟合效果的充分性检验在大多数情况下被拒绝，包括 SPX 指数。也许双成分结构不足以很好地拟合 SPX 指数的价格极差特征，需要第三个成分。本章将此留待以后研究。

### 4.4.3　样本外预测

为了评价波动率竞争模型的样本外预测性能，本章考虑了 6 个指数的波动率预测。具体来说，本节比较了所提出的 CCARR 模型与 CARR 模型以及

表 4.3　　　CARR 和 CCARR 模型标准化转换残差自相关性的 Ljung-Box 检验

| 项目 | SSEC | | HSI | | NK225 | | SPX | | CAC40 | | GDAXI | |
|---|---|---|---|---|---|---|---|---|---|---|---|---|
| | CARR | CCARR | CARR | CCARR | CARR | CCARR | CARR | CCARR | CARR | CCARR | CARR | CCARR |
| Q (5) | 18.1082 (0.0028) | 1.0367 (0.9596) | 13.4607 (0.0194) | 8.2148 (0.1448) | 23.8414 (0.0002) | 1.5525 (0.9069) | 18.5191 (0.0024) | 17.0732 (0.0044) | 6.3063 (0.2775) | 2.8381 (0.7249) | 5.0473 (0.4101) | 5.2753 (0.3832) |
| Q (10) | 23.0411 (0.0106) | 7.9841 (0.6304) | 20.5444 (0.0245) | 15.7349 (0.1075) | 32.9074 (0.0003) | 8.2215 (0.6072) | 24.0289 (0.0075) | 20.2480 (0.0270) | 17.1215 (0.0717) | 12.7768 (0.2364) | 9.2140 (0.5119) | 11.5802 (0.3141) |
| Q (15) | 26.2041 (0.0359) | 11.9276 (0.6845) | 24.3175 (0.0599) | 19.8013 (0.1797) | 34.7394 (0.0027) | 11.0275 (0.7506) | 33.7561 (0.0037) | 27.0505 (0.0283) | 36.3494 (0.0016) | 24.7226 (0.0538) | 22.0625 (0.1062) | 19.9282 (0.1747) |
| Q (20) | 29.9954 (0.0699) | 19.0987 (0.5154) | 31.9849 (0.0435) | 23.5406 (0.2630) | 46.0111 (0.0008) | 16.8048 (0.6656) | 40.8342 (0.0039) | 35.7484 (0.0165) | 56.7272 (0.0000) | 45.8367 (0.0008) | 28.6526 (0.0948) | 28.5293 (0.0974) |

注: 括号中的数字是 p 值。

两种基于收益率的波动率模型：GARCH 模型和成分 GARCH（CGARCH）模型的样本外表现。模型的估计和预测采用了滚动时间窗口方法。具体来说，首先使用前 3000 个观测值来估计模型，并将估计的模型用于（向前 1 天）波动率预测。然后将估计期向前滚动 1 天，并进行新的波动率预测。整个过程不断重复直至样本的结束。

表 4.4 和表 4.5 分别给出了 4 种模型对两种波动率测度（RNG 和 RV）的预测评价结果。从表中可以看出，对于 6 个指数和基于 4 个评价标准的 2 种波动率测度，基于价格极差的 CARR 模型和 CCARR 模型始终优于基于收益率的 GARCH 模型和 CGARCH 模型，这与价格极差测度比收益率测度使用更多信息的事实一致。与 CARR 模型相比，CCARR 模型的预测效果更好。损失函数值的差异也清楚地说明了这点：将 CARR 模型与 CCARR 模型进行比较，对于 RNG 和 RV 这两种测度，CCARR 模型的预测误差总是最低的。上述结果表明，在价格极差模型中包含第二个成分对于波动率预测是很重要的。

**表 4.4　　　　　　　基于波动率测度 RNG 的样本外预测结果**

| 指数 | 损失函数 | GARCH | CGARCH | CARR | CCARR |
|---|---|---|---|---|---|
| SSEC（1283） | MAE | 5.2392e-03 | 5.1941e-03 | 3.4532e-03 | **3.4292e-03** |
| | MAPE | 7.2543e-01 | 7.2190e-01 | 4.0811e-01 | **4.0441e-01** |
| | MSE | 4.8452e-05 | 4.7232e-05 | 2.8714e-05 | **2.8049e-05** |
| | QLIKE | 1.4438e-01 | 1.4375e-01 | 9.5755e-02 | **9.4177e-02** |
| HSI（1347） | MAE | 4.5347e-03 | 4.4542e-03 | 2.3398e-03 | **2.3148e-03** |
| | MAPE | 8.9256e-01 | 8.7765e-01 | 3.8442e-01 | **3.8000e-01** |
| | MSE | 2.8593e-05 | 2.7501e-05 | 1.1521e-05 | **1.1318e-05** |
| | QLIKE | 1.7726e-01 | 1.7398e-01 | 8.8889e-02 | **8.7943e-02** |
| NK225（1332） | MAE | 6.5139e-03 | 6.4419e-03 | 2.7261e-03 | **2.6957e-03** |
| | MAPE | 1.3219e+00 | 1.3095e+00 | 4.4515e-01 | **4.3685e-01** |
| | MSE | 6.0022e-05 | 5.8184e-05 | 1.9676e-05 | **1.9369e-05** |
| | QLIKE | 2.6958e-01 | 2.6695e-01 | 1.1377e-01 | **1.1215e-01** |

续表

| 指数 | 损失函数 | GARCH | CGARCH | CARR | CCARR |
|---|---|---|---|---|---|
| SPX（1452） | MAE | 3. 2161e-03 | 3. 0985e-03 | 1. 9040e-03 | **1. 8710e-03** |
| | MAPE | 9. 1643e-01 | 8. 8224e-01 | 4. 4319e-01 | **4. 3096e-01** |
| | MSE | 1. 4674e-05 | 1. 3589e-05 | 7. 2747e-06 | **7. 1148e-06** |
| | QLIKE | 1. 8243e-01 | 1. 7511e-01 | 1. 0149e-01 | **9. 9714e-02** |
| CAC40（1521） | MAE | 4. 1828e-03 | 4. 0669e-03 | 2. 4641e-03 | **2. 4353e-03** |
| | MAPE | 7. 8721e-01 | 7. 6465e-01 | 3. 9593e-01 | **3. 8869e-01** |
| | MSE | 2. 6943e-05 | 2. 5497e-05 | 1. 2074e-05 | **1. 1863e-05** |
| | QLIKE | 1. 5437e-01 | 1. 4949e-01 | 8. 8416e-02 | **8. 7153e-02** |
| GDAXI（1500） | MAE | 4. 2529e-03 | 4. 1638e-03 | 2. 6608e-03 | **2. 6372e-03** |
| | MAPE | 8. 1391e-01 | 7. 9807e-01 | 4. 2756e-01 | **4. 2148e-01** |
| | MSE | 2. 6128e-05 | 2. 5139e-05 | 1. 2915e-05 | **1. 2770e-05** |
| | QLIKE | 1. 5909e-01 | 1. 5585e-01 | 9. 6696e-02 | **9. 5994e-02** |

注：括号中是预测样本数目，MAE 是平均绝对误差、MAPE 是平均绝对百分比误差、MSE 是均方误差、QLIKE 是拟似然。每行的最小损失值加粗表示。

**表 4. 5　　　　　　　基于波动率测度 RV 的样本外预测结果**

| 指数 | 损失函数 | GARCH | CGARCH | CARR | CCARR |
|---|---|---|---|---|---|
| SSEC（1283） | MAE | 4. 4155e-03 | 4. 3684e-03 | 2. 4743e-03 | **2. 4400e-03** |
| | MAPE | 5. 0491e-01 | 5. 0080e-01 | 2. 3063e-01 | **2. 2630e-01** |
| | MSE | 3. 5350e-05 | 3. 3877e-05 | 2. 0498e-05 | **1. 9758e-05** |
| | QLIKE | 8. 9525e-02 | 8. 8875e-02 | 4. 8474e-02 | **4. 7050e-02** |
| HSI（1347） | MAE | 4. 1041e-03 | 4. 0103e-03 | 1. 4621e-03 | **1. 4264e-03** |
| | MAPE | 6. 8516e-01 | 6. 7127e-01 | 2. 1176e-01 | **2. 0651e-01** |
| | MSE | 2. 2077e-05 | 2. 1018e-05 | 5. 6634e-06 | **5. 4777e-06** |
| | QLIKE | 1. 2383e-01 | 1. 2065e-01 | 3. 8549e-02 | **3. 7551e-02** |
| NK225（1332） | MAE | 5. 8730e-03 | 5. 7986e-03 | 1. 8735e-03 | **1. 8302e-03** |
| | MAPE | 9. 7195e-01 | 9. 6081e-01 | 2. 4175e-01 | **2. 3418e-01** |
| | MSE | 4. 6932e-05 | 4. 5160e-05 | 1. 2048e-05 | **1. 1795e-05** |
| | QLIKE | 1. 9133e-01 | 1. 8873e-01 | 5. 6447e-02 | **5. 5012e-02** |

| 指数 | 损失函数 | GARCH | CGARCH | CARR | CCARR |
|---|---|---|---|---|---|
| SPX（1452） | MAE | 2. 7636e-03 | 2. 6515e-03 | 1. 5614e-03 | **1. 5321e-03** |
| | MAPE | 6. 5902e-01 | 6. 2991e-01 | 2. 8534e-01 | **2. 7528e-01** |
| | MSE | 1. 2491e-05 | 1. 1515e-05 | 7. 0009e-06 | **6. 9257e-06** |
| | QLIKE | 1. 2368e-01 | 1. 1702e-01 | 6. 1508e-02 | **6. 0083e-02** |
| CAC40（1521） | MAE | 3. 3145e-03 | 3. 2003e-03 | 1. 6444e-03 | **1. 6172e-03** |
| | MAPE | 5. 0426e-01 | 4. 8641e-01 | 2. 1202e-01 | **2. 0636e-01** |
| | MSE | 1. 8029e-05 | 1. 6773e-05 | 6. 5617e-06 | **6. 4524e-06** |
| | QLIKE | 8. 5695e-02 | 8. 1723e-02 | 3. 9034e-02 | **3. 8363e-02** |
| GDAXI（1500） | MAE | 3. 4262e-03 | 3. 3322e-03 | 1. 8073e-03 | **1. 7893e-03** |
| | MAPE | 5. 3196e-01 | 5. 1824e-01 | 2. 3127e-01 | **2. 2728e-01** |
| | MSE | 1. 8040e-05 | 1. 7171e-05 | 7. 3801e-06 | **7. 3116e-06** |
| | QLIKE | 9. 2546e-02 | 8. 9636e-02 | 4. 2979e-02 | **4. 2562e-02** |

注：括号中是预测样本数目，MAE 是平均绝对误差、MAPE 是平均绝对百分比误差、MSE 是均方误差、QLIKE 是拟似然。每行的最小损失值加粗表示。

为了进一步比较 4 种竞争波动率模型之间的差异，本章采用了明瑟和扎诺维茨（Mincer and Zarnowitz，1969）使用的回归方法，方法如下：

$$MV_t = a + bFV_t(m) + v_t \tag{4.19}$$

其中 $v_t$ 是误差项。这种回归方法度量了模型预测相对于波动率代理变量的无偏性（效率）。特别地，可以通过原假设 $H_0$：$a = 0$，$b = 1$ 的联合检验来检验模型的无偏性。如果模型是无偏的，则原假设就不应该被拒绝。此外，Mincer-Zarnowitz 回归的 $R^2$ 揭示了模型的解释力，不考虑任何偏差，是衡量模型预测信息含量的有效指标。

为了确定波动率模型（GARCH、CGARCH、CARR 和 CCARR）的相对信息量，本章还运行了一个包含回归：

$$MV_t = a + b_1 FV_t(GARCH) + b_2 FV_t(CGARCH)$$
$$+ b_3 FV_t(CARR) + b_4 FV_t(CCARR) + v_t \tag{4.20}$$

原假设 $H_0$：$b_k = 0$，$k = 1$，$\cdots$，4，可以分别对每个模型进行检验。

表 4.6 给出了 Mincer-Zarnowitz 回归的结果。回归结果表明，在 5% 的显著性水平下，对于 CARR 和 CCARR 模型来说，无偏性的原假设大多数情况都不能被拒绝。而对于 GARCH 和 CGARCH 模型，它通常被拒绝。特别的，最大的 $R^2$ 值是基于 CCARR 模型获得的，这表明该模型包含了更多关于真实波动率的信息，且两种波动率测度的结果保持一致。值得注意的是，RV 测度下的 $R^2$ 值比 RNG 测度下更大，表明基于高频日内数据的 RV 比 RNG 噪声要小得多。

表 4.6                   Mincer-Zarnowitz 回归结果

| 项目 | | 截距项 | FV (GARCH) | FV (CGARCH) | FV (CARR) | FV (CCARR) | $R^2$ |
|---|---|---|---|---|---|---|---|
| RNG | SSEC | 0.0001 (0.0007) | 0.7286* (0.0673) | — | — | — | 0.4815 |
| | | −0.0001 (0.0007) | — | 0.7418* (0.0662) | — | — | 0.4886 |
| | | −0.0003 (0.0006) | — | — | 1.0196 (0.0714) | — | 0.5334 |
| | | −0.0006 (0.0006) | — | — | — | 1.0472 (0.0691) | **0.5449** |
| | HSI | 0.0011 (0.0007) | 0.5308* (0.0701) | — | — | — | 0.1422 |
| | | 0.0009 (0.0007) | — | 0.5558* (0.0723) | — | — | 0.1467 |
| | | 0.0005 (0.0007) | — | — | 0.9113 (0.1110) | — | 0.1843 |
| | | 0.0002 (0.0007) | — | — | — | 0.9674 (0.1074) | **0.1968** |

续表

| 项目 | | 截距项 | FV (GARCH) | FV (CGARCH) | FV (CARR) | FV (CCARR) | $R^2$ |
|---|---|---|---|---|---|---|---|
| RNG | NK225 | 0.0001 (0.0005) | 0.5436* (0.0450) | — | — | — | 0.2657 |
| | | −0.0001 (0.0005) | — | 0.5642* (0.0455) | — | — | 0.2698 |
| | | 0.0003 (0.0003) | — | — | 0.9383 (0.0506) | — | 0.3010 |
| | | 0.0001 (0.0003) | — | — | — | 0.9753 (0.0520) | **0.3105** |
| | SPX | −0.0004 (0.0004) | 0.7360* (0.0650) | — | — | — | 0.3138 |
| | | −0.0007 (0.0004) | — | 0.7856* (0.0655) | — | — | 0.3300 |
| | | 0.0001 (0.0002) | — | — | 0.9430 (0.0535) | — | 0.3813 |
| | | −0.0001 (0.0002) | — | — | — | 1.0061 (0.0533) | **0.3915** |
| | CAC40 | 0.0017* (0.0005) | 0.5327* (0.0488) | — | — | — | 0.2212 |
| | | 0.0015* (0.0005) | — | 0.5562* (0.0495) | — | — | 0.2291 |
| | | 0.0006* (0.0003) | — | — | 0.9021* (0.0444) | — | 0.2949 |
| | | 0.0003 (0.0003) | — | — | — | 0.9471 (0.0439) | **0.3037** |
| | GDAXI | 0.0008 (0.0005) | 0.6224* (0.0499) | — | — | — | 0.2403 |

续表

| 项目 | | 截距项 | FV<br>(GARCH) | FV<br>(CGARCH) | FV<br>(CARR) | FV<br>(CCARR) | $R^2$ |
|---|---|---|---|---|---|---|---|
| RNG | GDAXI | 0.0007<br>(0.0005) | — | 0.6369*<br>(0.0504) | — | — | 0.2423 |
| | | 0.0006*<br>(0.0003) | — | — | 0.9038*<br>(0.0408) | — | 0.2894 |
| | | 0.0004<br>(0.0003) | — | — | — | 0.9318<br>(0.0408) | **0.2946** |
| RV | SSEC | −0.0004<br>(0.0007) | 0.7981*<br>(0.0678) | — | — | — | 0.5973 |
| | | −0.0005<br>(0.0007) | — | 0.8156*<br>(0.0663) | — | — | 0.6106 |
| | | −0.0008<br>(0.0006) | — | — | 1.1196<br>(0.0764) | — | 0.6650 |
| | | −0.0011<br>(0.0006) | — | — | — | 1.1525*<br>(0.0693) | **0.6825** |
| | HSI | 0.0009<br>(0.0006) | 0.5569*<br>(0.0644) | — | — | — | 0.2600 |
| | | 0.0007<br>(0.0006) | — | 0.5822*<br>(0.0662) | — | — | 0.2674 |
| | | 0.0003<br>(0.0006) | — | — | 0.9525<br>(0.0910) | — | 0.3344 |
| | | −0.0001<br>(0.0006) | — | — | — | 1.0088<br>(0.0873) | **0.3553** |
| | NK225 | −0.0003<br>(0.0005) | 0.5990*<br>(0.0436) | — | — | — | 0.4078 |
| | | −0.0005<br>(0.0005) | — | 0.6230*<br>(0.0442) | — | — | 0.4157 |

续表

| 项目 | | 截距项 | FV (GARCH) | FV (CGARCH) | FV (CARR) | FV (CCARR) | $R^2$ |
|---|---|---|---|---|---|---|---|
| RV | NK225 | 0.0000 (0.0003) | — | — | 1.0332 (0.0462) | — | 0.4612 |
| | | −0.0002 (0.0003) | — | — | — | 1.0734 (0.0492) | **0.4753** |
| | SPX | −0.0008 (0.0006) | 0.8394 (0.0822) | — | — | — | 0.3741 |
| | | −0.0012* (0.0006) | — | 0.8985 (0.0835) | — | — | 0.3957 |
| | | −0.0002 (0.0003) | — | — | 1.0778 (0.0718) | — | 0.4564 |
| | | −0.0005 (0.0003) | — | — | — | 1.1535* (0.0729) | **0.4716** |
| | CAC40 | 0.0016* (0.0005) | 0.5857* (0.0475) | — | — | — | 0.3710 |
| | | 0.0014* (0.0005) | — | 0.6093* (0.0478) | — | — | 0.3816 |
| | | 0.0005 (0.0003) | — | — | 0.9688 (0.0392) | — | 0.4720 |
| | | 0.0002 (0.0003) | — | — | — | 1.0152 (0.0389) | **0.4842** |
| | GDAXI | 0.0006 (0.0005) | 0.6763* (0.0509) | — | — | — | 0.3756 |
| | | 0.0005 (0.0005) | — | 0.6917* (0.0517) | — | — | 0.3785 |
| | | 0.0003 (0.0003) | — | — | 0.9932 (0.0393) | — | 0.4627 |
| | | 0.0001 (0.0003) | — | — | — | 1.0236 (0.0385) | **0.4707** |

注：括号中的数字是与异方差性和自相关性保持一致的标准误差，这是使用 Newey-West (1987) 的方法计算得到的。最大的 $R^2$ 用粗体表示。* 表示在 5% 水平下统计显著。

表 4.7 给出了包含回归的结果。显然，在所有情况下，CCARR 模型都要优于其他 3 个种模型，其他 3 个模型的引入只是略微增大了包含回归的 $R^2$ 值。事实上，一旦将 CCARR 模型的预测包括在内，GARCH 模型、CGARCH 模型和 CARR 模型预测就变得不显著或有错误的迹象，表明与 CCARR 模型相比，GARCH 模型、CGARCH 模型和 CARR 模型包含的信息有限。总之，本章提出的 CCARR 模型在波动率预测方面优于 GARCH、CGARCH 和 CARR 模型。

**表 4.7**                            包含回归结果

| 项目 | | 截距项 | FV (GARCH) | FV (CGARCH) | FV (CARR) | FV (CCARR) | $R^2$ |
|---|---|---|---|---|---|---|---|
| RNG | SSEC | -0.0005 (0.0005) | -0.6776 (0.3747) | 0.5481 (0.3701) | -0.2004 (0.3823) | 1.4239 (0.4773) | 0.5483 |
| | HSI | -0.0002 (0.0006) | -0.9461 (0.5103) | 0.9872 (0.5299) | -1.3311 (0.6629) | 2.3067 (0.7448) | 0.2055 |
| | NK225 | -0.0002 (0.0004) | -0.1511 (0.2962) | 0.2534 (0.3191) | -0.2553 (0.4456) | 1.0890 (0.4329) | 0.3106 |
| | SPX | -0.0003 (0.0004) | -0.1853 (0.4863) | 0.1796 (0.5630) | -1.0711 (0.6789) | 2.1415 (0.7326) | 0.3954 |
| | CAC40 | 0.0002 (0.0003) | 0.1575 (0.2214) | -0.1540 (0.2420) | -0.6849 (0.3901) | 1.6448 (0.4082) | 0.3041 |
| | GDAXI | 0.0003 (0.0003) | 0.5483 (0.4041) | -0.5189 (0.4285) | -1.2457 (0.5792) | 2.1570 (0.5968) | 0.2959 |
| RV | SSEC | -0.0011 (0.0004) | -1.1206 (0.3458) | 0.9459 (0.3446) | -0.3430 (0.3577) | 1.7368 (0.4032) | 0.6935 |
| | HSI | -0.0004 (0.0005) | -0.8721 (0.3935) | 0.9207 (0.4154) | -1.2688 (0.5664) | 2.2720 (0.6294) | 0.3692 |
| | NK225 | -0.0006 (0.0004) | -0.3874 (0.2349) | 0.5149 (0.2605) | -0.2154 (0.3649) | 1.1183 (0.3643) | 0.4777 |

| 项目 | | 截距项 | FV<br>（GARCH） | FV<br>（CGARCH） | FV<br>（CARR） | FV<br>（CCARR） | $R^2$ |
|---|---|---|---|---|---|---|---|
| RV | SPX | − 0.0008<br>（0.0005） | − 0.1565<br>（0.5507） | 0.1514<br>（0.6605） | − 1.7749<br>（0.7071） | 3.0260<br>（0.7448） | 0.4813 |
| | CAC40 | 0.0001<br>（0.0003） | 0.2589<br>（0.1723） | − 0.2070<br>（0.1965） | − 0.6688<br>（0.3138） | 1.6332<br>（0.3229） | 0.4864 |
| | GDAXI | 0.0000<br>（0.0003） | 0.6586<br>（0.3109） | − 0.6676<br>（0.3286） | − 1.3665<br>（0.4492） | 2.4156<br>（0.4614） | 0.4737 |

注：括号中的数字是与异方差性和自相关性保持一致的标准误差，这是使用 Newey-West（1987）的方法计算得到的。

为了进一步考察所有模型的预测能力，本章使用了汉森等（Hansen et al.，2011）提出的模型置信集（MCS）检验。MCS 方法检验一组给定的对比模型，并识别出一组具有一定可信度的最优预测模型或 MCS。MCS 方法通过对多个模型的预测精度进行整体检验，其结论比其他模型检验方法具有更好的稳健性。具体而言，MCS 检验过程是基于一个等价检验（equivalence test）$\delta_M$ 和一个剔除规则（elimination rule）$e_M$ 来实现的。设 $M^0$ 是对比模型的初始集合，$L_t(i)$ 是模型 $i \in M^0$ 在 $t$ 时刻的损失函数。设定 $M = M^0$，利用等价检验 $\delta_M$ 检验原假设：

$$H_{0,M}: E(d_{ij,t}) = 0, \quad \forall i, j \in M \tag{4.21}$$

其中，$d_{ij,t} \equiv (L_{i,t} - L_{j,t})$ 是模型 $i$ 和 $j$ 的相对损失函数。根据汉森等（Hansen et al.，2011）的研究，原假设 $H_{0,M}$ 的检验统计量为：

$$T_{R,M} = \max_{i,j \in M} |t_{ij}|, \quad t_{ij} = \frac{\overline{d}_{ij}}{\sqrt{\hat{var}(d_{ij})}} \tag{4.22}$$

其中，$\overline{d}_{ij} = n^{-1} \sum_{t=1}^{n} d_{ij,t}$ 是模型 $i$ 和 $j$ 的相对损失函数的平均值，$\hat{var}(\overline{d}_{ij})$ 是基于"自举法"对 $var(\overline{d}_{ij})$ 的估计。在显著性水平 $\alpha$ 下，如果原假设 $H_{0,M}$ 被接受，则定义 $M_{1-\alpha}^* = M$，否则使用剔除规则 $e_M = \arg \max_{i \in M} \sup_{j \in M} t_{ij}$，将拒绝原假设的

模型从集合 M 中剔除。这一过程不断重复，一直持续到不再出现拒绝原假设的情况。最后得到 MCS 检验下的幸存模型集（surviving objects）$M_{1-\alpha}^* = M$，即在给定的置信水平 $1-\alpha$ 下的最优预测模型集合或 MCS。

为了进一步考察所有模型的预测能力，本章使用了汉森等（Hansen et al.，2011）提出的模型置信集（MCS）检验。为进行 MCS 检验，本章采用基于 10000 次抽样的"自举法"来获取统计量的值，并设定显著性水平为 10%。表 4.8 给出了稳健的损失函数 MSE 的 MCS 检验结果①。结果表明，除了 CCARR 模型之外，其他模型在 MCS 检验过程中都被剔除。CCARR 模型具有最高的 MCS 检验的 p 值（p = 1），表明本章提出的模型要优于其他模型。

表 4.8                                      MCS 检验结果

| 项目 | | GARCH | CGARCH | CARR | CCARR |
|---|---|---|---|---|---|
| RNG | SSEC | 0.0000 | 0.0000 | 0.0692 | **1.0000** |
| | HSI | 0.0000 | 0.0000 | 0.0011 | **1.0000** |
| | NK225 | 0.0000 | 0.0000 | 0.0802 | **1.0000** |
| | SPX | 0.0000 | 0.0000 | 0.0007 | **1.0000** |
| | CAC40 | 0.0000 | 0.0000 | 0.0009 | **1.0000** |
| | GDAXI | 0.0000 | 0.0000 | 0.0015 | **1.0000** |
| RV | SSEC | 0.0000 | 0.0000 | 0.0294 | **1.0000** |
| | HSI | 0.0000 | 0.0000 | 0.0009 | **1.0000** |
| | NK225 | 0.0000 | 0.0000 | 0.0873 | **1.0000** |
| | SPX | 0.0000 | 0.0000 | 0.0959 | **1.0000** |
| | CAC40 | 0.0000 | 0.0000 | 0.0165 | **1.0000** |
| | GDAXI | 0.0000 | 0.0000 | 0.0500 | **1.0000** |

注：这些数字是 MCS 检验的 p 值，MCS 检验的 p 值高于 10% 的加粗表示。

---

① 其他损失函数的 MCS 检验结果与表 4.9 中给出的 MSE 检验结果保持一致，因此没有给出。

## 4.4.4 稳健性检验

### 4.4.4.1 替代预测窗口

为了进行稳健性检验，本章选择了不同的预测窗口（样本外预测期）对 6 个股市指数进行样本外预测。两个不同的预测窗口：500 和 1000 的 MCS 检验结果如表 4.9 所示。从表中可以很清楚地看到，CCARR 模型始终在 MCS 检验中幸存下来，并且具有最高的 MCS 检验 p 值（p = 1），这意味着 CCARR 模型的预测能力要优于其他模型。

表 4.9　　　　　　　预测窗口为 500 和 1000 的 MCS 检验结果

| 项目 | | | GARCH | CGARCH | CARR | CCARR |
|---|---|---|---|---|---|---|
| RNG | 预测窗口：500 | SSEC | 0.0000 | 0.0000 | 0.0609 | **1.0000** |
| | | HSI | 0.0000 | 0.0000 | **0.1984** | **1.0000** |
| | | NK225 | 0.0000 | 0.0000 | 0.0220 | **1.0000** |
| | | SPX | 0.0000 | 0.0000 | 0.0869 | **1.0000** |
| | | CAC40 | 0.0000 | 0.0000 | 0.0006 | **1.0000** |
| | | GDAXI | 0.0000 | 0.0000 | 0.0340 | **1.0000** |
| | 预测窗口：1000 | SSEC | 0.0000 | 0.0000 | 0.0813 | **1.0000** |
| | | HSI | 0.0000 | 0.0000 | 0.0022 | **1.0000** |
| | | NK225 | 0.0000 | 0.0000 | 0.0734 | **1.0000** |
| | | SPX | 0.0000 | 0.0000 | 0.0051 | **1.0000** |
| | | CAC40 | 0.0000 | 0.0000 | 0.0015 | **1.0000** |
| | | GDAXI | 0.0000 | 0.0000 | 0.0015 | **1.0000** |
| RV | 预测窗口：500 | SSEC | 0.0000 | 0.0000 | 0.0423 | **1.0000** |
| | | HSI | 0.0000 | 0.0000 | 0.0095 | **1.0000** |
| | | NK225 | 0.0000 | 0.0000 | 0.0626 | **1.0000** |

续表

| 项目 | | | GARCH | CGARCH | CARR | CCARR |
|---|---|---|---|---|---|---|
| RV | 预测窗口：500 | SPX | 0.0000 | 0.0000 | 0.0434 | **1.0000** |
| | | CAC40 | 0.0000 | 0.0000 | **0.9053** | **1.0000** |
| | | GDAXI | 0.0000 | 0.0000 | **0.1674** | **1.0000** |
| | 预测窗口：1000 | SSEC | 0.0000 | 0.0000 | 0.0294 | **1.0000** |
| | | HSI | 0.0000 | 0.0000 | 0.0007 | **1.0000** |
| | | NK225 | 0.0000 | 0.0000 | 0.0723 | **1.0000** |
| | | SPX | 0.0000 | 0.0000 | **0.1339** | **1.0000** |
| | | CAC40 | 0.0000 | 0.0000 | 0.0236 | **1.0000** |
| | | GDAXI | 0.0000 | 0.0000 | 0.0420 | **1.0000** |

注：这些数字是 MCS 检验的 p 值，MCS 检验的 p 值高于 10% 的加粗表示。

### 4.4.4.2 替代多步预测期

本章进一步研究了竞争模型在替代的多步预测期（5 天和 10 天）下的样本外预测性能，同样使用 MCS 检验对样本外预测结果进行比较。表 4.10 给出了预测期分别为 5 天和 10 天的 MCS 检验结果，如表中所示，CCARR 模型始终在 MCS 检验中幸存下来，并且具有最高的 MCS 检验 p 值（p = 1）（NK225 指数除外）。结果表明，CCARR 模型比其他模型的样本外预测能力更为优越。

**表 4.10**　　　　　　　　**预测期是 5 天和 10 天的 MCS 检验结果**

| 项目 | | | GARCH | CGARCH | CARR | CCARR |
|---|---|---|---|---|---|---|
| RNG | 预测期：5 天 | SSEC | 0.0000 | 0.0000 | **0.5097** | **1.0000** |
| | | HSI | 0.0000 | 0.0000 | 0.0022 | **1.0000** |
| | | NK225 | 0.0000 | 0.0000 | **0.7371** | **1.0000** |
| | | SPX | 0.0000 | 0.0000 | 0.0000 | **1.0000** |
| | | CAC40 | 0.0000 | 0.0000 | 0.0000 | **1.0000** |
| | | GDAXI | 0.0000 | 0.0000 | 0.0000 | **1.0000** |

| | 项目 | | GARCH | CGARCH | CARR | CCARR |
|---|---|---|---|---|---|---|
| RNG | 预测期：10 天 | SSEC | 0.0000 | 0.0000 | **0.2895** | **1.0000** |
| | | HSI | 0.0000 | 0.0000 | 0.0000 | **1.0000** |
| | | NK225 | 0.0000 | 0.0000 | **1.0000** | **0.6172** |
| | | SPX | 0.0000 | 0.0000 | 0.0000 | **1.0000** |
| | | CAC40 | 0.0000 | 0.0000 | 0.0000 | **1.0000** |
| | | GDAXI | 0.0000 | 0.0000 | 0.0000 | **1.0000** |
| RV | 预测期：5 天 | SSEC | 0.0000 | 0.0000 | **0.5281** | **1.0000** |
| | | HSI | 0.0000 | 0.0000 | 0.0013 | **1.0000** |
| | | NK225 | 0.0000 | 0.0000 | **1.0000** | **0.8234** |
| | | SPX | 0.0000 | 0.0000 | 0.0294 | **1.0000** |
| | | CAC40 | 0.0000 | 0.0000 | 0.0005 | **1.0000** |
| | | GDAXI | 0.0000 | 0.0000 | 0.0003 | **1.0000** |
| | 预测期：10 天 | SSEC | 0.0000 | 0.0000 | **0.1755** | **1.0000** |
| | | HSI | 0.0000 | 0.0000 | 0.0000 | **1.0000** |
| | | NK225 | 0.0000 | 0.0000 | **1.0000** | **0.3529** |
| | | SPX | 0.0000 | 0.0000 | 0.0103 | **1.0000** |
| | | CAC40 | 0.0000 | 0.0000 | 0.0000 | **1.0000** |
| | | GDAXI | 0.0000 | 0.0000 | 0.0000 | **1.0000** |

注：这些数字是 MCS 检验的 p 值，MCS 检验的 p 值高于 10% 的加粗表示。

## 4.5 关于比特币波动率的实证研究

### 4.5.1 数据

采用比特币日度数据（包括开盘价、最高价、最低价和收盘价）进行实证分析，样本区间选取为 2014 年 1 月 1 日至 2019 年 11 月 4 日。数据来源于 https：//bitcoincharts. com/。比特币收益率计算公式为 $r_t = \log P_t - \log P_{t-1}$，其中，$P_t$ 是比特币第 t 日收盘价。比特币价格极差由式（4.1）计算得出，图 4.2 给出了比特币日度收盘价格、收益率和价格极差的时间序列。从图中可以明显看出，2017 年以来，比特币价格大幅上涨，波动剧烈。

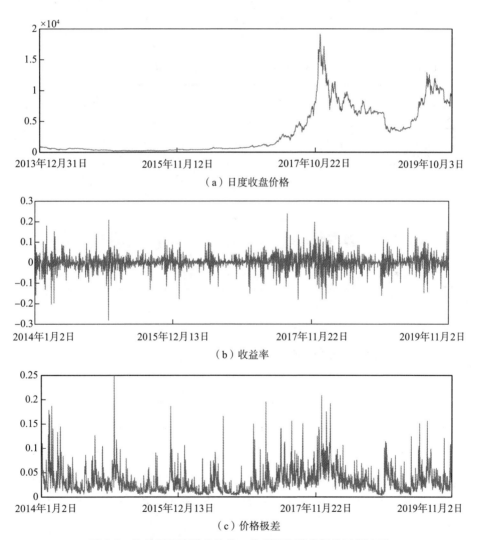

图 4.2 比特币日度收盘价格、收益率和价格极差时间序列

表 4.11 给出了比特币日度收益率和价格极差的描述性统计。从表中可以看到，比特币的波动性很大，收益率的年化标准差为 76.04% （ $=0.0398 \times \sqrt{365}$ ），价格极差的年化均值为 62.86% （ $=0.0329 \times \sqrt{365}$ ）。同时，比特币收益率分布呈负偏态和尖峰状，而比特币价格极差分布呈正偏态和尖峰状。此外，比特币价格极差的 Ljung-Box Q（20）统计量很大，表明比特币波动率具有高持续性或长记忆性。

**表 4.11**       **比特币日度收益和价格极差描述性统计**

| 项目 | 收益率 | 价格极差 |
|---|---|---|
| 样本数 | 2127 | 2127 |
| 均值 | 0.0012 | 0.0329 |
| 最小值 | −0.2809 | 0.0034 |
| 最大值 | 0.2384 | 0.2495 |
| 标准差 | 0.0398 | 0.0272 |
| 偏度 | −0.2826 | 2.3193 |
| 峰度 | 8.4388 | 11.1486 |
| Q（20） | 37.4641 | 4234.8936 |

注：Q（20）是滞后 20 阶的 Ljung-Box Q 统计量。

### 4.5.2 样本外预测结果

本节检验和比较了 GARCH 模型、CGARCH 模型、CARR 模型和 CCARR 模型向前 1 天、向前 5 天、向前 10 天、向前 15 天和向前 20 天对比特币波动率的样本外预测能力（见图 4.3）。本节使用滚动窗口法进行预测，固定窗口大小为 1400 个交易日，滚动窗口每天向前一步滚动得到预测值。采用极大似然法对四种模型的参数进行估计。为了节省空间，这里不提供模型的估计结果。

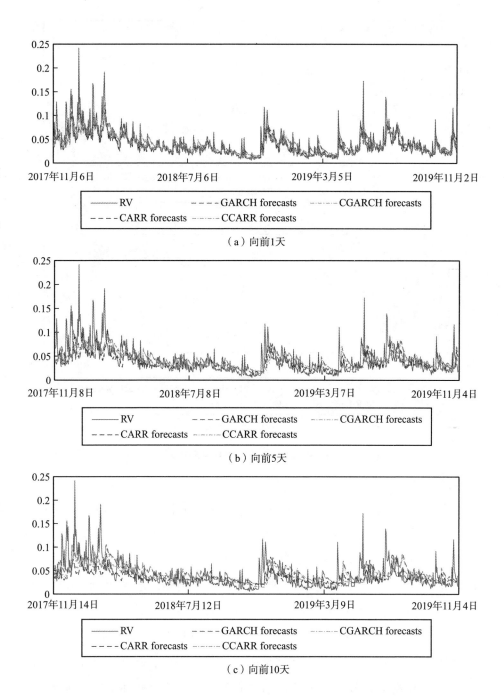

（a）向前1天

（b）向前5天

（c）向前10天

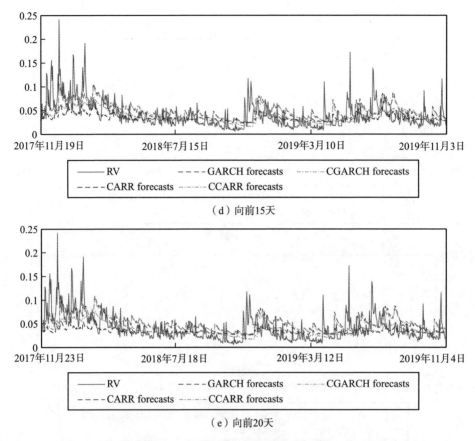

（d）向前15天

（e）向前20天

图4.3　比特币波动率样本外预测

表 4.12 ~ 表 4.14 给出了四种模型对三种波动率测度 MV（RNG、RV 和 RRV）的样本外预测结果，从表中可以看出，在大多数情形下，基于价格极差的（C）CARR 模型优于基于收益率的（C）GARCH 模型，凸显了使用价格极差对比特币波动率建模和预测的价值。此外，结果表明 CGARCH/CCARR 模型在大多数情况下优于 GARCH/CARR 模型。这一结果表明，引入第二波动率成分对改善比特币波动率预测效果非常重要。值得注意的是，随着预测期的增加，四个模型对比特币的波动率预测都变得更加困难。总体而言，CCARR 模型的 MSE 和 QLIKE 损失函数值最小，是四种模型中预测比特

币波动率的最佳模型。

表 4.12 比特币样本外预测结果 （MV：RNG）

| 项目 | 预测期 | GARCH | CGARCH | CARR | CCARR |
|---|---|---|---|---|---|
| MSE | 1 | 5.3440E-04 | 5.1814E-04 | 4.8415E-04 | **4.7381E-04** |
| | 5 | 7.0682E-04 | 6.9227E-04 | 6.3162E-04 | **5.9532E-04** |
| | 10 | 7.8296E-04 | 7.6850E-04 | 6.8468E-04 | **6.3429E-04** |
| | 15 | 8.1394E-04 | 7.9551E-04 | 6.9593E-04 | **6.5015E-04** |
| | 20 | 9.2046E-04 | 8.8370E-04 | 7.2960E-04 | **6.7751E-04** |
| QLIKE | 1 | 1.6440E-01 | 1.6119E-01 | 1.5424E-01 | **1.5217E-01** |
| | 5 | 2.0356E-01 | 2.0199E-01 | 1.8557E-01 | **1.8061E-01** |
| | 10 | 2.2905E-01 | 2.2965E-01 | 2.1052E-01 | **2.0739E-01** |
| | 15 | 2.4428E-01 | 2.4517E-01 | **2.1745E-01** | 2.2009E-01 |
| | 20 | 2.6269E-01 | 2.6161E-01 | **2.2655E-01** | 2.2829E-01 |

注：MSE 是均方误差、QLIKE 是拟似然。每行的最小损失值加粗表示。

表 4.13 比特币样本外预测结果 （MV：RV）

| 项目 | 预测期 | GARCH | CGARCH | CARR | CCARR |
|---|---|---|---|---|---|
| MSE | 1 | 4.2051E-04 | 4.0311E-04 | 3.7791E-04 | **3.6090E-04** |
| | 5 | 6.1028E-04 | 5.9783E-04 | 6.0769E-04 | **5.5758E-04** |
| | 10 | 6.7710E-04 | 6.6427E-04 | 6.8147E-04 | **6.0097E-04** |
| | 15 | 6.9180E-04 | 6.7796E-04 | 7.0863E-04 | **6.2376E-04** |
| | 20 | 7.9753E-04 | 7.6621E-04 | 7.5447E-04 | **6.5918E-04** |
| QLIKE | 1 | 9.2612E-02 | 8.9491E-02 | 8.8570E-02 | **8.5380E-02** |
| | 5 | 1.3645E-01 | 1.3423E-01 | 1.3677E-01 | **1.2800E-01** |
| | 10 | 1.6053E-01 | 1.6001E-01 | 1.6339E-01 | **1.5463E-01** |
| | 15 | 1.7113E-01 | 1.7156E-01 | 1.7169E-01 | **1.6709E-01** |
| | 20 | 1.8734E-01 | 1.8660E-01 | 1.8240E-01 | **1.7601E-01** |

注：MSE 是均方误差、QLIKE 是拟似然。每行的最小损失值加粗表示。

**表 4.14** 比特币样本外预测结果（MV：RRV）

| 项目 | 预测期 | GARCH | CGARCH | CARR | CCARR |
|---|---|---|---|---|---|
| MSE | 1 天 | 3.1053E-04 | 2.9390E-04 | 2.6445E-04 | **2.4871E-04** |
| | 5 天 | 4.9328E-04 | 4.8039E-04 | 4.6660E-04 | **4.2227E-04** |
| | 10 天 | 5.6734E-04 | 5.5274E-04 | 5.3460E-04 | **4.6518E-04** |
| | 15 天 | 5.8402E-04 | 5.6770E-04 | 5.5531E-04 | **4.8460E-04** |
| | 20 天 | 6.8742E-04 | 6.5321E-04 | 5.9672E-04 | **5.1711E-04** |
| QLIKE | 1 天 | 7.4878E-02 | 7.1751E-02 | 6.7023E-02 | **6.4334E-02** |
| | 5 天 | 1.1865E-01 | 1.1646E-01 | 1.1377E-01 | **1.0594E-01** |
| | 10 天 | 1.4367E-01 | 1.4297E-01 | 1.3953E-01 | **1.3197E-01** |
| | 15 天 | 1.5424E-01 | 1.5428E-01 | 1.4642E-01 | **1.4305E-01** |
| | 20 天 | 1.7079E-01 | 1.6939E-01 | 1.5669E-01 | **1.5179E-01** |

注：MSE 是均方误差、QLIKE 是拟似然。每行的最小损失值加粗表示。

### 4.5.3 稳健性检验

此外，本章使用迪博尔德和马里亚诺（Diebold and Mariano，1995）提出的 Diebold-Mariano 检验来确定两个竞争模型在预测比特币波动性方面是否存在显著差异。具体来说，利用式（4.23）中 $\mu_{i,j}$ 的 t 统计量检验模型 i 相对于模型 j 的优越性。

$$\vartheta_{i,t}^2 - \vartheta_{j,t}^2 = \mu_{i,j} + \eta_t \qquad (4.23)$$

其中，$\vartheta_{i,t}$ 和 $\vartheta_{j,t}$ 分别表示模型 i 和模型 j 的预测误差。如果 $\mu_{i,j} > 0$，意味着模型 j 优于模型 i，反之亦然。

表 4.15～表 4.17 中给出了 Diebold-Mariano 检验结果。从表中可以看出，CGARCH 模型和 GARCH 模型的 Diebold-Mariano 统计结果一致为正且显著，说明 CGARCH 模型明显优于 GARCH 模型。最重要的是，CCARR 模型相对于其他模型（GARCH、CGARCH 和 CARR 模型）预测精度的 Diebold-Mariano 统计量一直为正且显著，这表明，与其他模型相比，CCARR 模型对比特币波

动率的样本外预测更为准确。

表 4. 15              Diebold-Mariano 检验结果（MV：RNG）

| 预测期 | 模型 | CARR | CGARCH | GARCH |
|---|---|---|---|---|
| 1 天 | CCARR | 1. 7039 * | 2. 8354 *** | 3. 6683 *** |
|  | CARR | — | 2. 1147 ** | 3. 0293 *** |
|  | CGARCH | — | — | 3. 4061 *** |
| 5 天 | CCARR | 2. 6963 *** | 4. 8644 *** | 5. 2377 *** |
|  | CARR | — | 2. 6715 *** | 3. 1708 *** |
|  | CGARCH | — | — | 3. 0588 *** |
| 10 天 | CCARR | 3. 0873 *** | 5. 8963 *** | 5. 7500 *** |
|  | CARR | — | 2. 7332 *** | 3. 0082 *** |
|  | CGARCH | — | — | 2. 2947 ** |
| 15 天 | CCARR | 2. 7390 *** | 4. 9165 *** | 4. 8974 *** |
|  | CARR | — | 2. 5529 ** | 2. 7983 *** |
|  | CGARCH | — | — | 2. 5394 ** |
| 20 天 | CCARR | 2. 8186 *** | 7. 2221 *** | 7. 2655 *** |
|  | CARR | — | 3. 8232 *** | 4. 3102 *** |
|  | CGARCH | — | — | 4. 1788 *** |

注：Diebold-Mariano 检验使用 Newey-West 估计量来解释损失差中的异方差和自相关。统计量为正表明行中的模型优于列中的模型，反之亦然。*、** 和 *** 分别表示统计显著性为 10%、5% 和 1%。

表 4. 16            Diebold-Mariano 检验结果（MV：RV）

| 预测期 | 模型 | CARR | CGARCH | GARCH |
|---|---|---|---|---|
| 1 天 | CCARR | 3. 0603 *** | 2. 7936 *** | 3. 9466 *** |
|  | CARR | — | 1. 6387 | 2. 8336 *** |
|  | CGARCH | — | — | 3. 8684 *** |

续表

| 预测期 | 模型 | CARR | CGARCH | GARCH |
|---|---|---|---|---|
| 5 天 | CCARR | 3. 5636 *** | 2. 2521 ** | 2. 7227 *** |
| | CARR | — | − 0. 4294 | 0. 1070 |
| | CGARCH | — | — | 2. 7498 *** |
| 10 天 | CCARR | 4. 6983 *** | 2. 9684 *** | 3. 0444 *** |
| | CARR | — | − 0. 5517 | − 0. 1294 |
| | CGARCH | — | — | 2. 0187 ** |
| 15 天 | CCARR | 4. 9785 *** | 1. 7347 * | 1. 9160 * |
| | CARR | — | − 0. 7537 | − 0. 3795 |
| | CGARCH | — | — | 2. 0441 ** |
| 20 天 | CCARR | 4. 9893 *** | 3. 9710 *** | 4. 4364 *** |
| | CARR | — | 0. 2956 | 0. 9986 |
| | CGARCH | — | — | 4. 1649 *** |

注: Diebold-Mariano 检验使用 Newey-West 估计量来解释损失差异中的异方差和自相关。统计量为正表明行中的模型优于列中的模型，反之亦然。 * 、 ** 和 *** 分别表示统计显著性为 10% 、 5% 和 1% 。

**表 4. 17 Diebold-Mariano 检验结果（MV：RRV）**

| 预测期 | 模型 | CARR | CGARCH | GARCH |
|---|---|---|---|---|
| 1 天 | CCARR | 3. 3844 *** | 3. 6531 *** | 4. 9522 *** |
| | CARR | — | 2. 3484 ** | 3. 7237 *** |
| | CGARCH | — | — | 4. 4179 *** |
| 5 天 | CCARR | 3. 6141 *** | 3. 7304 *** | 4. 1984 *** |
| | CARR | — | 0. 6909 | 1. 2697 |
| | CGARCH | — | — | 3. 1855 *** |
| 10 天 | CCARR | 4. 6100 *** | 4. 5941 *** | 4. 5860 *** |
| | CARR | — | 0. 6593 | 1. 0991 |
| | CGARCH | — | — | 2. 5900 *** |

续表

| 预测期 | 模型 | CARR | CGARCH | GARCH |
|---|---|---|---|---|
| 15 天 | CCARR | 4. 6671 *** | 3. 0810 *** | 3. 2382 *** |
| | CARR | — | 0. 3495 | 0. 7423 |
| | CGARCH | — | — | 2. 6263 *** |
| 20 天 | CCARR | 4. 6963 *** | 5. 5936 *** | 5. 9774 *** |
| | CARR | — | 1. 5967 | 2. 3393 ** |
| | CGARCH | — | — | 4. 6735 *** |

注：Diebold-Mariano 检验使用 Newey-West 估计量来解释损失差异中的异方差和自相关。统计量为正表明行中的模型优于列中的模型，反之亦然。*、** 和 *** 分别表示统计显著性为 10%、5% 和 1%。

## 4.6 本章小结

本章提出了一个 CCARR 模型对价格极差的动态性进行建模，该模型直观且能够捕获波动率的长记忆特征。此外，该模型使用极大似然方法进行估计，实现起来比较容易。对 6 个股票市场指数和比特币市场的实证结果表明，第二个成分在建模和预测价格极差（波动率）方面很重要。特别地，本章所提出的 CCARR 模型比 CARR 模型的数据拟合效果更好；与常用的 GARCH、CGARCH 和 CARR 模型相比，对于不同的波动率代理变量，CCARR 模型对波动率的样本外预测结果更精确，并且包含更多关于真实波动率的信息。

这项研究的意义是显而易见的。第一，波动率的准确预测对投资者和金融机构计算股市和比特币市场的风险价值或衡量风险的预期缺口非常重要。第二，风险（波动率）和收益率之间的权衡在投资决策中起着重要作用。通过将准确的股市和比特币波动率预测应用于投资组合配置决策，可能会增加风险调整后的投资回报。第三，自 20 世纪 70 年代以来，衍生品市场发展迅速，加强了人们对衍生品定价的关注。由于波动率是衍生品定价中的一个关键变量，因此波动率的准确预测对衍生品估值具有重大影响。本章进一步的研究涉及不同领域的应用，如风险度量、投资组合分配和期权定价，以评估本章所提出的 CCARR 模型的有效性，这将在后续章节中进行深入探讨。

第 5 章
# 非对称双成分 CARR 模型

## 5.1 引　言

借鉴双成分 GARCH 模型的建模思路，第 4 章对单成分的 CARR 模型进行扩展，构建双成分的 CARR（CCARR）模型对价格极差动态性进行建模。该模型可以进一步扩展为非对称 CCARR（ACCARR）模型，用来捕获杠杆效应（波动率非对称性）。

本章将价格极差的条件均值分解为长期成分和短期成分，两个成分均服从均值回复的过程。本章提出的（A）CCARR 模型结构简单、易于实现、估计简便，可直接采用极大似然方法进行估计。为了验证本章提出模型的合理性与优越性，采用中国上证综合指数、中国香港恒生指数、日本日经 225 指数、法国 CAC40 指数和德国 DAX 指数进行实证分析，考察该模型对于股市波动率的样本外预测能力，并与标准 CARR 模型及非对称 CARR（ACARR）模型进行比较。实证结果表明，杠杆效应与双成分的价格极差（波动率）结构都对样本外波动率预测具有重要影响，且相比于双成分的价格极差结构，杠杆效应对于样本外波动率预测的影响更大；本章提出的 ACCARR 模型具有最好的样本外波动率预测效果，其次是 ACARR 模型，CARR 模型表现最差。

本章其余部分内容安排如下：第 5.2 节介绍了乘性 CCARR 模型与 AC-CARR 模型的构建；第 5.3 节介绍了 ACCARR 模型的估计与预测；第 5.4 节给出了五个股票市场指数的实证结果；第 5.5 节对本章研究内容进行总结。

## 5.2　CCARR 模型与 ACCARR 模型

CARR 模型采用价格极差对波动率进行建模，价格极差定义为：

$$R_t = \max_T \{P_T\} - \min_T \{P_T\} \tag{5.1}$$

其中 $P_T$ 是资产在 T 时刻的对数价格，$T \in [t-1, t]$。为了捕获波动率的长期相关性，借鉴丁和格兰格（Ding and Granger, 1996）与恩格尔和李（Engle and Lee, 1999）的双成分模型的建模思路，本节对 CARR 模型进行扩展，构建如下 CCARR 模型：

$$R_t = \lambda_t \varepsilon_t \tag{5.2}$$

$$\lambda_t = q_t s_t \tag{5.3}$$

$$\log q_t = \omega + \alpha_1 \varepsilon_{t-1} + \beta_1 \log q_{t-1} \tag{5.4}$$

$$\log s_t = \alpha_2 (\varepsilon_{t-1} - 1) + \beta_2 \log s_{t-1} \tag{5.5}$$

$$\varepsilon_t \mid I_{t-1} \sim i.i.d. f(\varepsilon_t; \vartheta) \tag{5.6}$$

其中，$\lambda_t$ 是价格极差的条件均值，即 $\lambda_t = E(R_t \mid I_{t-1})$，$I_{t-1}$ 是截至 $t-1$ 时刻的信息集；$f(\cdot)$ 是参数为 $\vartheta$，定义在 $[0, \infty)$ 上具有单位均值的概率密度函数。可以看到，在 CCARR 模型中，本节对价格极差条件均值 $\lambda_t$ 作乘性分解，两个成分 $q_t$ 和 $s_t$ 分别为价格极差条件均值 $\lambda_t$ 的长期成分和短期成分，$\beta_1$ 和 $\beta_2$ 分别相应于长期成分和短期成分的持续性系数，且有 $E[\log q_t] = (\omega + \alpha_1)/(1 - \beta_1)$ 和 $E[\log s_t] = 0$。为了保证价格极差条件均值成分 $q_t$ 和 $s_t$ 的平稳性，施加约束 $|\beta_1| < 1$ 和 $|\beta_2| < 1$。需要指出的是，与 CARR 模型直接对价格极差条件均值建模不同，本节对价格极差条件均值长期和短期成分的对数建模，这可以避免价格极差条件均值为负的可能性，便于模型估计与应用。

与 ACARR 模型的建模思路类似，通过在 CCARR 模型中引入滞后资产收益率项来捕获杠杆效应（波动率非对称性），构建如下 ACCARR 模型：

$$R_t = \lambda_t \varepsilon_t \tag{5.7}$$

$$\lambda_t = q_t s_t \tag{5.8}$$

$$\log q_t = \omega + \alpha_1 \varepsilon_{t-1} + \beta_1 \log q_{t-1} + \gamma_1 \mid r_{t-1} \mid + \delta_1 r_{t-1} \tag{5.9}$$

$$\log s_t = \alpha_2 (\varepsilon_{t-1} - 1) + \beta_2 \log s_{t-1} + \gamma_2 \mid r_{t-1} \mid + \delta_2 r_{t-1} \tag{5.10}$$

$$\varepsilon_t \mid I_{t-1} \sim \text{i. i. d. } f(\varepsilon_t; \vartheta) \tag{5.11}$$

可以看到，本节在价格极差条件均值的长期成分和短期成分中均引入了杠杆效应，以更灵活捕获波动率非对称性。显然，在 ACCARR 模型中，当 $\gamma_1 = \delta_1 = \gamma_2 = \delta_2 = 0$，ACCARR 模型即退化为 CCARR 模型。

## 5.3 模型参数估计

在价格极差模型中，合理的价格极差分布设定对于有效的波动率估计非常重要。在文献中，通常假设新息 $\varepsilon_t$ 服从对数正态分布、指数分布、Weibull 分布和 Gamma 分布等来对价格极差进行建模。谢和吴（Xie and Wu，2017）对这些分布进行了详细的考察，表明了 Gamma 分布相比于其他分布对于价格极差建模的优越性。基于此，本章采用 Gamma 分布对价格极差进行建模。具有单位均值的标准 Gamma 分布的概率密度函数为：

$$f(\varepsilon_t; \vartheta) = \frac{\nu}{\Gamma(\nu)} (\nu \varepsilon_t)^{\nu-1} - \exp(-\nu \varepsilon_t), \quad \varepsilon_t \geqslant 0 \tag{5.12}$$

其中，$\nu(\nu > 0)$ 是形状参数，$\vartheta = \nu$。当 $\nu = 1$ 时，Gamma 分布简化为指数分布。

（A）CCARR 模型易于实现、估计简便，可直接采用极大似然方法进行估计。事实上，在 Gamma 分布假定下，（A）CCARR 模型的对数似然函数可以写为：

$$l(R; \Theta) = \sum_{t=1}^{T} \left\{ -\log[\Gamma(\nu)] + (\nu - 1)\log(R_t) - \nu \log \frac{\lambda_t}{\nu} - \nu \frac{R_t}{\lambda_t} \right\}$$

$$\tag{5.13}$$

其中，$\Theta$ 是模型参数向量。由此，通过最大化上述对数似然函数，可以获得（A）CCARR 模型参数的极大似然估计为：

$$\hat{\Theta} = \arg\max_{\Theta} l(R; \Theta) \qquad (5.14)$$

## 5.4 实 证 研 究

### 5.4.1 数据

本章采用中国上证综合指数（SSEC）、中国香港恒生指数（HSI）、日本日经 225 指数（NK225）、法国 CAC40 指数（CAC40）和德国 DAX 指数（GDAXI）日度数据（包括开盘价、最高价、最低价和收盘价）进行实证分析，数据抽样阶段选取为 2001 年 1 月 2 日至 2018 年 9 月 26 日。所有数据均来源于雅虎财经网站（https://finance.yahoo.com/）。

图 5.1 给出了五个指数日度收益率（第 t 交易日的指数收益率定义为：$r_t = P_t - P_{t-1}$，其中 $P_t$ 是第 t 交易日的指数对数收盘价）、价格极差及价格极差样本自相关函数（ACF）图。从图 5.1 可以看到，所有指数在抽样阶段内均展现出明显的波动率时变性和聚集性特征。2008 年国际金融危机期间，全球股市经历了大的市场震荡，指数波动较大，特别地，我国股市在 2015 年也经历了暴涨暴跌，在此阶段 SSEC 指数展现出了相比其他指数更大的波动。

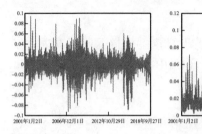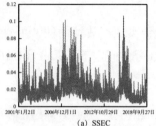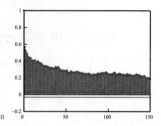

(a) SSEC

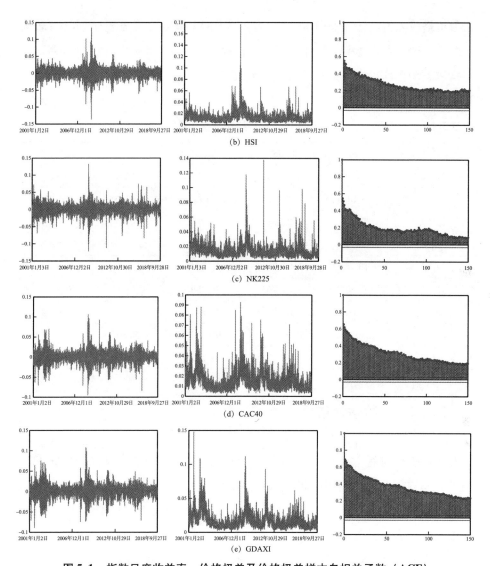

图 5.1　指数日度收益率、价格极差及价格极差样本自相关函数（ACF）

从图 5.1 还可以看到，所有指数价格极差的 ACF 衰减缓慢，表明指数波动率具有长记忆特性。

表 5.1 给出了指数价格极差的描述性统计量。从表 5.1 可以看到，所有指数价格极差的偏度均大于零，峰度大于 3，Jarque-Bera 统计量显著，表明

指数价格极差偏离于正态分布。SSEC 与 GDAXI 指数价格极差序列具有较大的波动，HSI 波动最小。此外，指数价格极差的 Ljung-Box Q 统计量表明，所有指数波动率均存在长期相依性（长记忆性）。

**表 5.1** 指数价格极差描述性统计量

| 项目 | SSEC | HSI | NK225 | CAC40 | GDAXI |
|---|---|---|---|---|---|
| 样本数 | 4282 | 4346 | 4331 | 4520 | 4499 |
| 均值 | 0.0183 | 0.0133 | 0.0137 | 0.0156 | 0.0172 |
| 标准差 | 0.0123 | 0.0089 | 0.0094 | 0.0105 | 0.0124 |
| 偏度 | 2.1963 | 4.3348 | 3.6254 | 2.2404 | 2.4844 |
| 峰度 | 10.0492 | 46.6035 | 28.9045 | 10.5956 | 13.2104 |
| 最大值 | 0.1064 | 0.1765 | 0.1376 | 0.0926 | 0.1478 |
| 最小值 | 0.0025 | 0.0026 | 0.0019 | 0.0023 | 0.0014 |
| Jarque-Bera | 12308.4014 | 357898.0294 | 130582.8642 | 14646.9170 | 24171.3393 |
| Q（12） | 10651.1073 | 11534.2551 | 9648.9343 | 16686.7712 | 20373.0691 |

## 5.4.2 参数估计结果

运用极大似然方法得到单成分的价格极差模型（CARR 模型与 ACARR 模型）与双成分的价格极差模型（CCARR 模型与 ACCARR 模型）的参数估计结果，以及标准误差、对数似然（Log-lik）和赤池信息准则（AIC）分别如表 5.2 和表 5.3 所示。

从表 5.2 中 CARR 模型与 ACARR 模型的估计结果可以看到，所有指数价格极差的持续性系数（$\alpha + \beta$）的估计值都非常接近于 1，表明 5 个指数都具有非常高的波动率持续性特征。在 ACARR 模型中，杠杆效应系数 $\delta$ 的估计值均小于零，且在统计上显著，表明所有指数都存在杠杆效应（波动率非对称性），其中 CAC40 指数的杠杆效应最强，HSI 指数的杠杆效应最弱。

**表 5. 2**　　　　**单成分 CARR 模型与 ACARR 模型参数估计结果**

| 模型 | 参数 | SSEC | HSI | NK225 | CAC40 | GDAXI |
|------|------|------|-----|-------|-------|-------|
| CARR | ω | 0. 0003<br>(0. 0000) | 0. 0002<br>(0. 0000) | 0. 0004<br>(0. 0000) | 0. 0003<br>(0. 0000) | 0. 0002<br>(0. 0000) |
| | α | 0. 1587<br>(0. 0074) | 0. 1141<br>(0. 0061) | 0. 1961<br>(0. 0075) | 0. 1977<br>(0. 0083) | 0. 1841<br>(0. 0082) |
| | β | 0. 8253<br>(0. 0081) | 0. 8727<br>(0. 0072) | 0. 7768<br>(0. 0088) | 0. 7844<br>(0. 0096) | 0. 8016<br>(0. 0094) |
| | ν | 5. 4933<br>(0. 1161) | 6. 2159<br>(0. 1227) | 5. 4348<br>(0. 0966) | 6. 3313<br>(0. 1246) | 6. 1753<br>(0. 1252) |
| | Log-lik | 5339. 2560 | 17081. 7173 | 16696. 7227 | 17236. 0209 | 16770. 6174 |
| | AIC | − 30670. 5120 | − 34155. 4347 | − 33385. 4453 | − 34464. 0419 | − 33533. 2347 |
| ACARR | ω | 0. 0003<br>(0. 0000) | 0. 0003<br>(0. 0000) | 0. 0005<br>(0. 0000) | 0. 0003<br>(0. 0000) | 0. 0004<br>(0. 0000) |
| | α | 0. 1549<br>(0. 0089) | 0. 0965<br>(0. 0070) | 0. 1614<br>(0. 0083) | 0. 1193<br>(0. 0074) | 0. 1314<br>(0. 0076) |
| | β | 0. 8193<br>(0. 0082) | 0. 8628<br>(0. 0079) | 0. 7932<br>(0. 0086) | 0. 8635<br>(0. 0073) | 0. 8541<br>(0. 0080) |
| | γ | 0. 0137<br>(0. 0069) | 0. 0226<br>(0. 0044) | 0. 0156<br>(0. 0054) | − 0. 0036<br>(0. 0044) | − 0. 0102<br>(0. 0034) |
| | δ | − 0. 0329<br>(0. 0039) | − 0. 0246<br>(0. 0025) | − 0. 0499<br>(0. 0031) | − 0. 0871<br>(0. 0038) | − 0. 0844<br>(0. 0040) |
| | ν | 5. 5649<br>(0. 1193) | 6. 3144<br>(0. 1284) | 5. 6141<br>(0. 1005) | 6. 8255<br>(0. 1326) | 6. 6309<br>(0. 1350) |
| | Log-lik | 15368. 6138 | 17117. 6973 | 16771. 2379 | 17414. 4630 | 16939. 0526 |
| | AIC | − 30725. 2277 | − 34223. 3946 | − 33530. 4758 | − 34816. 9260 | − 33866. 1053 |

**表 5.3**　　　　双成分 CCARR 模型与 ACCARR 模型参数估计结果

| 模型 | 参数 | SSEC | HSI | NK225 | CAC40 | GDAXI |
|---|---|---|---|---|---|---|
| CCARR | $\omega$ | −0.0775<br>(0.0125) | −0.0999<br>(0.0157) | −0.1492<br>(0.0179) | −0.0887<br>(0.0172) | −0.0862<br>(0.0195) |
| | $\alpha_1$ | 0.0616<br>(0.0086) | 0.0722<br>(0.0089) | 0.0993<br>(0.0089) | 0.0731<br>(0.0125) | 0.0737<br>(0.0149) |
| | $\beta_1$ | 0.9962<br>(0.0014) | 0.9936<br>(0.0020) | 0.9885<br>(0.0026) | 0.9963<br>(0.0016) | 0.9969<br>(0.0015) |
| | $\alpha_2$ | 0.1049<br>(0.0112) | 0.0565<br>(0.0109) | 0.1228<br>(0.0115) | 0.1256<br>(0.0140) | 0.1083<br>(0.0162) |
| | $\beta_2$ | 0.8898<br>(0.0235) | 0.8366<br>(0.0622) | 0.6662<br>(0.0548) | 0.8880<br>(0.0242) | 0.9231<br>(0.0205) |
| | $\nu$ | 5.5140<br>(0.1150) | 6.2324<br>(0.1232) | 5.4866<br>(0.0970) | 6.3687<br>(0.1237) | 6.1923<br>(0.1246) |
| | Log-lik | 15352.5400 | 17087.7788 | 16718.5245 | 17250.0071 | 16777.1331 |
| | AIC | −30693.0800 | −34163.5576 | −33425.0490 | −34488.0142 | −33542.2662 |
| ACCARR | $\omega$ | −0.1326<br>(0.0139) | −0.1000<br>(0.0145) | −0.1425<br>(0.0180) | −0.0593<br>(0.0093) | −0.0872<br>(0.0116) |
| | $\alpha_1$ | 0.0997<br>(0.0081) | 0.0700<br>(0.0074) | 0.0882<br>(0.0084) | 0.0380<br>(0.0069) | 0.0649<br>(0.0082) |
| | $\beta_1$ | 0.9920<br>(0.0023) | 0.9931<br>(0.0024) | 0.9875<br>(0.0031) | 0.9950<br>(0.0011) | 0.9945<br>(0.0013) |
| | $\gamma_1$ | −0.0399<br>(0.1163) | −0.0040<br>(0.1249) | −0.0010<br>(0.1996) | −0.0043<br>(0.0712) | −0.0038<br>(0.0592) |
| | $\delta_1$ | 0.0581<br>(0.2125) | 0.7980<br>(0.2437) | 1.6669<br>(0.2792) | 2.4847<br>(0.3215) | 2.0123<br>(0.3344) |
| | $\alpha_2$ | 0.0655<br>(0.0152) | 0.0340<br>(0.0110) | 0.0815<br>(0.0138) | 0.0840<br>(0.0110) | 0.0496<br>(0.0121) |
| | $\beta_2$ | 0.7188<br>(0.0404) | 0.7966<br>(0.0511) | 0.7071<br>(0.0470) | 0.8825<br>(0.0213) | 0.8671<br>(0.0270) |

续表

| 模型 | 参数 | SSEC | HSI | NK225 | CAC40 | GDAXI |
|---|---|---|---|---|---|---|
| ACCARR | $\gamma_2$ | 0.0166<br>(0.6206) | 0.0162<br>(0.4476) | 0.0080<br>(0.6353) | -0.0213<br>(0.4269) | -0.0154<br>(0.5145) |
| | $\delta_2$ | -3.9574<br>(0.3694) | -2.3222<br>(0.3606) | -2.9296<br>(0.4131) | -2.8766<br>(0.4024) | -3.2503<br>(0.3912) |
| | $\nu$ | 5.7108<br>(0.1241) | 6.3906<br>(0.1296) | 5.6864<br>(0.0994) | 6.8600<br>(0.1348) | 6.6661<br>(0.1367) |
| | Log-lik | 15427.3865 | 17145.1444 | 16800.5769 | 17426.3905 | 16951.5471 |
| | AIC | -30834.7731 | -34270.2887 | -33581.1537 | -34832.7811 | -33883.0942 |

在双成分的 CCARR（ACCARR）模型中，条件价格极差由两个成分组成：长期成分 $q_t$ 和短期成分 $s_t$。从表 5.3 中双成分 CCARR 模型与 ACCARR 模型的估计结果可以看到，价格极差长期成分的持续性系数（$\beta_1$）接近于 1，其比短期成分的持续性系数（$\beta_2$）明显更大。图 5.2 给出五个指数条件极差及其两个成分的滤波估计。从图 5.2 可以直观看到，条件价格极差的第一个成分确定了价格极差的长期趋势，第二个成分捕获短期过程，长期成分相比短期成分具有明显更高的持续性。从杠杆效应系数 $\delta_1$ 和 $\delta_2$ 的估计结果可以看到，SSEC 指数的杠杆效应主要存在于价格极差（波动率）的短期成分，长期成分的杠杆效应不显著，而对于其他四个指数，杠杆效应均显著存在于价格极差（波动率）的长期成分与短期成分中。

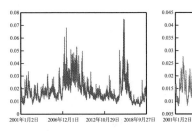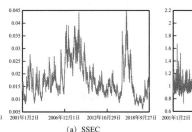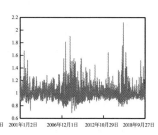

(a) SSEC

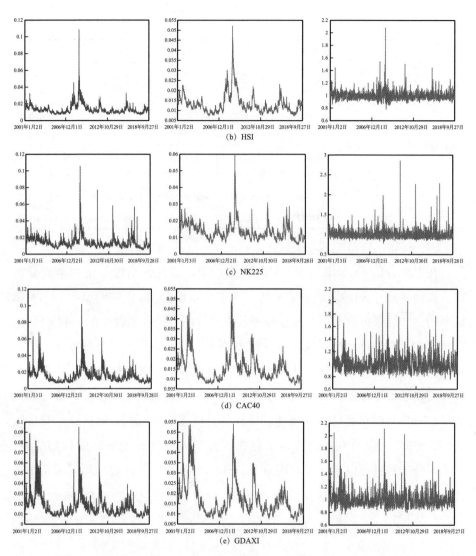

图5.2 指数条件极差（$\lambda_t$）及其长期成分与短期成分（$s_t$）的滤波估计

比较未考虑杠杆效应的价格极差模型（CARR 模型与 CCARR 模型）和考虑了杠杆效应的价格极差模型（ACARR 模型与 ACCARR 模型）的 Log-lik 值和 AIC 值可以看到，考虑了杠杆效应的价格极差模型［A（C）CARR 模型］相比未考虑杠杆效应的价格极差模型［（C）CARR 模型］具有更高的

Log-lik 值以及更低的 AIC 值，表明能够更灵活地捕获杠杆效应的价格极差模型相比未考虑杠杆效应的价格极差模型具有更好的数据拟合效果。

而比较单成分的价格极差模型（CARR 模型与 ACARR 模型）与双成分的价格极差模型（CCARR 模型与 ACCARR 模型）可以看到，在所有情形下双成分的价格极差模型（CCARR 模型与 ACCARR 模型）都比单成分的价格极差模型（CARR 模型与 ACARR 模型）具有更高的 Log-lik 值以及更低的 AIC 值，表明双成分价格极差模型通过引入双成分极差（波动率）增加了模型的灵活性，获得了相比单成分的价格极差模型更好的数据拟合效果。综上所述，考虑了杠杆效应的双成分 ACCARR 模型具有最好的数据拟合效果。

### 5.4.3 样本外预测结果

为了考察本章提出的 CCARR 模型与 ACCARR 模型的样本外预测能力，本节采用滚动时间窗方法对波动率进行预测。将数据样本分为"样本内"估计和"样本外"预测评估两个部分，首次估计模型的样本内部分为观测样本前 3000 个交易日的样本数据，当一个新的观测值增加到样本中，删除第一个观测值并重新估计模型，然后将重新估计的模型用于（向前一步）样本外波动率预测，整个过程不断重复直至最终日期。

由于真实的波动率是不可观测的，在对模型波动率预测能力进行比较时，需要借助真实波动率的代理，以此作为比较基准，本章采用价格极差（RNG）与已实现波动率（RV）作为真实波动率的代理与比较基准。第 t 交易日的 RV 定义为：

$$RV_t = \sqrt{\left( \sum_{i=1}^{n} r_{t,i}^2 \right)} \tag{5.15}$$

其中，$r_{t,i}$ 是第 t 交易日的第 i 个日内收益率，本章选取的 RV 基于 5 分钟高频数据计算得到，RV 数据来源于奥克斯弗德曼（Oxford-man）机构的已实现图书馆（realized library，https：//realized. oxfordman. ox. ac. uk）。RV 构造简单且充分利用了交易日内高频收益率信息，理论上相比日度收益率数据可以获得更加精确的波动率估计结果。

为了对模型的波动率预测精确性进行评价，本节采用平均绝对误差
（MAE）、平均绝对百分比误差（MAPE）、均方误差（MSE）以及拟似然
（QLIKE）四个评价指标，其中 MSE 与 QLKE 是相对稳健的损失函数（Pat-
ton，2011）。四个评价指标分别定义为：

$$MAE(m) = L^{-1} \sum_{l=1}^{L} | MV_{l+1} - FV_{l+1}(m) | \tag{5.16}$$

$$MAPE(m) = L^{-1} \sum_{l=1}^{L} \left| \frac{MV_{l+1} - FV_{l+1}(m)}{MV_{l+1}} \right| \tag{5.17}$$

$$MSE(m) = L^{-1} \sum_{l=1}^{L} \left[ MV_{l+1} - FV_{l+1}(m) \right]^2 \tag{5.18}$$

$$QLIKE(m) = L^{-1} \sum_{l=1}^{L} \left( \frac{MV_{l+1}}{FV_{l+1}(m)} - \log \frac{MV_{l+1}}{FV_{l+1}(m)} - 1 \right) \tag{5.19}$$

其中，MV 是观测的波动率测度：RNG 或 RV，FV(m) 是模型预测的波动
率，m 表示模型：CARR、ACARR、CCARR 或 ACCARR。

表5.4 给出了波动率预测精确性的评价结果。从表5.4 可以看到，无论
采用 RNG 还是 RV 作为比较基准，在四个评价指标下，考虑了杠杆效应的价
格极差模型（ACARR 模型与 ACCARR 模型）比未考虑杠杆效应的价格极差
模型（CCARR 模型与 CCARR 模型）表现一致要好（具有更低的预测误差），
表明考虑杠杆效应对于波动率预测具有重要作用。此外，在五个指数的波动
率预测中，双成分的价格极差模型（CCARR 模型与 ACCARR 模型）的表现
一致优于单成分的价格极差模型（CARR 模型与 ACARR 模型），表明双成分
价格极差（波动率）也能够改进波动率预测。而比较 ACARR 模型与 CCARR
模型的预测结果可以看到，在绝大多数情形下，ACARR 模型相比 CCARR
模型表现更好，表明杠杆效应相比双成分价格极差（波动率）对于波动率
预测的影响要更大。因此，总体上，考虑了杠杆效应的双成分 ACCARR 模
型具有最好的样本外波动率预测效果，其次是 ACARR 模型，CARR 模型表
现最差。

表 5.4　波动率预测评价结果

| 模型 | 指数 | RNG | | | | RV | | | |
|---|---|---|---|---|---|---|---|---|---|
| | | CARR | ACARR | CCARR | ACCARR | CARR | ACARR | CCARR | ACCARR |
| MAE | SSEC (1282) | 5.7362e-03 | 5.6526e-03 | 5.6985e-03 | 5.3985e-03 | 2.4710e-03 | 2.4828e-03 | 2.4646e-03 | 2.3622e-03 |
| | HSI (1346) | 3.9015e-03 | 3.8462e-03 | 3.8780e-03 | 3.8141e-03 | 1.4650e-03 | 1.4347e-03 | 1.4405e-03 | 1.4050e-03 |
| | NK225 (1331) | 4.5449e-03 | 4.4304e-03 | 4.5043e-03 | 4.3477e-03 | 1.8758e-03 | 1.7911e-03 | 1.8502e-03 | 1.7421e-03 |
| | CAC40 (1520) | 4.1104e-03 | 3.9042e-03 | 4.0831e-03 | 3.8786e-03 | 1.6456e-03 | 1.5518e-03 | 1.6258e-03 | 1.5222e-03 |
| | GDAXI (1499) | 4.4451e-03 | 4.2806e-03 | 4.4298e-03 | 4.2286e-03 | 1.8102e-03 | 1.7130e-03 | 1.7949e-03 | 1.6657e-03 |
| MAPE | SSEC (1282) | 4.0641e-01 | 4.0209e-01 | 3.9996e-01 | 3.8596e-01 | 2.2968e-01 | 2.3125e-01 | 2.2553e-01 | 2.1891e-01 |
| | HSI (1346) | 3.8541e-01 | 3.8131e-01 | 3.8331e-01 | 3.7765e-01 | 2.1246e-01 | 2.0925e-01 | 2.0927e-01 | 2.0503e-01 |
| | NK225 (1331) | 4.4602e-01 | 4.3481e-01 | 4.4135e-01 | 4.2501e-01 | 2.4226e-01 | 2.3142e-01 | 2.3865e-01 | 2.2418e-01 |
| | CAC40 (1520) | 3.9715e-01 | 3.7279e-01 | 3.9317e-01 | 3.6818e-01 | 2.1252e-01 | 1.9867e-01 | 2.0909e-01 | 1.9140e-01 |
| | GDAXI (1499) | 4.2996e-01 | 4.1023e-01 | 4.2702e-01 | 4.0395e-01 | 2.3236e-01 | 2.1852e-01 | 2.2962e-01 | 2.1119e-01 |
| MSE | SSEC (1282) | 7.9644e-05 | 7.7373e-05 | 7.9014e-05 | 6.9657e-05 | 2.0581e-05 | 2.0089e-05 | 2.0557e-05 | 1.7482e-05 |
| | HSI (1346) | 3.1970e-05 | 3.1006e-05 | 3.1498e-05 | 3.0286e-05 | 5.6689e-06 | 5.3930e-06 | 5.5207e-06 | 5.2230e-06 |
| | NK225 (1331) | 5.4606e-05 | 5.2428e-05 | 5.3823e-05 | 5.1437e-05 | 1.2052e-05 | 1.1430e-05 | 1.1808e-05 | 1.1186e-05 |
| | CAC40 (1520) | 3.3525e-05 | 3.0795e-05 | 3.3079e-05 | 3.0456e-05 | 6.5600e-06 | 6.0532e-06 | 6.4541e-06 | 5.9607e-06 |
| | GDAXI (1499) | 3.5898e-05 | 3.3519e-05 | 3.5632e-05 | 3.2840e-05 | 7.3738e-06 | 6.8555e-06 | 7.2975e-06 | 6.6405e-06 |

续表

| 模型 | 指数 | RNG | | | | RV | | | |
|---|---|---|---|---|---|---|---|---|---|
| | | CARR | ACARR | CCARR | ACCARR | CARR | ACARR | CCARR | ACCARR |
| QLIKE | SSEC (1282) | 9.5754e-02 | 9.5361e-02 | 9.4894e-02 | 9.0932e-02 | 4.8591e-02 | 4.9849e-02 | 4.8559e-02 | 4.6628e-02 |
| | HSI (1346) | 8.8939e-02 | 8.7002e-02 | 8.8264e-02 | 8.5987e-02 | 3.8580e-02 | 3.7223e-02 | 3.7885e-02 | 3.6857e-02 |
| | NK225 (1331) | 1.1386e-01 | 1.1010e-01 | 1.1283e-01 | 1.0866e-01 | 5.6455e-02 | 5.3441e-02 | 5.5563e-02 | 5.2978e-02 |
| | CAC40 (1520) | 8.8513e-02 | 8.1319e-02 | 8.7596e-02 | 8.0983e-02 | 3.9006e-02 | 3.6505e-02 | 3.8475e-02 | 3.5217e-02 |
| | GDAXI (1499) | 9.6855e-02 | 9.0565e-02 | 9.6472e-02 | 8.9886e-02 | 4.2925e-02 | 3.9888e-02 | 4.2532e-02 | 3.8476e-02 |

注：RNG 是价格极差，RV 是已实现波动率，括号中是预测样本数目。

为了更深入地比较模型波动率预测能力的差异，本节进一步考虑如下明瑟和扎诺维茨（Mincer and Zarnowitz, 1969）的方法进行回归：

$$MV_{1+1} = a + bFV_{1+1}(m) + u_{1+1} \qquad (5.20)$$

其中 m = CARR, ACARR, CCARR, ACCARR。考虑到误差项可能存在异方差性和自相关性，回归时采用稳健的 Newey-West 方法来获得参数估计的标准误差，滞后项数选取为 $4(L/100)^{\frac{2}{9}}$。

表 5.5 给出了 Mincer-Zarnowitz 回归结果，包括（调整的）$R^2$ 值，$R^2$ 意味着 FV 在多大的程度上解释了 MV。从表中可以看到，无论是以 RNG 还是 RV 作为比较基准，考虑了杠杆效应的 A（C）CARR 模型的 $R^2$ 值均大于未考虑杠杆效应的（C）CARR 模型的 $R^2$ 值。同时还可以观察到，双成分的（A）CCARR 模型的 $R^2$ 值均大于单成分的（A）CARR 模型的 $R^2$ 值，ACARR 模型的 $R^2$ 值大于 CCARR 模型的 $R^2$ 值，说明 ACCARR 模型对于事后波动率具有最好的解释能力，其次是 ACARR 模型。

表 5.5                          **Mincer-Zarnowitz 回归结果**

| 项目 | | 截距项 | FV (CARR) | FV (ACARR) | FV (CCARR) | FV (ACCARR) | $R^2$ |
|---|---|---|---|---|---|---|---|
| RNG | SSEC | -0.0006 (0.0010) | 1.0258 (0.0719) | — | — | — | 0.5336 |
| | | -0.0003 (0.0009) | — | 1.0064 (0.0640) | — | — | 0.5466 |
| | | -0.0013 (0.0010) | — | — | 1.0848 (0.0731) | — | 0.5400 |
| | | -0.0011 (0.0008) | — | — | — | 1.0652 (0.0602) | 0.5938 |
| | HSI | 0.0009 (0.0012) | 0.9078 (0.1106) | — | — | — | 0.1844 |
| | | 0.0004 (0.0011) | — | 0.9498 (0.1047) | — | — | 0.2080 |

| 项目 | | 截距项 | FV（CARR） | FV（ACARR） | FV（CCARR） | FV（ACCARR） | $R^2$ |
|---|---|---|---|---|---|---|---|
| RNG | HSI | 0.0004 (0.0012) | — | — | 0.9504 (0.1084) | — | 0.1949 |
| | | -0.0001 (0.0012) | — | — | — | 0.9986 (0.1093) | 0.2255 |
| | NK225 | 0.0005 (0.0005) | 0.9362 (0.0505) | — | — | — | 0.3010 |
| | | 0.0003 (0.0005) | — | 0.9567 (0.0463) | — | — | 0.3283 |
| | | 0.0007 (0.0007) | — | — | 0.9188 (0.0664) | — | 0.3123 |
| | | 0.0007 (0.0008) | — | — | — | 0.9222 (0.0658) | 0.3427 |
| | CAC40 | 0.0010 (0.0005) | 0.8985 (0.0442) | — | — | — | 0.2949 |
| | | 0.0005 (0.0005) | — | 0.9401 (0.0429) | — | — | 0.3501 |
| | | 0.0007 (0.0005) | — | — | 0.9241 (0.0438) | — | 0.3021 |
| | | 0.0000 (0.0005) | — | — | — | 0.9902 (0.0462) | 0.3544 |
| | GDAXI | 0.0010 (0.0005) | 0.8955 (0.0405) | — | — | — | 0.2893 |
| | | 0.0008 (0.0005) | — | 0.089 (0.0376) | — | — | 0.3372 |
| | | 0.0010 (0.0005) | — | — | 0.9017 (0.0402) | — | 0.2936 |
| | | 0.0005 (0.0005) | — | — | — | 0.9387 (0.0403) | 0.3467 |

续表

| 项目 | | 截距项 | FV (CARR) | FV (ACARR) | FV (CCARR) | FV (ACCARR) | $R^2$ |
|---|---|---|---|---|---|---|---|
| RV | SSEC | −0.0008 (0.0006) | 1.1262 (0.0770) | — | — | — | 0.6650 |
| | | −0.0006 (0.0006) | — | 1.0955 (0.0689) | — | — | 0.6698 |
| | | −0.0013 (0.0006) | — | — | 1.1948 (0.0725) | — | 0.6775 |
| | | −0.0010 (0.0005) | — | — | — | 1.1562 (0.0541) | 0.7233 |
| | HSI | 0.0003 (0.0006) | 0.9488 (0.0906) | — | — | — | 0.3344 |
| | | 0.0001 (0.0006) | — | 0.9782 (0.0860) | — | — | 0.3662 |
| | | 0.0000 (0.0006) | — | — | 0.9896 (0.0888) | — | 0.3508 |
| | | −0.0001 (0.0006) | — | — | — | 1.0141 (0.0902) | 0.3859 |
| | NK225 | 0.0000 (0.0003) | 1.0308 (0.0461) | — | — | — | 0.4612 |
| | | −0.0000 (0.0003) | — | 1.0393 (0.0389) | — | — | 0.4895 |
| | | 0.0002 (0.0005) | — | — | 1.0043 (0.0677) | — | 0.4715 |
| | | 0.0003 (0.0004) | — | — | — | 0.9910 (0.0582) | 0.4999 |
| | CAC40 | 0.0005 (0.0003) | 0.9649 (0.0391) | — | — | — | 0.4719 |
| | | 0.0005 (0.0003) | — | 0.9671 (0.0367) | — | — | 0.5139 |

| 项目 | | 截距项 | FV (CARR) | FV (ACARR) | FV (CCARR) | FV (ACCARR) | $R^2$ |
|---|---|---|---|---|---|---|---|
| RV | CAC40 | 0.0004 (0.0003) | — | — | 0.9902 (0.0384) | — | 0.4812 |
| | | 0.0002 (0.0003) | — | — | — | 1.0256 (0.0380) | 0.5274 |
| | GDAXI | 0.0003 (0.0003) | 0.9840 (0.0390) | — | — | — | 0.4625 |
| | | 0.0004 (0.0002) | — | 0.9623 (0.0338) | — | — | 0.5003 |
| | | 0.0003 (0.0003) | — | — | 0.9903 (0.0379) | — | 0.4688 |
| | | 0.0003 (0.0003) | — | — | — | 0.9974 (0.0352) | 0.5181 |

## 5.5 本章小结

本章对标准的 CARR 模型进行扩展，构建了 CCARR 模型来对波动率进行建模与预测。该模型能够捕获波动率长记忆性，且容易进一步扩展为 AC-CARR 模型以捕获杠杆效应（波动率非对称性）。CCARR（ACCARR）模型具有较高的建模灵活性，且易于实现，可以采用极大似然方法进行估计。采用 SSEC、HSI、NK225、CAC40 和 GDAXI 指数数据进行实证分析，发现 5 个指数波动率都具有高度的持续性（长记忆性）以及显著的杠杆效应（波动率非对称性）。以价格极差与 RV 作为比较基准，四种预测评价指标及 Mincer-Zarnowitz 检验结果表明：第一，考虑了杠杆效应的 ACARR（ACCARR）模型相比未考虑杠杆效应的 CARR（CCARR）模型具有更好的样本外波动率预测效果；第二，双成分的 CCARR（ACCARR）模型相比单成分的 CARR（ACARR）模型具有更好的样本外波动率预测效果；第三，杠杆效应相比双成分价格极差（波动率）对于波动率预测的影响更大；第四，考虑了杠杆效应的双成分 ACCARR 模型具有最好的样本外波动率预测效果，其次是 ACARR 模型，CARR 模型表现最差。

本章的研究工作为波动率建模与预测提供了有益的理论与方法借鉴，无论对于学术研究人员还是实际从业人员都具有重要的意义。值得指出的是，本章模型还有待更进一步地扩展应用研究，例如，可以考虑将价格极差替换为（基于高频数据构建的）已实现极差、在现有模型基础上引入门限效应、马尔可夫（Markov）机制转换等，以及考虑模型在衍生产品（如期权）定价、资产组合管理以及风险管理等问题中的应用。

# 第 6 章
# 得分驱动乘性成分已实现 CARR 模型

## 6.1 引　　言

近年来，部分学者借鉴加性成分以及乘性成分 GARCH 模型的建模思路，提出了加性成分 CARR 模型和乘性成分 CARR 模型对价格极差动态性建模，如吴和侯（Wu and Hou，2020）、吴鑫育等（2021）、谢（Xie，2020）。但是，以上模型忽略高频数据信息导致了信息损失，降低了波动率估计的精确性，且对于价格极差（波动率）成分的动态过程设定缺乏准则和理论基础，没有充分利用观测变量条件分布的信息。

随着计算机及电子化交易的发展，运用日内高频数据构建已实现波动率测度来估计波动率成为当前研究的热点。已实现波动率测度的优点是构造简单且充分利用了交易日内的信息，其相比日度收益率数据包含更多的关于当前波动率水平的信息（Dobrev and Szerszen，2010；Christoffersen et al.，2014）。然而，实际的高频数据由于受到微观结构噪声等因素的影响，使得基于高频数据构造出来的已实现波动率测度往往不是波动率的无偏估计。此外，在具体应用当中，也并非所有情形下高频数据都可以容易获取得到。

克里尔等（Creal et al.，2013）和哈维（Harvey，2013）在观测驱动模

型框架下，提出一种新的时变参数建模方法，称为广义自回归得分模型（generalized autoregressive score，GAS）或动态条件得分模型（dynamic conditional score，DCS）。标准的观测驱动模型例如 GARCH 模型、自回归条件持续期（ACD）模型以及时变 Copula 模型均可以看作 GAS 模型的特例。在 GAS 模型中，时变参数以观测变量条件分布（预测似然函数）的得分作为主要驱动，相比标准的观测驱动模型，GAS 模型更充分利用了观测变量条件分布（似然）的信息，保证了模型设定的合理性。事实上，巴斯克等（Blasques et al.，2015）的研究表明，GAS 模型中的得分驱动更新机制在最小化相对熵的信息理论意义上是最优的。由于构建于观测驱动模型框架下，得分驱动 GAS 模型具有结构简单、易于实现的优点；模型存在闭型似然函数，可以直接利用极大似然方法估计。基于 GAS 模型的上述优点，该模型在波动率建模、风险度量以及系统性风险测度等金融实践中获得了广泛的应用（Blasques et al.，2015，Harvey and Sucarrat et al.，2014）。

基于以上认识，本章对经典的 CARR 模型进行以下扩展，首先引入基于高频数据的已实现测度；其次设定具有乘性成分结构的条件价格极差：将条件价格极差乘性分解为长期（趋势）成分和短期成分，并采用 GAS 框架下的得分驱动方法设定长期成分和短期成分的动态性；最终构建 SD-MCRCARR 模型。本章构建的 SD-MCRCARR 模型通过引入已实现测度（高频数据信息）和波动率乘性成分结构对波动率建模，不仅能够迅速捕捉大的市场波动以及充分捕获波动率的长期记忆特征，而且采用观测变量条件分布（预测似然函数）的得分作为长期成分和短期成分的主要驱动，充分利用了观测变量条件分布的信息。由于该模型是在观测驱动模型框架下构建的，存在闭型似然函数，可以直接采用极大似然方法估计，模型易于实现。本章选取上证综合指数和深证成份指数高频数据进行实证研究，并与其他基准模型比较以验证 SD-MCRCARR 模型对股市波动率建模与预测的合理性与优越性。

本章其余部分内容安排如下：第 6.2 节主要介绍 SD-MCRCARR 模型的设定；第 6.3 节通过对上证综合指数和深证成份指数进行实证研究，并且分别

比较 SD-MCRCARR 模型和其他基准模型的样本内数据拟合效果以及样本外的
波动率预测能力；第 6.4 节对本章内容进行总结。

## 6.2　SD-MCRCARR 模型设定

基于极差的波动率估计量相比基于收益率的波动率估计量包含了更加丰
富的日内波动信息，能够改进波动率估计的精确性。设 $p_t$ 是资产对数价格，
价格极差定义为：

$$R_t = \frac{1}{\sqrt{4\ln 2}}(\max\{p_\tau\} - \min\{p_\tau\}),\ \tau \in [t-1,\ t] \tag{6.1}$$

帕金森（Parkinson，1980）基于极值理论研究表明，价格极差是波动率的
一个无偏估计量，利用极差来估计波动率的效率比用平方收益率提高了 5 倍。

### 6.2.1　SD-MCRCARR 模型

仇（Chou，2005）在恩格尔（Engle，2002）和恩格尔和加洛（Engle
and Gallo，2006）的乘性误差模型框架下提出 CARR 模型来刻画价格价差的
动态性。然而，CARR 模型没有充分利用高频数据信息，且属于单成分波动
率模型，对于波动率动态性的刻画仍过于局限。鉴于此，本章对 CARR 模型
进行扩展，构建 SD-MCRCARR 模型。SD-MCRCARR 模型构建于乘性误差模
型框架下，对价格极差和已实现测度联合建模，即

$$R_t = \lambda_t \eta_t,\ \eta_t \mid F_{t-1} \sim \text{i. i. d.}\ f_\delta(\ \cdot\ ) \tag{6.2}$$

$$RM_t = \xi\lambda_t\eta_t,\ \eta_t \mid F_{t-1} \sim \text{i. i. d.}\ f_\eta(\ \cdot\ ) \tag{6.3}$$

其中，$RM_t$ 是已实现测度（例如已实现波动率），$F_{t-1} = \sigma(R_s,\ RM_s;\ s \leq t - 1)$ 是由截至 $t-1$ 时刻的价格极差和已实现测度历史观测值生成的 $\sigma$-域，$\delta_t$ 和 $\eta_t$ 都是独立同分布的非负误差项且相互独立，$f_\delta(\ \cdot\ )$ 和 $f_\eta(\ \cdot\ )$ 都是定义在 $(0, \infty)$ 上具有单位均值的概率密度函数，$\lambda_t = E[R_t \mid F_{t-1}]$ 是价格极差

的条件均值（条件极差），ξ 是非负系数，用于修正已实现测度由于受到市场微观结构噪声的影响而存在的偏差。

进一步，假设条件极差 $\lambda_t$ 具有乘性成分结构，即将条件极差 $\lambda_t$ 乘性分解为如下两个成分

$$\lambda_t = \tau_t g_t \tag{6.4}$$

其中，$\tau_t$ 是长期（趋势）成分，$g_t$ 是短期成分。为了刻画 $\tau_t$ 和 $g_t$ 的动态性，将 $\tau_t$ 和 $g_t$ 视为时变参数，采用 GAS 模型的得分驱动方法设定其动态过程。具体地，有

$$\tau_t = \omega_\tau + \beta_\tau \tau_{t-1} + \alpha_\tau s_{\tau,t-1} \tag{6.5}$$

$$g_t = (1 - \beta_g) + \beta_g g_{t-1} + \alpha_g s_{g,t-1} \tag{6.6}$$

其中，$s_t = (s_{\tau,t}, \ s_{g,t})'$ 是价格极差 $R_t$ 和已实现测度 $RM_t$ 的联合条件分布（预测似然函数）的尺度化得分（scaled socre），定义为

$$s_{\tau,t} \equiv S_{\tau,t} \nabla_{\tau,t}, \quad \nabla_{\tau,t} = \frac{\partial \log p(R_t, \ RM_t \mid \tau_t, \ g_t, \ F_{t-1})}{\partial \tau_t} \tag{6.7}$$

$$s_{g,t} \equiv S_{g,t} \nabla_{g,t}, \quad \nabla_{g,t} = \frac{\partial \log p(R_t, \ RM_t \mid \tau_t, \ g_t, \ F_{t-1})}{\partial g_t} \tag{6.8}$$

其中，$\nabla_{\tau,t}$ 和 $\nabla_{g,t}$ 是分别关于 $\tau_t$ 和 $g_t$ 的得分，$S_{\tau,t}$ 和 $S_{g,t}$ 是相应的尺度因子。在方程（6.5）和方程（6.6）中，系数 $\alpha_\tau$ 和 $\alpha_g$ 表示时变参数（长期成分和短期成分）对相应得分新息的反映，$\beta_\tau$ 和 $\beta_g$ 表示时变参数（长期成分和短期成分）的持续性。为了保证 $\tau_t$ 和 $g_t$ 的平稳性以及可识别性，本章约束 $\beta_g < \beta_\tau < 1$。我们注意到，在模型正确识别下，得分函数 $s_t$ 是一个鞅差序列，由此，有 $E[\tau_t] = \omega_\tau/(1 - \beta_\tau)$ 与 $E[g_t] = 1$。

方程（6.2）~方程（6.6）构成了 SD-MCRCARR 模型。该模型既具有极差波动率与已实现测度联合建模方法估计效率高的特点，也同时刻画了金融波动率长期记忆的特征。事实上，康拉德和克伦（Conrad and Kleen, 2020）研究发现，乘性成分模型能够很好地捕获波动率复杂的动态性（如波动率强的持续性/长记忆性）以及处理波动率结构性突变或非平稳性。此外，根据方程（6.4）~方程（6.6），SD-MCRCARR 模型可以写成一个时

变系数模型，即

$$\lambda_t = \omega_t + \beta_t \lambda_{t-1} + \alpha_t s_{\tau,t-1} \qquad (6.9)$$

其中，$\omega_t = \omega_\tau g_t$，$\beta_t = \beta_\tau g_t / g_{t-1}$ 和 $\alpha_t = \alpha_\tau g_t$。$g_t$ 是 $F_{t-1}$ 可测的，因此时变系数 $(\omega_t,\ \beta_t,\ \alpha_t)$ 在 $t-1$ 时刻都是已知的，从而模型中参数随时间的演化是数据驱动的。时变系数波动率模型可以捕获波动率的结构性突变。大量文献证实了波动率结构性突变会导致对波动率持续性的高估，因而对波动率长记忆性具有重要的解释效力。

### 6.2.2  误差分布及得分

在 SD-MCRCARR 模型中，作为条件极差长期和短期成分主要驱动的得分函数的具体形式取决于观测变量（价格极差和已实现测度）的条件分布。本章采用灵活的 Gamma 分布对价格极差和已实现测度的分布建模。假设误差项 $\epsilon_t$ 和 $\eta_t$ 服从如下两个标准（具有单位均值）Gamma 分布：

$$f_\delta(\eta_t) = \frac{v_1}{\Gamma(v_1)}(v_1 t)^{v_1-1}\exp(-v_1\eta_t) \qquad (6.10)$$

$$f_\eta(\eta_t) = \frac{v_2}{\Gamma(v_2)}(v_2\eta_t)^{v_2-1}\exp(-v_2\eta_t) \qquad (6.11)$$

其中，$\Gamma(\cdot)$ 是 Gamma 函数，$v_1$，$v_2 > 0$ 是两个形状参数。

据此，本章有

$$p(R_t,\ RM_t \mid \tau_t,\ g_t,\ F_{t-1}) = p(R_t \mid \tau_t,\ g_t,\ F_{t-1}) \times p(RM_t \mid \tau_t,\ g_t,\ F_{t-1})$$

$$= \frac{1}{\lambda_t}f_\delta\left(\frac{R_t}{\lambda_t}\right)\frac{1}{\xi\lambda_t}f_\eta\left(\frac{RM_t}{\xi\lambda_t}\right) \qquad (6.12)$$

由此，容易计算得到得分

$$\nabla_{\tau,t} = \frac{\partial \log p(R_t,\ RM_t \mid \tau_t,\ g_t,\ F_{t-1})}{\partial \tau_t} = \left(-\frac{v_1}{\lambda_t} + v_1\frac{R_t}{\lambda_t^2} - \frac{v_2}{\lambda_t} + v_2\frac{RM_t}{\xi\lambda_t^2}\right)g_t$$

$$(6.13)$$

$$\nabla_{g,t} = \frac{\partial \mathrm{logp}(R_t, RM_t \mid \tau_t, g_t, F_{t-1})}{\partial \tau_t} = \left( -\frac{v_1}{\lambda_t} + v_1 \frac{R_t}{\lambda_t^2} - \frac{v_2}{\lambda_t} + v_2 \frac{RM_t}{\xi \lambda_t^2} \right) \tau_t$$

$$(6.14)$$

根据克里尔等（Creal et al.，2013），设定得分 $\nabla_{\tau,t}$ 和 $\nabla_{\tau,t}$ 相应的尺度因子为

$$S_{\tau,t} = - \left[ E \left( \frac{\partial V_{\tau,t}}{\partial \tau_t} \middle| F_{t-1} \right) \right]^{-1} = \frac{\tau_t^2}{v_1 + v_2} \tag{6.15}$$

$$S_{g,t} = - \left[ E \left( \frac{\partial \nabla_{g,t}}{\partial g_t} \middle| F_{t-1} \right) \right]^{-1} = \frac{g_t^2}{v_1 + v_2} \tag{6.16}$$

故有

$$s_{\tau,t} \equiv S_{\tau,t} \nabla_{\tau,t} = \frac{v_1}{v_1 + v_2} \tau_t (\eth_t - 1) + \frac{v_2}{v_2 + v_2} \tau_t (\eta_t - 1) \tag{6.17}$$

$$s_{g,t} \equiv S_{g,t} \nabla_{g,t} = \frac{v_1}{v_1 + v_2} g_t (\eth_t - 1) + \frac{v_2}{v_1 + v_2} g_t (\eta_t - 1) \tag{6.18}$$

SD-MCRCARR 模型采用得分驱动方法对条件极差成分的动态过程进行设定，这种设定的一个重要优点就是它充分利用了观测变量条件分布的信息，保证了模型设定的合理性。

### 6.2.3　模型极大似然估计

SD-MCRCARR 模型属于观测驱动模型，模型参数估计较为容易，可以直接采用极大似然方法进行估计。具体地，SD-MCRCARR 模型的对数似然函数可以写为

$$\ell(R, RM; \Theta) = \sum_{t=1}^{T} \mathrm{logp}(R_t, RM_t \mid \tau_t, g_t, F_{t-1})$$

$$= \underbrace{\sum_{t=1}^{T} \mathrm{logp}(R_t \mid \tau_t, g_t, F_{t-1})}_{\ell(R;\ \Theta)} + \underbrace{\sum_{t=1}^{T} \mathrm{logp}(RM_t \mid \tau_t, g_t, F_{t-1})}_{\ell(RM;\ \Theta)}$$

$$(6.19)$$

其中，$\Theta = (\omega_\tau, \alpha_\tau, \beta_\tau, \alpha_g, \beta_g, \xi, \nu_1, \nu_2)'$ 是模型参数向量，$\ell(R;\ \Theta)$ 是关于价格极差的局部对数似然函数，$\ell(RM;\ \Theta)$ 是关于已实现测度的局部对

数似然函数。由此，通过最大化上述对数似然函数，可以得到 SD-MCRCARR 模型参数的极大似然估计为

$$\hat{\Theta} = \arg\max_{\theta} \ell(R, RM; \Theta) \tag{6.20}$$

## 6.3　实证研究

### 6.3.1　数据

为了验证本章提出的 SD-MCRCARR 模型的合理性与优越性，选取上证综合指数（SSEC）和深证成份指数（SZSEC）从 2005 年 1 月 4 日至 2018 年 12 月 31 日的 5 分钟高频数据进行实证分析。选取安德森等（Andersen et al.，2001）提出的已实现波动率（realized volatility）作为已实现测度，定义为

$$RV_t = \sqrt{\sum_{i=1}^{N} r_{t,i}^2} \tag{6.21}$$

其中，$r_{t,i}$ 是第 t 交易日的第 i 个日内收益率，N 是日内收益率数目。已实现波动率构造简单且充分利用了交易日内高频数据信息，理论上比基于收益率的波动率估计量更为有效。本章已实现波动率的计算基于 5 分钟高频数据（日内收益率），所有数据均来源于万得（Wind）资讯。

表 6.1 给出了两个指数价格极差（$R_t$）和已实现波动率（$RV_t$）的描述性统计量。从表 6.1 可以看到，两个指数 $R_t$ 与 $RV_t$ 的偏度均大于 0，峰度大于 3，明显偏离于正态分布。基于 $R_t$ 与 $RV_t$ 的标准差可以看出，SZSEC 指数相比 SSEC 指数的波动性更高。Ljung-Box Q 统计量表明，两个指数的波动率均表现出显著的长期记忆特征。

**表 6.1　指数价格极差（$R_t$）与已实现波动率（$RV_t$）的描述性统计量**

| 指数 | | 样本数目 | 均值 | 最小值 | 最大值 | 标准差 | 偏度 | 峰度 | Q（10） | Q（15） |
|---|---|---|---|---|---|---|---|---|---|---|
| SSEC | $R_t$ | 3401 | 0.0114 | 0.0015 | 0.0639 | 0.0078 | 2.1229 | 9.4029 | 7887.5302 | 10743.4499 |
| | $RV_t$ | 3401 | 0.0115 | 0.0024 | 0.0625 | 0.0071 | 2.1327 | 9.9966 | 14308.6719 | 19565.2563 |
| SZSEC | $R_t$ | 3401 | 0.0133 | 0.0017 | 0.0757 | 0.0085 | 2.0441 | 9.2682 | 6598.3935 | 8878.6354 |
| | $RV_t$ | 3401 | 0.0133 | 0.0027 | 0.0728 | 0.0075 | 2.0290 | 9.7303 | 12412.7868 | 16782.5801 |

注：Q（·）表示对应滞后阶数的 Ljung-Box Q 统计量。

## 6.3.2　比较基准模型

在接下来的分析中，考虑三个基准模型：SD-CARR 模型、SD-RCARR模型和 SD-MCCARR 模型。这三个模型都可以看成是 SD-MCRCARR 模型的特例。

### 6.3.2.1　SD-CARR 模型

SD-CARR 模型可以看成是在 SD-MCRCARR 模型中去掉已实现测度度量方程（6.3），并约束 $\alpha_g = \beta_g = 0$ 后得到的模型。去掉已实现测度度量方程后，容易计算得到作为模型时变参数（条件极差长期成分和短期成分）主要驱动的尺度化得分为

$$s_{\tau,t} = \tau_t(\eth_t - 1) \tag{6.22}$$

$$s_{g,t} = g_t(\eth_t - 1) \tag{6.23}$$

通过进一步约束 $\alpha_g = \beta_g = 0$，有 $g_t = 1$，$\lambda_t = \tau_t$ 以及 $s_{\tau,t} = R_t - \lambda_t$。由此，SD-MCRCARR 模型退化为如下 SD-CARR 模型：

$$R_t = \lambda_t \eta_t, \quad \eta_t \mid F_{t-1} \sim i.i.d.\ \Gamma(1, v_1) \tag{6.24}$$

$$\lambda_t = \omega_\tau + \beta_\tau \lambda_{t-1} + \alpha_\tau(R_{t-1} - \lambda_{t-1}) \tag{6.25}$$

其中，$\Gamma(1, v_1)$ 是标准（具有单位均值）Gamma 分布密度函数。可以看到，该模型与 Gamma 分布假设下的标准 CARR 模型等价（形式上完全一致）。

6.3.2.2　SD-RCARR 模型

SD-RCARR 模型可以看成是在 SD-MCRCARR 模型中约束 $\alpha_g = \beta_g = 0$ 后得到的模型。当 $\alpha_g = \beta_g = 0$，有 $g_t = 1$ 和 $\lambda_t = \tau_t$。由此，SD-RCARR 模型的形式为

$$R_t = \lambda_t \eta_t,\quad \eta_t \mid F_{t-1} \sim i.i.d.\ \Gamma(1,\ v_1) \tag{6.26}$$

$$RM_t = \xi \lambda_t \eta_t,\quad \eta_t \mid F_{t-1} \sim i.i.d.\ \Gamma(1,\ v_2) \tag{6.27}$$

$$\lambda_t = \omega_\tau + \beta_\tau \lambda_{t-1} + \alpha_\tau s_{\tau,t-1} \tag{6.28}$$

其中，$s_{\tau,t}$ 由式（6.17）给出，在此模型下可以重新写为

$$s_{\tau,t} = \frac{v_1}{v_1 + v_2}(R_{t-1} - \lambda_{t-1}) + \frac{v_2}{v_1 + v_2}\left(\frac{RM_{t-1}}{\xi} - \lambda_{t-1}\right) \tag{6.29}$$

6.3.2.3　SD-MCCARR 模型

SD-MCCARR 模型可以看成是在 SD-MCRCARR 模型中去掉已实现测度度量方程（6.3）后得到的模型。因此，SD-MCCARR 模型的形式为

$$R_t = \lambda_t \eta_t,\quad \eta_t \mid F_{t-1} \sim i.i.d.\ \Gamma(1,\ v_1) \tag{6.30}$$

$$\lambda_t = \tau_t g_t \tag{6.31}$$

$$\tau_t = \omega_\tau + \beta_\tau \tau_{t-1} + \alpha_\tau s_{\tau,t-1} \tag{6.32}$$

$$g_t = (1 - \beta_g) + \beta_g g_{t-1} + \alpha_g s_{g,t-1} \tag{6.33}$$

其中，$s_{\tau,t}$ 和 $s_{g,t}$ 分别由式（6.22）和式（6.23）给出。

## 6.3.3　模型参数估计结果

运用极大似然方法得到 SD-MCRCARR 模型以及基准模型（SD-CARR 模型、SD-RCARR 模型和 SD-MCCARR 模型）的参数估计结果及其标准误差和对数似然值，如表 6.2 所示。

**表 6.2** 参数估计结果

| 参数 | SSEC | | | | SZSEC | | | |
|---|---|---|---|---|---|---|---|---|
| | SD-CARR | SD-RCARR | SD-MCCARR | SD-MCRCARR | SD-CARR | SD-RCARR | SD-MCCARR | SD-MCRCARR |
| $\omega_\tau$ | 0.0001 (0.0000) | 0.0003 (0.0000) | 0.0000 (0.0000) | 0.0001 (0.0000) | 0.0002 (0.0000) | 0.0004 (0.0000) | 0.0001 (0.0000) | 0.0001 (0.0000) |
| $\alpha_\tau$ | 0.1496 (0.0078) | 0.3349 (0.0074) | 0.0713 (0.0089) | 0.1203 (0.0076) | 0.1564 (0.0081) | 0.3501 (0.0076) | 0.0738 (0.0088) | 0.1103 (0.0073) |
| $\beta_\tau$ | 0.9888 (0.0029) | 0.9768 (0.0027) | 0.9964 (0.0016) | 0.9951 (0.0011) | 0.9846 (0.0031) | 0.9715 (0.0028) | 0.9953 (0.0017) | 0.9953 (0.0010) |
| $\alpha_g$ | — | — | 0.1095 (0.0140) | 0.2390 (0.0113) | — | — | 0.1218 (0.0144) | 0.2588 (0.0111) |
| $\beta_g$ | — | — | 0.8446 (0.0347) | 0.7466 (0.0190) | — | — | 0.7818 (0.0453) | 0.7368 (0.0186) |
| $\xi$ | — | 0.9890 (0.0167) | — | 0.9896 (0.0164) | — | 0.9888 (0.0156) | — | 0.9892 (0.0153) |
| $\nu_1$ | 5.6111 (0.1347) | 5.6237 (0.1636) | 5.6619 (0.1391) | 5.7138 (0.1656) | 5.6537 (0.1358) | 5.6854 (0.1622) | 5.7194 (0.1403) | 5.7869 (0.1640) |
| $\nu_2$ | — | 13.1677 (0.2997) | — | 13.4563 (0.3009) | — | 13.2601 (0.2979) | — | 13.5986 (0.3043) |
| $\ell(R, RM)$ | — | 29048.3847 | — | 29114.7915 | — | 27928.5108 | — | 28004.2767 |
| $\ell(R)$ | 13840.0104 | 13873.3012 | 13856.2359 | 13902.8523 | 13276.9619 | 13327.4475 | 13297.7632 | 13349.7248 |

注：括号中是极大似然估计的渐近标准误差。

从表 6.2 中 SD-CARR 模型和 SD-RCARR 模型的估计结果可以看到，两个指数条件极差（波动率）的持续性系数（$\beta_\tau$）都非常接近于 1，表明两个指数都具有非常高的波动率持续性特征。SSEC 指数的波动率持续性略高于 SZSEC 指数的波动率持续性。同时注意到，引入了已实现测度的 SD-RCARR 模型的条件极差的持续性系数（$\beta_\tau$）相比未引入已实现测度的 SD-CARR 模型要低，表明已实现测度在波动率建模中起着重要的作用。

在 SD-MCCARR 模型和 SD-MCRCARR 模型中，条件价格极差具有乘性成分结构：条件价格极差被分解为长期成分和短期成分两部分的乘积。从 SD-MCCARR 模型和 SD-MCRCARR 模型的估计结果可以看到，长期成分的持续性系数（$\beta_\tau$）非常接近于 1，相比短期成分的持续性系数（$\beta_g$）明显更高。也注意到，引入了已实现测度的 SD-MCRCARR 模型的短期成分的持续性系数（$\beta_g$）相比未引入已实现测度的 SD-MCCARR 模型明显更低，再次表明已实现测度在波动率建模中起着非常重要的作用。

在引入了已实现测度的两个模型（SD-RCARR 模型和 SD-MCRCARR 模型）中，已实现测度的偏差修正系数（$\xi$）非常接近于 1，与 1 没有显著性差异，表明本章选取的已实现测度——基于 5 分钟高频数据的已实现波动率是较为合理的一个波动率估计量，这与刘等（Liu et al.，2015）的研究结论一致。

比较 SD-CARR 模型和 SD-RCARR 模型的局部对数似然 $[\ell(R)]$ 值可以看到，SD-RCARR 模型相比 SD-CARR 模型具有更高的 $\ell(R)$ 值，表明引入已实现测度能够改进模型的数据拟合效果。这从 SD-MCCARR 模型和 SD-MCRCARR 模型的比较中也可以看到。而比较 SD-(R) CARR 模型和 SD-MC (R) CARR 模型的局部对数似然 $[\ell(R)]$ 值或全对数似然 $[\ell(R, RV)]$ 值可以看到，引入条件极差乘性成分结构也改进了模型的数据拟合效果，这与吴鑫育等（2021）和谢（Xie，2020）的研究结论一致，这得益于乘性成分模型能够更充分地刻画波动率的高持续性（波动率长记忆性）。特别值得指出的是，引入已实现测度所带来的模型改进相比引入条件极差乘性成分结构要大。总之，引入了已实现测度以及条件极差乘性成分结构的 SD-MCRCARR 模型具有最高的 $\ell(R)$ 值，表明 SD-MCRCARR 模型具有更好的数据拟合效果。

### 6.3.4 模型波动率预测能力比较

本章采用滚动时间窗方法对波动率进行预测。将数据样本总体（样本数目为 T）分为"估计样本"和"预测样本"两部分，其中，估计样本包含 T – 500 个交易日的数据，预测样本包含最后 500 个交易日的数据（预测窗口为 500）。首先采用前 T – 500 个交易日的样本数据估计模型，并将估计的模型用于（向前 1 天）波动率预测。然后将估计模型的窗口向前滚动一天（保持估计样本的时间区间长度为 T – 500 不变），重新估计模型，并将重新估计的模型用于（向前 1 天）波动率预测，整个过程不断重复直至最终日期。

由于真实的波动率是不可观测的，在评价和比较波动率预测模型时需要借助真实波动率的"代理值"（proxy）。本章选择价格极差和已实现波动率作为真实波动率的代理。但是，波动率代理通常并不是真实波动率的完美估计量，波动率代理中存在的噪声（误差）可能会使得预测评价出现偏差，不同的损失函数下会得出完全不同的"最优"模型。因此，在评价过程中选择稳健的损失函数是非常重要的。根据巴顿（Patton，2011）的研究，本章选择均方误差（MSE）和拟似然（QLIKE）两个稳健的损失函数作为评价指标，对不同模型的波动率预测能力进行评估。MSE 和 QLIKE 分别定义为

$$\mathrm{MSE}(m) \equiv \mathrm{E}[L_{1,t}(m)], \quad L_{1,t}(m) = [\mathrm{MV}_t - \mathrm{FV}_t(m)]^2$$

$$\mathrm{QLIKE}(m) \equiv \mathrm{E}[L_{2,t}(m)], \quad L_{2,t}(m) = \frac{\mathrm{MV}_t}{\mathrm{FV}_t(m)} - \log\frac{\mathrm{MV}_t}{\mathrm{FV}_t(m)} - 1$$

其中，$\mathrm{MV}_t = \mathrm{R}_t$（价格极差）或者 $\mathrm{RV}_t$（已实现波动率），$\mathrm{FV}_t(m)$ 是基于模型 m 得到的波动率预测值，m 表示模型 SD-CARR、SD-RCARR、SD-MC-CARR 或 SD-MCRCARR。

表 6.3 给出了各模型波动率预测精确性的评价结果。从表 6.3 可以看到，在两种稳健的损失函数（MSE 和 QLIKE）以及两种波动率代理（价格极差和已实现波动率）下，SD-RCARR 模型和 SD-MCCARR 都比 SD-CARR 模型具有更为优越的波动率预测表现（更低的 MSE 和 QLIKE 值），表明已实现测度以及条件价格极差乘性成分结构对于改进模型的波动率预测能力均具有重要作用。同时注意到，在所有情形下，SD-RCARR 模型均相比 SD-

MCCARR 模型具有更低的 MSE 和 QLIKE 值，表明已实现测度相比条件价格极差乘性成分结构对于波动率预测更为重要。总体上，引入了已实现测度以及条件价格极差乘性成分结构的 SD-MCRCARR 模型具有最优的波动率预测能力，其次是引入了已实现测度的 SD-RCARR 模型，SD-CARR 模型最差。

**表 6.3**                      波动率预测评价结果

| 项目 | | $MV_t = R_t$ | | | | $MV_t = RV_t$ | | | |
|---|---|---|---|---|---|---|---|---|---|
| | | SD-CARR | SD-RCARR | SD-MCCARR | SD-MCRCARR | SD-CARR | SD-RCARR | SD-MCCARR | SD-MCRCARR |
| SSEC | MSE | 1.0082e-05 | 9.4680e-06 | 9.8320e-06 | 9.3636e-06 | 6.1129e-06 | 5.2614e-06 | 5.8152e-06 | 5.0814e-06 |
| | QLIKE | 8.5367e-02 | 8.1198e-02 | 8.3608e-02 | 7.8957e-02 | 4.7234e-02 | 3.9839e-02 | 4.5878e-02 | 3.8787e-02 |
| SZSEC | MSE | 1.6931e-05 | 1.5557e-05 | 1.6434e-05 | 1.5380e-05 | 9.2557e-06 | 8.1328e-06 | 8.5740e-06 | 7.6698e-06 |
| | QLIKE | 9.6594e-02 | 8.7423e-02 | 9.3713e-02 | 8.5675e-02 | 5.4347e-02 | 4.5692e-02 | 5.0739e-02 | 4.3204e-02 |

注：MSE 是均方误差损失函数，QLIKE 是拟似然损失函数。

进一步，本章采用汉森等（Hansen et al.，2011）提出的模型置信集（model confidence set，MCS）程序评估所有模型的预测能力。MCS 程序检验一组给定的竞争模型，并识别出一组具有一定可信度的最优预测模型或 MCS。为了实现 MCS 程序，本章采用基于 $10^5$ 抽样的分块自举法，并设定显著性水平为 $\alpha = 10\%$。因此 MCS 检验 p 值小于 0.1 的波动率预测模型是预测能力差的模型，将在 MCS 检验过程中被剔除，而 p 值大于 0.1 的波动率预测模型是预测能力较好的模型，将在 MCS 检验中幸存下来。表 6.4 给出了 MCS 检验结果。从表 6.4 中可以看到，在两种损失函数以及波动率代理下，没有引入已实现测度的 SD-CARR 模型和 SD-MCCARR 模型均被剔除出了 MCS（MCS 检验 p 值小于 0.1），表明已实现测度的引入对于波动率预测具有重要影响。引入了已实现测度的 SD-RCARR 模型在多数情形下被包含在 MCS 中

（MCS 检验 p 值大于 0.1）。特别地，本章提出的引入了已实现测度以及条件价格极差乘性成分结构的 SD-MCRCARR 模型在所有情形下均得到了最高的 MCS 检验 p 值（p = 1），充分表明了 SD-MCRCARR 模型在波动率预测方面显著优于其他基准模型。

表 6.4　　　　　　　　　　　　　MCS 检验结果

| 项目 | | MV$_t$ = R$_t$ | | | | MV$_t$ = RV$_t$ | | | |
|---|---|---|---|---|---|---|---|---|---|
| | | SD-CARR | SD-RCARR | SD-MCCARR | SD-MCRCARR | SD-CARR | SD-RCARR | SD-MCCARR | SD-MCRCARR |
| SSEC | MSE | 0.0335 | **0.5882** | 0.0918 | **1.0000** | 0.0000 | **0.2775** | 0.0002 | **1.0000** |
| | QLIKE | 0.0003 | 0.0275 | 0.0047 | **1.0000** | 0.0000 | **0.2226** | 0.0000 | **1.0000** |
| SZSEC | MSE | 0.0001 | **0.4540** | 0.0001 | **1.0000** | 0.0000 | 0.0169 | 0.0002 | **1.0000** |
| | QLIKE | 0.0000 | **0.1152** | 0.0000 | **1.0000** | 0.0000 | 0.0129 | 0.0000 | **1.0000** |

注：表中数字是 MCS 检验的 p 值。p 值大于 0.1（加粗）表示模型包含在 MCS 中，即预测能力较好的模型。MSE 是均方误差损失函数，QLIKE 是拟似然损失函数。

### 6.3.5　比较稳健性检验

为了说明 SD-MCRCARR 模型波动率预测能力的稳健性，本章考虑不同的预测窗口（1000 和 1500）以及预测期（5 天和 10 天）下模型的预测表现。表 6.5 和表 6.6 给出不同预测窗口下的 MCS 检验结果，表 6.7 和表 6.8 给出不同预测期下的 MCS 检验结果。从表中可以看到，与前面表 6.4 中得到的结果一致，SD-MCRCARR 模型在所有情形下都被包含在 MCS 中，且一直具有最高的 MCS 检验 p 值（p = 1），表明该模型优越的波动率预测能力具有关于不同预测窗口以及预测期的稳健性。

**表 6.5**                   **MCS 检验结果（预测窗口：1000）**

| 项目 | | $MV_t = R_t$ | | | | $MV_t = RV_t$ | | | |
|---|---|---|---|---|---|---|---|---|---|
| | | SD-CARR | SD-RCARR | SD-MCCARR | SD-MCRCARR | SD-CARR | SD-RCARR | SD-MCCARR | SD-MCRCARR |
| SSEC | MSE | 0.0072 | **0.3300** | 0.0123 | **1.0000** | 0.0002 | **0.5523** | 0.0005 | **1.0000** |
| | QLIKE | 0.0003 | 0.0166 | 0.0008 | **1.0000** | 0.0000 | **0.1665** | 0.0000 | **1.0000** |
| SZSEC | MSE | 0.0020 | **0.2253** | 0.0069 | **1.0000** | 0.0001 | **0.1570** | 0.0008 | **1.0000** |
| | QLIKE | 0.0000 | 0.0339 | 0.0000 | **1.0000** | 0.0000 | 0.0041 | 0.0000 | **1.0000** |

注：表中数字是 MCS 检验 p 值。p 值大于 0.1（加粗）表示模型包含在 MCS 中，即预测能力较好的模型。MSE 是均方误差损失函数，QLIKE 是拟似然损失函数。

**表 6.6**                   **MCS 检验结果（预测窗口：1500）**

| 项目 | | $MV_t = R_t$ | | | | $MV_t = RV_t$ | | | |
|---|---|---|---|---|---|---|---|---|---|
| | | SD-CARR | SD-RCARR | SD-MCCARR | SD-MCRCARR | SD-CARR | SD-RCARR | SD-MCCARR | SD-MCRCARR |
| SSEC | MSE | 0.0163 | **0.3343** | 0.0297 | **1.0000** | 0.0004 | **0.6224** | 0.0011 | **1.0000** |
| | QLIKE | 0.0004 | 0.0043 | 0.0043 | **1.0000** | 0.0000 | 0.0319 | 0.0000 | **1.0000** |
| SZSEC | MSE | 0.0063 | **0.1716** | 0.0325 | **1.0000** | 0.0003 | **0.1438** | 0.0033 | **1.0000** |
| | QLIKE | 0.0001 | 0.0060 | 0.0001 | **1.0000** | 0.0000 | 0.0004 | 0.0000 | **1.0000** |

注：表中数字是 MCS 检验 p 值。p 值大于 0.1（加粗）表示模型包含在 MCS 中，即预测能力较好的模型。MSE 是均方误差损失函数，QLIKE 是拟似然损失函数。

**表 6.7**                   **MCS 检验结果（预测期：5 天）**

| 项目 | | $MV_t = R_t$ | | | | $MV_t = RV_t$ | | | |
|---|---|---|---|---|---|---|---|---|---|
| | | SD-CARR | SD-RCARR | SD-MCCARR | SD-MCRCARR | SD-CARR | SD-RCARR | SD-MCCARR | SD-MCRCARR |
| SSEC | MSE | **0.1400** | **0.1400** | **0.2650** | **1.0000** | 0.0001 | 0.0049 | 0.0049 | **1.0000** |
| | QLIKE | **0.1527** | 0.0052 | **0.5718** | **1.0000** | 0.0002 | 0.0076 | 0.0159 | **1.0000** |

续表

| 项目 | | MV$_t$ = R$_t$ | | | | MV$_t$ = RV$_t$ | | | |
|---|---|---|---|---|---|---|---|---|---|
| | | SD-CARR | SD-RCARR | SD-MCCARR | SD-MCRCARR | SD-CARR | SD-RCARR | SD-MCCARR | SD-MCRCARR |
| SZSEC | MSE | 0.0125 | 0.0125 | **0.1126** | **1.0000** | 0.0000 | 0.0003 | 0.0004 | **1.0000** |
| | QLIKE | 0.0040 | 0.0040 | 0.0763 | **1.0000** | 0.0000 | 0.0003 | 0.0012 | **1.0000** |

注：表中数字是 MCS 检验 p 值。p 值大于 0.1（加粗）表示模型包含在 MCS 中，即预测能力较好的模型。MSE 是均方误差损失函数，QLIKE 是拟似然损失函数。

表 6.8　　　　　　　　　MCS 检验结果（预测期：10 天）

| 项目 | | MV$_t$ = R$_t$ | | | | MV$_t$ = RV$_t$ | | | |
|---|---|---|---|---|---|---|---|---|---|
| | | SD-CARR | SD-RCARR | SD-MCCARR | SD-MCRCARR | SD-CARR | SD-RCARR | SD-MCCARR | SD-MCRCARR |
| SSEC | MSE | 0.0003 | 0.0000 | 0.0201 | **1.0000** | 0.0000 | 0.0000 | 0.0004 | **1.0000** |
| | QLIKE | 0.0000 | 0.0000 | **0.1263** | **1.0000** | 0.0000 | 0.0000 | 0.0155 | **1.0000** |
| SZSEC | MSE | 0.0000 | 0.0000 | 0.0033 | **1.0000** | 0.0000 | 0.0000 | 0.0000 | **1.0000** |
| | QLIKE | 0.0000 | 0.0000 | 0.0014 | **1.0000** | 0.0000 | 0.0000 | 0.0000 | **1.0000** |

注：表中数字是 MCS 检验 p 值。p 值大于 0.1（加粗）表示模型包含在 MCS 中，即预测能力较好的模型。MSE 是均方误差损失函数，QLIKE 是拟似然损失函数。

# 6.4　本 章 小 结

　　传统的价格极差波动率模型如 CARR 模型没有充分利用高频数据信息，且假设条件价格极差具有单成分结构，对于波动率动态性的刻画仍存在不足。鉴于此，本章提出了 SD-MCRCARR 模型。该模型通过引入已实现测度和条件极差乘性成分结构对经典的 CARR 模型进行了扩展，能够迅速捕捉大的市场波动以及充分捕获波动率的长期记忆特征。此外，该模型构建于 GAS 框架下，充分利用了观测变量条件分布的信息，且存在闭型似然函数，可以直接采用极大似然方法估计，模型具有易于实现的优点。本章采用上证综合指数和深证成份指数高频数据进行实证研究，结果表明：SD-MCRCARR 模型相比其他基准模型（SD-CARR 模型、SD-RCARR 模型和 SD-MCCARR 模型）具有更好的数据拟合效果，能更好地刻画价格极差的动态性。进一步，运用稳健的 MSE 和 QLIKE 损失函数以及 MCS 检验，实证比较了 SD-MCRCARR 模型与其他基准模型对波动率的预测能力。实证结果表明：SD-MCRCARR 模型相比其他基准模型具有更好的波动率预测能力。最后，在不同的预测窗口以及预测期下，对 SD-MCRCARR 模型的波动率预测能力进行了稳健性检验，实证结果与上述结论一致。因此，从总体预测能力来看，本章提出的 SD-MCRCARR 模型具有更好的波动率预测精度。此外，模型还可以进一步拓展以及进行更深入的应用研究，例如，可以考虑在现有模型基础上引入混频（MIDAS）数据抽样方法，研究低频变量对长期成分的影响。或者引入杠杆效应（波动率非对称性）以及包含市场波动前瞻信息的期权隐含波动率，以期获得更合理的波动率模型，这些研究将在后续章节进行讨论。

第 7 章

# 非对称 CARR-MIDAS 模型

## 7.1 引　言

前述章节所构建的非对称成分 CARR 模型借鉴了成分 GARCH 模型的建模思想，能够更好捕获波动率的长记忆性与非对称性，同时能够处理波动率中的结构性突变或非平稳性，显著优于单成分波动率模型。但是传统的成分波动率模型并没有考虑到历史信息之外的其他信息，如高频信息。如今由于金融市场的逐渐完善，计算机科学技术的发展，更容易获取高频数据。为了充分利用日内高频信息，本章借鉴 GARCH-MIDAS 模型的建模思路，将仇（Chou，2005）提出的 CARR 模型扩展为非对称 CARR 混频（ACARR-MIDAS）模型。ACARR-MIDAS 的模型结构类似于恩格尔等（Engle et al.，2013）的乘性成分 GARCH-MIDAS 模型。具体地，ACARR-MIDAS 模型将条件价格极差分解成长期成分和短期成分。短期成分的结构类似于 GARCH（1，1）过程，引入了收益率的滞后项用来捕获非对称性，长期成分基于 MIDAS 回归思想建模，具有更高的建模灵活性，在长期成分中引入了已实现波动率测度。本章将该模型应用于 4 个股票市场指数数据：中国上证综合指数（SSEC）、中国香港恒生指数（HSI）、日本日经指数（NK225）和韩国综合股价指数（KOSPI）。

实证结果表明，ACARR-MIDAS 模型在样本外预测方面显著优于 CARR、ACARR 和 CARR-MIDAS 等竞争模型。

本章其余部分内容安排如下：第 7.2 节介绍模型；第 7.3 节采用中国上证综合指数（SSEC）、中国香港恒生指数（HSI）、日本日经指数（NK225）和韩国综合股价指数（KOSPI）数据进行实证研究，对构建的理论模型进行实证检验；第 7.4 节对本章研究内容进行总结。

## 7.2　非对称 CARR-MIDAS 模型

### 7.2.1　CARR-MIDAS 模型

CARR-MIDAS 模型假设条件极差由两个成分组成：长期趋势成分和短期周期成分，其中长期趋势成分基于 MIDAS 回归思想建模，由历史的 MIDAS 加权（平滑）的价格极差所决定，短期成分服从一个 CARR（1，1）过程。CARR-MIDAS 模型假设：

$$R_t = \lambda_t \varepsilon_t, \ \ \varepsilon_t | F_{t-1} \sim f(\cdot) \tag{7.1}$$

$$\lambda_t = g_t \tau_t \tag{7.2}$$

$$g_t = (1 - \alpha - \beta) + \alpha \frac{R_{t-1}}{\tau_{t-1}} + \beta g_{t-1} \tag{7.3}$$

$$\log(\tau_t) = m + \theta_R \sum_{k=1}^{K} \psi_k(\gamma_R) \ln(R_{t-k}) \tag{7.4}$$

其中，$g_t$ 是短期成分，$\tau_t$ 是长期成分。短期成分 $g_t$ 服从 CARR（1，1）过程，为了保证其非负，假设系数（$\alpha$，$\beta$）为正，而为了保证 $g_t$ 的平稳性，假设 $\alpha + \beta < 1$。在平稳性条件下，$g_t$ 的无条件均值为 1。$0 \leq \psi_k(\gamma_R) < 1$ 是权重函数，满足 $\sum_{k=1}^{K} \psi_k(\gamma_R) = 1$。

本节选择 $\psi_k(\cdot)$ 为灵活的 Beta 权重函数：

$$\psi_k(\gamma_R) = \frac{(1 - k/K)^{\gamma_R - 1}}{\sum\limits_{j=1}^{K} (1 - j/K)^{\gamma_R - 1}} \qquad (7.5)$$

其中，K 是最大 MIDAS 滞后阶数，系数 $\gamma_R$ 决定权重函数衰减的速度。为了保证权重函数是单调递减的（越近的观测值对当期的影响越大，赋予更大的权重），本节约束 $\gamma_R > 1$。

CARR-MIDAS 模型相比 CARR 模型具有更高的建模灵活性，可以更好地捕获极差（波动率）长记忆过程的自相关结构。容易看到，通过约束 $\theta_R = 0$，CARR-MIDAS 模型退化为标准的 CARR 模型。

## 7.2.2 ACARR-MIDAS 模型

CARR-MIDAS 模型不能解释波动率的非对称性，为了捕获杠杆效应，本节将 CARR-MIDAS 模型扩展到 ACARR-MIDAS 模型，该模型满足：

$$R_t = \lambda_t \varepsilon_t \qquad (7.6)$$

$$\lambda_t = g_t \tau_t \qquad (7.7)$$

$$\log g_t = \alpha\left(\frac{R_{t-1}}{\lambda_{t-1}} - 1\right) + \beta \log g_{t-1} + \xi r_{t-1} \qquad (7.8)$$

$$\log \tau_t = \omega + \frac{\theta}{2} \sum_{k=1}^{K} \varphi_k(\gamma) \log RM_{t-k} \qquad (7.9)$$

$$\varepsilon_t \mid F_{t-1} \sim i.\,i.\,d.\ f(\,\cdot\,) \qquad (7.10)$$

其中，$R_t$ 是（对数）收益率，$RM_t$ 是已实现波动率测度，$\lambda_t$ 是价格极差的条件均值，将 $\lambda_t$ 分解为短期成分 $g_t$ 和长期成分 $\tau_t$。短期成分 $g_t$ 服从 GARCH（1，1）过程，引入滞后一阶的收益率 $r_{t-1}$ 以捕捉正负收益率对波动率的非对称影响。假定 $E(r_t) = 0$[①]，则 $E(\log g_t) = 0$，$E(\log \lambda_t) = E(\log \tau_t)$。

需要注意的是，CARR 模型中为确保价格极差为正，假定条件均值方程中的相关参数为非负。但在 ACARR-MIDAS 模型中，由于对短期成分和长期

---

① 对于日度收益率 $r_t$，通常假设 $E(r_t) = 0$。

成分以对数形式进行设定，因此无须另外施加相关参数非负这一条件，这亦有利于模型参数估计。

ACARR-MIDAS 模型易于估计和应用，本节假设 $\varepsilon_t$ 服从 gamma 分布，具有单位均值的标准 gamma 分布的密度函数可以表示如下：

$$f(\varepsilon_t) = \frac{\nu}{\Gamma(\nu)}(\nu\varepsilon_t)^{\nu-1}\exp(-\nu\varepsilon_t), \ \varepsilon_t \geq 0 \qquad (7.11)$$

其中，$\nu > 0$ 为形状参数，当 $\nu = 1$ 时，gamma 分布变为指数分布。给定干扰项 $\varepsilon_t$ 服从（7.10）中的标准 gamma 分布，可以对模型进行拟极大似然估计。具体而言，ACARR-MIDAS 模型的对数似然函数可以写为

$$l(\Theta) = -\sum_{t=1}^{T}\left[\log\lambda_t + \log\Gamma(\nu) - \nu\log\nu - (\nu-1)\log\varepsilon_t + \nu\varepsilon_t\right] \quad (7.12)$$

其中，$\Theta = (\omega, \theta, \gamma, \alpha, \beta, \xi, \nu)'$ 为模型参数向量，$\varepsilon_t = R_t/\lambda_t$。给定对数似然函数 $l(\Theta)$，模型参数 $\hat{\Theta}$ 的最大似然估计量可通过对数似然函数的数值最大化获得：

$$\hat{\Theta} = \arg\max_{\Theta} l(R; \Theta) \qquad (7.13)$$

## 7.3 实证研究

### 7.3.1 数据

本节应用 ACARR-MIDAS 模型对四个股票市场指数（SSEC、HSI、NK225 和 KOSPI）日度价格数据（包括开盘价、最高价、最低价和收盘价）进行建模，数据来源于雅虎财经网站（www.finance.yahoo.com）。日度收益率基于对数收盘价的一阶差分得到。对于已实现波动率的度量，使用巴恩多夫－尼尔森等（Barndorff-Nielsen et al., 2008）提出的已实现核（RK）。RK 基于 Parzen 核，并使用所有日内数据进行计算。RK 数据来源于 "Oxford-Man

Institute's realized library"（https：//realized. oxford-man. ox. ac. uk/）。数据的抽样阶段选取为 2001 年 1 月 2 日至 2018 年 12 月 31 日。

图 7.1 为四个指数的日度价格极差、日度收益率和已实现核（RK）的时间序列图。从图 7.1 可以看出，在 2007～2009 年国际金融危机期间，4 个股票市场都经历了频繁且剧烈的波动。另外，在 2015～2016 年期间，中国股市

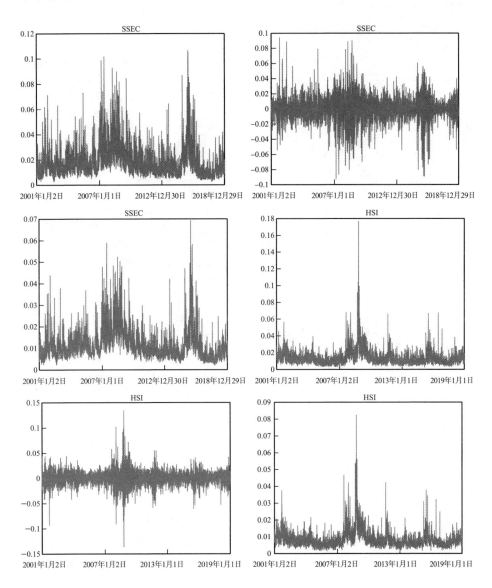

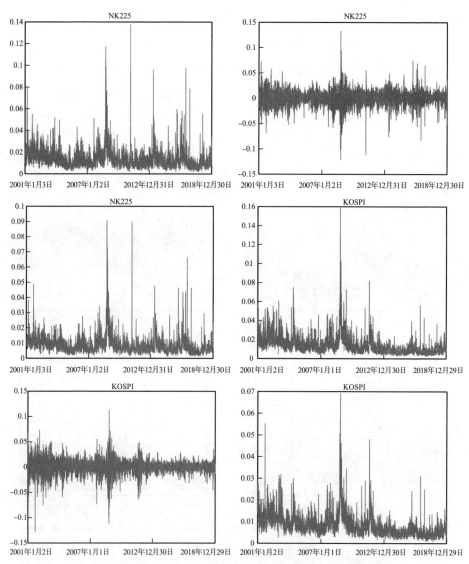

**图 7.1　2001 年 1 月 2 日至 2018 年 12 月 31 日的四个股票市场指数**
**日度价格极差、日度收益率和已实现核的时间序列**

波动率明显高于其他股市。特别地，图 7.1 显示出波动率的非对称性是存在的，因为当收益率较低时，波动率（价格极差或 RK）较高。特别是在国际金融危机期间，这一现象更加明显。因此，本节所做建模分析的一个目标就是刻画这一波动率的非对称性。图 7.2 给出了四个指数日度价格极差的自相关函数（ACFs）变化图。日度价格极差自相关函数呈现缓慢衰减趋势表明波动率具有高持续性。

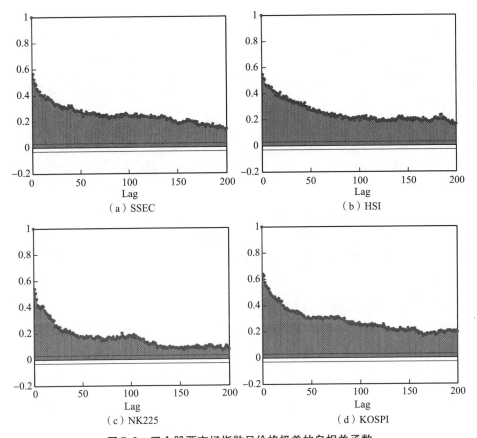

（a）SSEC  （b）HSI  （c）NK225  （d）KOSPI

图 7.2　四个股票市场指数日价格极差的自相关函数

表 7.1 给出了四个股票指数的日度价格极差的描述性统计结果，可以看出价格极差分布均为正偏，且具有超额峰度，Jarque-Beta 拒绝价格极差分布为正态分布的假定。从表 7.1 可以看出，SSEC 指数价格极差序列波动最大，HSI 指数价格极差序列波动最小。滞后阶数达 20 阶的 Ljung-Box Q 统计量表

明每个指数的价格极差序列均具有高度自相关性，即波动率表现出高持续性，这与图 7.2 一致，本章所构建的 ACARR-MIDAS 模型旨在通过将价格极差乘性分解为短期和长期成分，以刻画波动率的高持续性。

表 7.1　　　　　　2001 年 1 月 2 日至 2018 年 12 月 31 日四个
股票市场指数日度极差描述性统计量

| 指数 | 样本数 | 均值 | 最小值 | 最大值 | 标准差 | 偏度 | 峰度 | Jarque-Bera | Q（20） |
|------|--------|------|--------|--------|--------|------|------|-------------|---------|
| SSEC | 4344 | 0.0182 | 0.0025 | 0.1064 | 0.0123 | 2.1984 | 10.0850 | 12584.7568<br>（0.0000） | 15786.0990<br>（0.0000） |
| HSI | 4409 | 0.0134 | 0.0026 | 0.1765 | 0.0088 | 4.3294 | 46.7444 | 365312.2369<br>（0.0000） | 17189.4586<br>（0.0000） |
| NK225 | 4395 | 0.0137 | 0.0019 | 0.1376 | 0.0094 | 3.6174 | 28.9155 | 132573.8768<br>（0.0000） | 13475.0890<br>（0.0000） |
| KOSPI | 4416 | 0.0141 | 0.0024 | 0.1584 | 0.0098 | 3.4462 | 29.0951 | 134037.1957<br>（0.0000） | 22167.9006<br>（0.0000） |

注：Q（·）表示 Ljung-Box Q 统计量；括号中的数字为 p 值。

## 7.3.2　模型参数估计结果

表 7.2 给出了四个股票市场指数的 ACARR-MIDAS 模型参数估计结果。为了进行模型之间的对比分析，表 7.2 同时给出了原始的 CARR 模型、非对称 CARR（ACARR）模型和 CARR-MIDAS 模型参数估计结果。ACARR 模型通过将滞后一阶的收益率纳入条件极差过程，扩展了 CARR 模型，以考虑波动率的非对称性，ACARR 模型假设价格极差服从如下过程：

$$R_t = \lambda_t \varepsilon_t \tag{7.14}$$

$$\lambda_t = \omega + \alpha R_{t-1} + \beta \lambda_{t-1} + \xi r_{t-1} \tag{7.15}$$

$$\varepsilon_t \mid F_{t-1} \sim \text{i. i. d. } f(\cdot) \tag{7.16}$$

其中，当 $\xi = 0$ 时，ACARR-MIDAS 模型便退化为 CARR-MIDAS 模型，无法捕

获波动率的非对称性。ACARR 模型仅捕获波动率非对称性，CARR-MIDAS 仅捕获波动率高持续性，而 ACARR-MIDAS 模型则同时捕获了波动率的非对称性和高持续性。此外，在应用 CARR-MIDAS 和 ACARR-MIDAS 模型时，确定 MIDAS 滞后阶数 K = 65，即用滞后 1 个季度低频变量来估计长期波动率。研究发现，K = 65 的 MIDAS 滞后阶数足以刻画波动率的高持续性，而更大的 K 值并不能进一步改善模型的性能。

**表 7.2** 模型参数估计结果

| 指数 | 参数 | CARR | ACARR | CARR-MIDAS | ACARR-MIDAS |
|------|------|------|-------|------------|-------------|
| SSEC | $\omega$ | 0.0003<br>(0.0000) | 0.0003<br>(0.0000) | 0.1067<br>(0.0769) | 0.0892<br>(0.0782) |
| | $\theta$ | — | — | 0.9098<br>(0.0166) | 0.9065<br>(0.0168) |
| | $\gamma$ | — | — | 13.5926<br>(1.4268) | 11.2863<br>(1.1324) |
| | $\alpha$ | 0.1614<br>(0.0074) | 0.1679<br>(0.0077) | 0.0868<br>(0.0143) | 0.0778<br>(0.0144) |
| | $\beta$ | 0.8218<br>(0.0082) | 0.8130<br>(0.0084) | 0.3407<br>(0.1670) | 0.5040<br>(0.0632) |
| | $\xi$ | — | −0.0338<br>(0.0039) | — | −3.9480<br>(0.3462) |
| | $\upsilon$ | 5.5011<br>(0.1157) | 5.5707<br>(0.1162) | 5.6553<br>(0.1212) | 5.8084<br>(0.1235) |
| | Log-lik | 15566.5208 | 15595.4454 | 15630.1057 | 15691.5092 |
| | AIC | −31125.0416 | −31180.8907 | −31248.2113 | −31369.0184 |
| | BIC | −31099.5354 | −31149.008 | −31209.952 | −31324.3826 |
| | Q (20) | 32.3786 | 27.5039 | 16.7735 | 16.0511 |

| 指数 | 参数 | CARR | ACARR | CARR-MIDAS | ACARR-MIDAS |
|------|------|------|-------|------------|-------------|
| HSI | $\omega$ | 0.0002<br>(0.0000) | 0.0002<br>(0.0000) | -0.1224<br>(0.1357) | -0.1579<br>(0.1193) |
| | $\theta$ | — | — | 0.8652<br>(0.0275) | 0.8580<br>(0.0242) |
| | $\gamma$ | — | — | 3.7762<br>(0.7451) | 3.5282<br>(0.5830) |
| | $\alpha$ | 0.1146<br>(0.0061) | 0.1046<br>(0.0061) | 0.0965<br>(0.0101) | 0.0743<br>(0.0097) |
| | $\beta$ | 0.8721<br>(0.0072) | 0.8786<br>(0.0071) | 0.8277<br>(0.0451) | 0.8221<br>(0.0317) |
| | $\xi$ | — | -0.0230<br>(0.0022) | — | -3.0322<br>(0.2532) |
| | $\upsilon$ | 6.2335<br>(0.1224) | 6.3160<br>(0.1234) | 6.2825<br>(0.1237) | 6.4408<br>(0.1259) |
| | Log-lik | 17327.3275 | 17357.8468 | 17345.4891 | 17403.2348 |
| | AIC | -34646.6551 | -34705.6936 | -34678.9782 | -34792.4697 |
| | BIC | -34621.0895 | -34673.7366 | -34640.6298 | -34747.7299 |
| | Q(20) | 27.5538 | 24.0337 | 16.7912 | 18.0328 |
| NK225 | $\omega$ | 0.0004<br>(0.0000) | 0.0005<br>(0.0000) | -0.3029<br>(0.1185) | -0.4135<br>(0.1232) |
| | $\theta$ | — | — | 0.8276<br>(0.0240) | 0.8054<br>(0.0250) |
| | $\gamma$ | — | — | 6.3553<br>(0.9362) | 5.1050<br>(0.7704) |
| | $\alpha$ | 0.1972<br>(0.0075) | 0.1715<br>(0.0073) | 0.1679<br>(0.0106) | 0.1232<br>(0.0106) |
| | $\beta$ | 0.7752<br>(0.0088) | 0.7950<br>(0.0085) | 0.6659<br>(0.0513) | 0.7654<br>(0.0288) |

续表

| 指数 | 参数 | CARR | ACARR | CARR-MIDAS | ACARR-MIDAS |
|------|------|------|-------|------------|-------------|
| NK225 | ξ | — | −0.0493<br>(0.0030) | — | −4.5431<br>(0.2809) |
| | υ | 5.4382<br>(0.0962) | 5.6121<br>(0.0973) | 5.5141<br>(0.0976) | 5.7071<br>(0.0981) |
| | Log-lik | 16938.8821 | 17012.2003 | 16971.1854 | 17051.2613 |
| | AIC | −33869.7641 | −34014.4005 | −33930.3709 | −34088.5226 |
| | BIC | −33844.2112 | −33982.4594 | −33892.0415 | −34043.805 |
| | Q（20） | 44.6806 | 30.0695 | 12.1234 | 11.2758 |
| KOSPI | ω | 0.0002<br>(0.0000) | 0.0002<br>(0.0000) | −0.0707<br>(0.1168) | −0.0165<br>(0.1040) |
| | θ | — | — | 0.8690<br>(0.0235) | 0.8791<br>(0.0209) |
| | γ | — | — | 4.3602<br>(0.8373) | 3.4755<br>(0.5542) |
| | α | 0.1921<br>(0.0077) | 0.1782<br>(0.0078) | 0.1561<br>(0.0107) | 0.1275<br>(0.0096) |
| | β | 0.7965<br>(0.0086) | 0.8083<br>(0.0086) | 0.8251<br>(0.0304) | 0.8229<br>(0.0218) |
| | ξ | — | −0.0375<br>(0.0036) | — | −3.9876<br>(0.2685) |
| | υ | 6.8123<br>(0.1225) | 6.9378<br>(0.1284) | 6.8738<br>(0.1255) | 7.1144<br>(0.1302) |
| | Log-lik | 17424.0758 | 17466.3001 | 17444.8774 | 17524.4308 |
| | AIC | −34840.1516 | −34922.6003 | −34877.7548 | −35034.8615 |
| | BIC | −34814.5796 | −34890.6353 | −34839.3969 | −34990.1106 |
| | Q（20） | 38.1923 | 30.8500 | 22.2429 | 25.9660 |

注：Log-lik 为极大对数似然值，AIC 为赤池信息准则，BIC 为贝叶斯信息准则，Q（20）为自相关达 20 阶滞后的 Ljung-Box 统计量。括号中数值为模型参数对应的标准误。

从表7.2可以看出，对所有指数 CARR 和 ACARR 模型中表示波动率持续性的系数 α + β 的估计值接近1，表明四个指数的价格极差（波动率）具有较高的持续性。在 CARR-MIDAS 和 ACARR-MIDAS 模型中，表示短期成分持续性系数 β 的估计值小于1，表明短期成分是一个平稳过程。特别地，CARR-MIDAS 和 ACARR-MIDAS 模型中参数 θ 的估计值显著不为0，表明存在 MIDAS 成分（长期成分）。图7.3绘制了四个股票市场指数分别在 CARR-MIDAS 和 ACARR-MIDAS 模型下的条件价格极差及长期成分。明显地，长期成分在条件价格极差中占主导地位。同时，ACARR-MIDAS 模型中的长期成分比 CARR-MIDAS 模型更平滑。此外，SSEC 指数价格极差中的长期成分比其他指数价格极差中的长期成分更为突出。

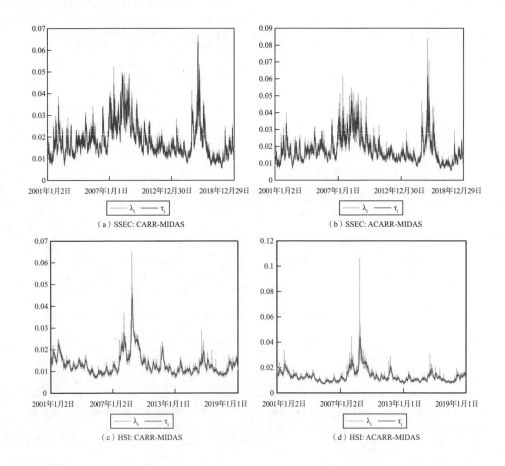

（a）SSEC: CARR-MIDAS        （b）SSEC: ACARR-MIDAS

（c）HSI: CARR-MIDAS        （d）HSI: ACARR-MIDAS

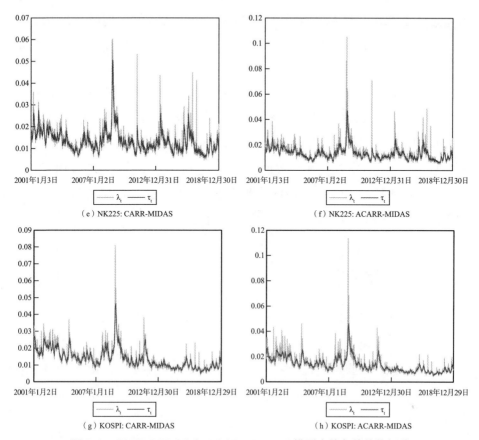

图 7.3 **CARR-MIDAS 和 ACARR-MIDAS 模型中的条件价格极差**

对于四个股票市场指数，ACARR 和 ACARR-MIDAS 模型中参数 ξ 的估计值均显著不为 0，表明存在正负收益率的非对称效应（即杠杆效应）。特别地，NK225 表现出最强的非对称效应，而 HSI 表现出最弱的非对称效应。关于 gamma 分布的状态参数 v，其估计值显著大于 1，范围为 5.4 ~ 7.2。在 ACARR-MIDAS 模型中，KOSPI 拥有最大的 v，而在 CARR 模型中，NK225 拥有最小的 v，表明价格极差的分布显著异于指数分布。

与原始价格极差数据相比，所有模型中的 Ljung-Box Q 统计量（针对标准化价格极差）都大幅减少。特别地，在引入 MIDAS 结构后，CARR-MIDAS 和 ACARR-MIDAS 模型能够更充分地捕捉波动率的持续性，因此，二者具有明显低于 CARR 和 ACARR 模型的 Ljung-Box Q 统计量。同时，在 10% 显著性水平下，CARR-MIDAS 和 ACARR-MIDAS 模型中的 Ljung-Box Q 统计量均不显著。

此外，ACARR（-MIDAS）模型在对数似然值、赤池信息准则（AIC）和贝叶斯信息准则（BIC）方面显著地改进了 CARR（-MIDAS）模型。同样地，CARR-MIDAS（ACARR-MIDAS）模型也显著优于 CARR（ACARR）模型。结果表明，引入 MIDAS 结构和考虑非对称性都是改善模型拟合的重要因素。因此，本章所构建的 ACARR-MIDAS 模型提供了最大的对数似然值，最小的 AIC 和 BIC，从而表现出最佳的模型拟合效果。

### 7.3.3　模型预测结果

本节旨在比较 ACARR-MIDAS 模型与 CARR、ACARR 和 CARR-MIDAS 模型的样本外预测性能。对于样本外预测，采用固定窗口大小为 3500 的滚动时间窗方法，以重新估计模型并对价格极差进行向前一步预测。具体地，首先采用前 3500 个观测值来估计模型，并将估计的模型用于向前一步预测；然后将估计模型的窗口向前滚动 1 天（保持估计样本的时间区间长度为 3500 不变），重新估计模型，并将重新估计的模型用于 1 步向前的样本外预测，整个过程不断重复直至最终样本。这为 SSEC、HSI、NK225 和 KOS-PI 指数分别产生了 844 个、909 个、895 个和 916 个样本外预测值。使用 CARR、ACARR、CARR-MIDAS 和 ACARR-MIDAS 模型，通过滚动时间窗方法，对这四个国际股票市场指数价格极差进行预测，绘制预测所得的极差的时间序列图，如图 7.4 所示。

为了评价模型的预测性能，使用四种常用的损失函数：平均绝对误差（MAE）、平均绝对百分比误差（MAPE）、均方误差（MSE）和准似然误差（QLIKE），分别定义为

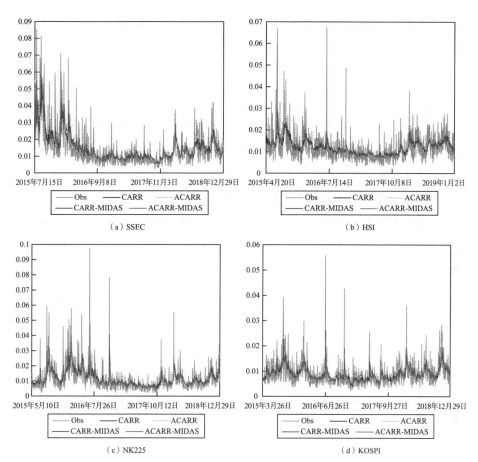

图 7.4  使用 CARR、ACARR、CARR-MIDAS 和 ACARR-MIDAS 模型对四个
国际股市指数价格极差的提前一天样本外预测结果与观测极差的时间序列

$$L_t = \left| MV_t - FV_t \right| \tag{7.17}$$

$$L_t = \left| \frac{MV_t - FV_t}{MV_t} \right| \tag{7.18}$$

$$L_t = \left( MV_t - FV_t \right)^2 \tag{7.19}$$

$$L_t = \frac{MV_t}{FV_t} - \log \frac{MV_t}{FV_t} - 1 \tag{7.20}$$

其中，$MV_t$ 和 $FV_t$ 分别表示真实波动率和预测的波动率（价格极差）。由于真

实波动率不可观测，因此使用两个不同的代理变量，价格极差（RNG）与RK作为对波动率的测度[①]。上述四种损失函数是研究中常用的对模型的评价标准。

表7.3和表7.4分别给出了价格极差（RNG）和已实现核（RK）两个波动率测度指标的样本外预测结果。结果表明，就四个损失函数而言，ACARR模型对所有指数关于RNG、RK的样本外预测结果表现都优于CARR模型，KOSPI除外。此外，ACARR-MIDAS模型在所有情况下都优于CARR-MIDAS模型。结果表明考虑波动率的非对称性对于波动率预测非常重要。同样需要注意的是，加入MIDAS结构后，CARR-MIDAS（ACARR-MIDAS）模型在波动率预测方面较CARRACARR模型更好，这表明当考虑到波动率的高持续性时，可以改进对波动率的预测效果。总之，对于所有指数和两类波动率测度指标（RNG和RK），ACARR-MIDAS模型预测结果始终具有最小的损失值，提供了最佳的样本外预测表现，而CARR模型通常具有最大的损失值，表明CARR模型的样本外预测表现最差。

表7.3　　　　　　　　　　RNG 的样本外预测结果

| 指数 | 损失函数 | CARR | ACARR | CARR-MIDAS | ACARR-MIDAS |
|------|----------|------|-------|------------|-------------|
| SSEC | MAE | 5.4741E-03 | 5.3833E-03 | 5.1791E-03 | 4.9837E-03 |
| | MAPE | 4.3730E-01 | 4.3325E-01 | 3.9906E-01 | 3.9057E-01 |
| | MSE | 6.8830E-05 | 6.6561E-05 | 6.6211E-05 | 6.0264E-05 |
| | QLIKE | 1.0126E-01 | 9.9510E-02 | 9.7286E-02 | 9.3697E-02 |
| HSI | MAE | 4.1030E-03 | 4.0616E-03 | 4.0276E-03 | 3.9545E-03 |
| | MAPE | 3.7728E-01 | 3.7457E-01 | 3.6807E-01 | 3.6255E-01 |
| | MSE | 3.6645E-05 | 3.5701E-05 | 3.5890E-05 | 3.4311E-05 |
| | QLIKE | 8.6927E-02 | 8.4946E-02 | 8.5902E-02 | 8.2792E-02 |

---

① 当使用RK作为波动率测度时，由于RK实际为方差（平方波动率）估计量，因此需要对RK进行平方根变换。此外，通过 $FV_t = R_{t|t-1} / \sqrt{4\log 2}$ 将RNG预测转换为波动率预测，其中 $R_{t|t-1}$ 为极差预测量。这一转换是基于 Parkinson（1980）的工作，他证明了调整后的 $RNGR_t / \sqrt{4\log 2}$ 是收益波动率的无偏估计。

续表

| 指数 | 损失函数 | CARR | ACARR | CARR-MIDAS | ACARR-MIDAS |
|---|---|---|---|---|---|
| NK225 | MAE | 4.5208E-03 | 4.4006E-03 | 4.3741E-03 | 4.2078E-03 |
| | MAPE | 4.6006E-01 | 4.5370E-01 | 4.3106E-01 | 4.1829E-01 |
| | MSE | 5.4705E-05 | 5.1872E-05 | 5.3712E-05 | 5.0571E-05 |
| | QLIKE | 1.1784E-01 | 1.1267E-01 | 1.1550E-01 | 1.1018E-01 |
| KOSPI | MAE | 3.0485E-03 | 3.0805E-03 | 2.9602E-03 | 2.8978E-03 |
| | MAPE | 3.8201E-01 | 3.9069E-01 | 3.5393E-01 | 3.4705E-01 |
| | MSE | 1.9593E-05 | 1.9477E-05 | 1.9472E-05 | 1.8695E-05 |
| | QLIKE | 8.4070E-02 | 8.4055E-02 | 8.5185E-02 | 8.3235E-02 |

注：MAE 为平均绝对误差，MAPE 为平均绝对百分比误差，MSE 为均方误差，QLIKE 为拟似然。

**表 7.4　　　　　　　　　　　RK 的样本外预测结果**

| 指数 | 损失函数 | CARR | ACARR | CARR-MIDAS | ACARR-MIDAS |
|---|---|---|---|---|---|
| SSEC | MAE | 2.8289E-03 | 2.7796E-03 | 2.6761E-03 | 2.5475E-03 |
| | MAPE | 3.2914E-01 | 3.2564E-01 | 3.0083E-01 | 2.9119E-01 |
| | MSE | 2.0140E-05 | 1.9122E-05 | 1.9159E-05 | 1.6361E-05 |
| | QLIKE | 7.1122E-02 | 6.9463E-02 | 6.8354E-02 | 6.4169E-02 |
| HSI | MAE | 1.8833E-03 | 1.8537E-03 | 1.8493E-03 | 1.7939E-03 |
| | MAPE | 2.7008E-01 | 2.6751E-01 | 2.6308E-01 | 2.5720E-01 |
| | MSE | 8.6887E-06 | 8.3747E-06 | 8.4581E-06 | 7.9114E-06 |
| | QLIKE | 5.4063E-02 | 5.2537E-02 | 5.3157E-02 | 5.0578E-02 |
| NK225 | MAE | 2.5494E-03 | 2.4717E-03 | 2.4765E-03 | 2.3834E-03 |
| | MAPE | 4.0022E-01 | 3.9228E-01 | 3.7488E-01 | 3.6232E-01 |
| | MSE | 2.0876E-05 | 1.9893E-05 | 2.0531E-05 | 1.9603E-05 |
| | QLIKE | 1.0472E-01 | 9.9261E-02 | 1.0313E-01 | 9.7984E-02 |
| KOSPI | MAE | 1.7334E-03 | 1.7546E-03 | 1.6737E-03 | 1.6358E-03 |
| | MAPE | 4.1913E-01 | 4.2878E-01 | 3.8532E-01 | 3.7817E-01 |
| | MSE | 5.9488E-06 | 5.9597E-06 | 5.7620E-06 | 5.4841E-06 |
| | QLIKE | 8.6158E-02 | 8.6734E-02 | 8.4170E-02 | 8.2163E-02 |

注：MAE 为平均绝对误差，MAPE 为平均绝对百分比误差，MSE 为均方误差，QLIKE 为拟似然。

为比较竞争模型的预测能力，遵循仇（Chou，2005）进行以下 Mincer-Zarnowitz 回归：

$$MV_t = a + bFV_t + u_t \qquad (7.21)$$

同时包含回归：

$$MV_t = a + b_1 FV_t(CARR) + b_2 FV_t(ACARR) + b_3 FV_t(CARR\text{-}MIDAS)$$
$$+ b_4 FV_t(ACARR\text{-}MIDAS) + u_t \qquad (7.22)$$

表7.5 和表7.6 分别给出了 RNG 和 RK 的回归结果，这两种波动率测度的回归结果是一致的。表7.3 和表7.4 中所呈现结果一致，即在所有情况下，ACARR-MIDAS 模型都具有最高的 $R^2$，显著优于所有其他模型。一旦纳入 ACARR-MIDAS 预测，CARR、ACARR 和 CARR-MIDAS 预测在所有情况下都变得不显著，但使用 ACARR 模型对 NK225 预测时除外。总的来说，ACARR-MIDAS 模型比所有其他模型具有更高的预测能力。同时，RK 总是比 RNG 具有更高的 $R^2$，这表明 RK（包含高频日内信息）比 RNG（包含日度信息）利用了更多的信息，且包含更少的噪声。

**表7.5**　　　　　　　　　　**RNG 的 Mincer-Zarnowitz 回归结果**

| 指数 | 截距 | FV（CARR） | FV（ACARR） | FV（CARR-MIDAS） | FV（ACARR-MIDAS） | $R^2$ |
|---|---|---|---|---|---|---|
| SSEC | −0.0002 (0.0008) | 0.9661 (0.0666) | — | — | — | 0.4900 |
| | −0.0001 (0.0007) | — | 0.9547 (0.0578) | — | — | 0.5089 |
| | −0.0006 (0.0007) | — | — | 1.0400 (0.0604) | — | 0.5058 |
| | −0.0003 (0.0005) | — | — | — | 1.0043 (0.0393) | 0.5499 |
| | 0.0004 (0.0005) | 0.0044 (0.7191) | 0.0185 (0.7325) | −0.5771 (0.4144) | 1.5055 (0.2595) | 0.5541 |

续表

| 指数 | 截距 | FV (CARR) | FV (ACARR) | FV (CARR-MIDAS) | FV (ACARR-MIDAS) | $R^2$ |
|---|---|---|---|---|---|---|
| | 0.0009 (0.0013) | 0.9091 (0.1168) | — | — | — | 0.2045 |
| | 0.0007 (0.0012) | — (0.1122) | 0.9213 — | — | — | 0.2252 |
| HSI | −0.0002 (0.0012) | — | — | 1.0105 (0.1143) | — | 0.2181 |
| | −0.0009 (0.0013) | — | — | — | 1.0712 (0.1171) | 0.2537 |
| | −0.0001 (0.0013) | −0.8344 (1.4220) | 0.6335 (1.3034) | −1.1128 (1.2237) | 2.3186 (1.1626) | 0.2734 |
| | 0.0004 (0.0008) | 0.9417 (0.0763) | — | — | — | 0.2855 |
| | −0.0002 (0.0008) | — | 0.9802 (0.0720) | — | — | 0.3228 |
| NK225 | 0.0005 (0.0009) | — | — | 0.9616 (0.0821) | — | 0.2967 |
| | −0.0001 (0.0010) | — | — | — | 1.0110 (0.0895) | 0.3374 |
| | 0.0002 (0.0007) | −1.4955 (0.7816) | 1.8453 (0.7330) | −0.2131 (0.6127) | 0.8150 (0.6362) | 0.3581 |
| | 0.0016 (0.0007) | 0.7765 (0.0754) | — | — | — | 0.1864 |
| | 0.0016 (0.0006) | — | 0.7631 (0.0704) | — | — | 0.2056 |
| KOSPI | 0.0021 (0.0007) | — | — | 0.7694 (0.0875) | — | 0.1821 |
| | 0.0015 (0.0008) | — | — | — | 0.8385 (0.0883) | 0.2066 |
| | 0.0011 (0.0007) | 0.4272 (0.4091) | 0.1566 (0.4378) | −1.7651 (0.5254) | 2.0303 (0.6593) | 0.2248 |

注：FV 为预测波动率。括号中的数字为采用 Newey 和 West（1987）的方法计算所得的异方差和自相关的一致标准误。

表 7. 6                          RK 的 Mincer-Zarnowitz 回归结果

| 指数 | 截距 | FV（CARR） | FV（ACARR） | FV（CARR-MIDAS） | FV（ACARR-MIDAS） | $R^2$ |
|---|---|---|---|---|---|---|
| SSEC | 0. 0000 (0. 0007) | 0. 5873 (0. 0509) | — | — | — | 0. 5468 |
| | 0. 0000 (0. 0006) | — | 0. 5819 (0. 0460) | — | — | 0. 5709 |
| | − 0. 0003 (0. 0005) | — | — | 0. 6356 (0. 0451) | — | 0. 5704 |
| | − 0. 0002 (0. 0004) | — | — | — | 0. 6194 (0. 0348) | 0. 6317 |
| | 0. 0004 (0. 0003) | 0. 0065 (0. 6672) | − 0. 2474 (0. 5907) | − 0. 6053 (0. 4127) | 1. 8196 (0. 2387) | 0. 6446 |
| HSI | 0. 0004 (0. 0007) | 0. 5649 (0. 0679) | — | — | — | 0. 2950 |
| | 0. 0003 (0. 0007) | — | 0. 5687 (0. 0654) | — | — | 0. 3206 |
| | − 0. 0003 (0. 0007) | — | — | 0. 6265 (0. 0644) | — | 0. 3134 |
| | − 0. 0007 (0. 0007) | — | — | — | 0. 6603 (0. 0673) | 0. 3601 |
| | − 0. 0004 (0. 0008) | 0. 1118 (1. 3456) | − 0. 2283 (1. 2384) | − 1. 5373 (1. 1995) | 2. 7153 (1. 1636) | 0. 3831 |
| NK225 | 0. 0001 (0. 0004) | 0. 5954 (0. 0426) | — | — | — | 0. 2946 |
| | − 0. 0002 (0. 0004) | — | 0. 6149 (0. 0402) | — | — | 0. 3277 |
| | 0. 0002 (0. 0005) | — | — | 0. 6104 (0. 0477) | — | 0. 3085 |
| | − 0. 0001 (0. 0006) | — | — | — | 0. 6323 (0. 0536) | 0. 3406 |
| | 0. 0001 (0. 0004) | − 1. 7233 (0. 8709) | 2. 0373 (0. 7812) | 0. 2428 (0. 6579) | 0. 4428 (0. 6611) | 0. 3548 |

续表

| 指数 | 截距 | FV（CARR） | FV（ACARR） | FV（CARR-MIDAS） | FV（ACARR-MIDAS） | $R^2$ |
|---|---|---|---|---|---|---|
| KOSPI | 0.0007 (0.0004) | 0.4810 (0.0463) | — | — | — | 0.2288 |
| | 0.0007 (0.0004) | — | 0.4696 (0.0425) | — | — | 0.2491 |
| | 0.0009 (0.0004) | — | — | 0.4822 (0.0519) | — | 0.2288 |
| | 0.0005 (0.0004) | — | — | — | 0.5238 (0.0517) | 0.2580 |
| | 0.0002 (0.0004) | 0.6603 (0.3652) | − 0.2427 (0.3736) | − 1.8684 (0.5196) | 2.3641 (0.6340) | 0.2758 |

注：FV 为预测波动率。括号中的数字为采用 Newey 和 West（1987）的方法计算所得的异方差和自相关的一致标准误。

为了评估 ACARR-MIDAS 模型相对于 CARR、ACARR 和 CARR-MIDAS 模型是否能显著改进预测效果，进一步使用 Diebold-Mariano 检验。检验结果如表 7.7 所示，ACARR-MIDAS 模型显著改善了 CARR、ACARR 和 CARR-MIDAS 模型的预测性能。除 ACARR 模型中的 NK225 股指外，所有股指预测效果的改善均显著。

### 7.3.4　稳健性检验

为了进行稳健性检验，本节选择两个不同大小的预测窗口：500 和 1500，分别对四个股票市场指数在不同预测窗口下进行样本外预测。Diebold-Mariano 检验结果见表 7.8 和表 7.9。此外，使用常用的五分钟已实现波动率（RV）代替 RK 作为 MIDAS 结构中的已实现波动率测度，视为另一种稳健性检验。表 7.10 给出了实证结果。从表 7.8 ～ 表 7.10 可以明确看出，ACARR-MIDAS 模型优于 CARR、ACARR 和 CARR-MIDAS 模型。

**表 7.7　波动率测度 RNG 和 RK 的 Diebold-Mariano 检验结果**

| 模型 | | SSEC | | | HSI | | | NK225 | | | KOSPI | | |
|---|---|---|---|---|---|---|---|---|---|---|---|---|---|
| | | CARR-MIDAS | ACARR | CARR | CARR-MIDAS | ACARR | CARR | CARR-MIDAS | ACARR | CARR | CARR-MIDAS | ACARR | CARR |
| RNG | ACARR-MIDAS | 3.0800*** | 3.7251*** | 3.7278*** | 3.5531*** | 3.4486*** | 4.5108*** | 3.5917*** | 1.0530 | 2.7266*** | 3.6032*** | 2.2822** | 2.6173*** |
| | CARR-MIDAS | — | 0.2595 | 2.0542** | — | -0.4611 | 2.6206*** | — | -1.5122 | 0.8328 | — | 0.0125 | 0.4319 |
| | ACARR | — | — | 2.6785*** | — | — | 3.9518*** | — | — | 4.7252*** | — | — | 0.5363 |
| RK | ACARR-MIDAS | 2.7456*** | 3.5929*** | 3.4414*** | 3.1934*** | 3.4337*** | 4.0988*** | 2.9658*** | 0.5482 | 1.9926** | 4.0682*** | 4.4606*** | 4.2193*** |
| | CARR-MIDAS | — | — | 2.2982** | — | -0.5844 | 2.4096** | — | -1.1440 | 0.5959 | — | 1.6710* | 2.0424** |
| | ACARR | — | — | 2.6049*** | — | — | 3.4886*** | — | — | 4.1664*** | — | — | -0.1593 |

注：*、**和***分别表示在10%、5%和1%的置信水平上统计显著。

表 7.8　　预测窗口为 500 的 Diebold-Mariano 检验结果

| 模型 | | | SSEC | | | HSI | | | NK225 | | | KOSPI | | |
|---|---|---|---|---|---|---|---|---|---|---|---|---|---|---|
| | | | CARR-MIDAS | ACARR | CARR | CARR-MIDAS | ACARR | CARR | CARR-MIDAS | ACARR | CARR | CARR-MIDAS | ACARR | CARR |
| RNG | ACARR-MIDAS | | 2.6650*** | 2.4867** | 3.8677*** | 1.8874* | 1.6976* | 2.2257** | 3.0200*** | 2.6731*** | 3.5643*** | 1.7243* | 1.3701 | 1.2605 |
| | CARR-MIDAS | | — | 0.4912 | 2.8297*** | — | -0.6421 | 1.6700* | — | -0.4816 | 1.8782* | — | 0.3019 | 0.2153 |
| | ACARR | | — | — | 2.5051** | — | — | 2.1035** | — | — | 1.8293* | — | — | -0.2738 |
| RK | ACARR-MIDAS | | 4.1815*** | 3.9898*** | 5.1585*** | 2.3879** | 1.4693 | 2.2096** | 3.6848*** | 1.1317 | 3.2396*** | 1.8002* | 3.8357*** | 3.1822*** |
| | CARR-MIDAS | | — | 0.6546 | 3.0440*** | — | -0.7086 | 0.9511 | — | -2.0406** | 0.6142 | — | 2.5939*** | 2.7121*** |
| | ACARR | | — | — | 2.4398** | — | — | 1.9926** | — | — | 2.8362*** | — | — | -1.3252 |

注：*、**和***分别表示在 10%、5% 和 1% 的置信水平上统计显著。

**表7.9 预测窗口为1500的Diebold-Mariano检验结果**

| | 模型 | SSEC | | | HSI | | | NK225 | | | KOSPI | | |
|---|---|---|---|---|---|---|---|---|---|---|---|---|---|
| | | CARR-MIDAS | ACARR | CARR | CARR-MIDAS | ACARR | CARR | CARR-MIDAS | ACARR | CARR | CARR-MIDAS | ACARR | CARR |
| RNG | ACARR-MIDAS | 3.4488 *** | 4.6792 *** | 4.2446 *** | 3.1856 *** | 3.1558 *** | 4.3048 *** | 3.5836 *** | 1.3251 | 2.8960 *** | 4.1992 *** | 7.1859 *** | 5.1560 *** |
| | CARR-MIDAS | — | -0.2784 | 2.1523 ** | — | -0.2397 | 3.0873 *** | — | -0.8361 | 1.0900 | — | 4.1955 *** | 3.0009 *** |
| | ACARR | — | — | 2.5215 ** | — | — | 3.3601 *** | — | — | 3.9383 *** | — | — | -3.3666 *** |
| RK | ACARR-MIDAS | 3.1046 *** | 3.8444 *** | 3.5050 *** | 2.7593 *** | 2.9952 *** | 3.7760 *** | 2.8612 *** | 1.1804 | 2.3384 ** | 4.7327 *** | 9.3687 *** | 6.8004 *** |
| | CARR-MIDAS | — | -0.9026 | 1.2699 | — | -0.4436 | 2.6992 *** | — | -0.3459 | 1.0223 | — | 5.8013 *** | 4.5486 *** |
| | ACARR | — | — | 2.2878 ** | — | — | 2.9462 *** | — | — | 3.2381 *** | — | — | -4.1916 *** |

注：*、** 和 *** 分别表示在10%、5%和1%的置信水平上统计显著。

表 7.10　基于已实现波动率（RV）的 Diebold-Mariano 检验结果

| 模型 | | SSEC | | | HSI | | | NK225 | | | KOSPI | | |
|---|---|---|---|---|---|---|---|---|---|---|---|---|---|
| | | CARR-MIDAS | ACARR | CARR | CARR-MIDAS | ACARR | CARR | CARR-MIDAS | ACARR | CARR | CARR-MIDAS | ACARR | CARR |
| RNG | ACARR-MIDAS | 2.7591 *** | 2.8625 *** | 3.0768 *** | 4.0637 *** | 3.5649 *** | 4.2719 *** | 2.9940 *** | 1.1292 | 2.6777 *** | 3.3228 *** | 2.9384 *** | 3.3500 *** |
| | CARR-MIDAS | — | 0.0689 | 1.4528 | — | -1.1208 | 2.7635 *** | — | -0.7684 | 1.5743 | — | 1.2164 | 1.7838 * |
| | ACARR | — | — | 2.6785 *** | — | — | 3.9518 *** | — | — | 4.7252 *** | — | — | 0.5363 |
| RK | ACARR-MIDAS | 2.4916 ** | 3.4258 *** | 3.3262 *** | 3.5798 *** | 3.2740 *** | 3.7453 *** | 2.5590 ** | 0.5120 | 1.8523 * | 3.9355 *** | 4.1917 *** | 4.2023 *** |
| | CARR-MIDAS | — | 0.4236 | 2.3406 ** | — | -1.4425 | 2.4379 ** | — | -0.7942 | 0.9356 | — | 1.9603 ** | 2.2674 *** |
| | ACARR | — | — | 2.6049 *** | — | — | 3.4886 *** | — | — | 4.1664 *** | — | — | -0.1593 |

注：*、** 和 *** 分别表示在 10%、5% 和 1% 的置信水平上统计显著。

本节还将使用 Diebold-Mariano 检验，对 ACARR-MIDAS 模型与两个流行的基于收益率的波动率模型（EGARCH-MIDAS 模型和已实现的 EGARCH 模型）进行了比较。

基于收益率的 EGARCH-MIDAS 和 REGARCH 模型预测基于收盘价计算的收益率的波动率，而 ACARR-MIDAS 模型预测日内 RNG。为了比较这些模型，考虑调整后的 RNG（$SRNG = RNG / \sqrt{4\log2}$）和 RK 作为波动率测度，并将 ACAR-MIDAS 模型的 RNG 预测转换成基于 $FV_t = R_{t|t-1} / \sqrt{4\log2}$ 的波动率预测，其中 $R_{t|t-1}$ 是价格极差预测。表 7.11 给出了 ACARR-MIDAS 模型分别与 EGARCH-MIDAS、REGARCH 模型[①]进行对比的 Diebold-Mariano 检验结果。Diebold-Mariano 检验结果表明 ACARR-MIDAS 模型的表现明显优于 EGARCH-MIDAS 模型和 REGARCH 模型。

表7.11　ACARR-MIDAS 模型、基于回报率的基准模型、EGARCH-MIDAS 和 REGARCH 模型的 Diebold-Mariano 检验结果

| 指数 | RNG | | RK | |
|---|---|---|---|---|
| | EGARCH-MIDAS | REGARCH | EGARCH-MIDAS | REGARCH |
| SSEC | 7.7190 | 8.1643 | 6.6349 | 8.4377 |
| HSI | 15.4872 | 15.8128 | 17.5367 | 18.0115 |
| NK225 | 11.8348 | 13.2498 | 10.2254 | 11.3219 |
| KOSPI | 12.2166 | 11.5129 | 15.0825 | 14.0536 |

注：所有的结果在1%的置信水平下统计显著。

# 7.4　本章小结

本章借鉴 GARCH-MIDAS 模型的建模思想，提出了经典 CARR 模型的推

---

① 为了节省篇幅，本章没有给出 EGARCH-MIDAS 和 REGARCH 模型的参数估计和样本外预测损失函数。如有需要，可提供结果。

广——CARR-MIDAS 模型，并进一步提出了可以捕获杠杆效应的 ACARR-MI-DAS 模型，该模型用于对基于价格极差（RNG）的波动率进行建模，并捕获波动率的非对称性和持续性。ACARR-MIDAS 模型将价格极差的条件均值乘性分解为短期和长期成分。其中，短期成分服从 GARCH（1，1）过程，包含滞后一阶的收益率项，以捕捉正负收益率对波动率的非对称性影响；长期成分按照 MIDAS 回归方法，通过平滑已实现波动率测度（RK）进行设定。本章构建的 ACARR-MIDAS 模型为波动率建模和预测提供了一个灵活且易于实现的框架。此外，对 SSEC、HSI、NK225 和 KOSPI 四个股票市场指数的实证研究表明，ACARR-MIDAS 模型在样本外预测方面显著优于 CARR、ACARR 和 CARR-MIDAS 模型，突出了在预测波动率时考虑波动率的非对称性和持续性的重要性。同时，ACARR-MIDAS 模型的预测能力对不同的预测窗口、已实现波动率测度和基于收益率的基准模型（EGARCH-MIDAS 和 RE-GARCH）均具有稳健性。

进一步的研究可以通过增加其他宏观经济变量，在 ACARR-MIDAS 模型中引入额外的 MIDAS 成分，如国内生产总值、通货膨胀和利率。另一个有趣的方向是将 ACARR-MIDAS 模型应用于风险管理和期权定价等方面。

# 第 8 章
# 带隐含波动率的 CARR-MIDAS 模型

## 8.1 引　　言

前面章节构建的 CARR-MIDAS 模型引入了已实现测度，利用了日内高频数据来预测波动率，但并没有考虑前瞻（forward-looking）信息的影响。由于期权价格反映了市场参与者对标的资产价格未来分布的预期，故由期权价格得到的隐含波动率被认为是一个前瞻性的波动率测度，理论上包含了未来波动率预测的信息。大量文献对期权隐含波动率对未来波动率的预测能力及其所包含的信息进行了广泛的实证研究，发现隐含波动率确实包含了未来波动率预测的信息，例如克里斯特森和普拉巴（Christensen and Prabhala，1998）、弗莱明（Fleming，1998）、布莱尔等（Blair et al.，2001）、弗林斯等（Frijns et al.，2010）、迪莫斯·坎布鲁迪斯等（Kambouroudis et al.，2016）、帕蒂等（Pati et al.，2018）、乔等（Qiao et al.，2019）、潘等（Pan et al.，2019）、代等（Dai et al.，2020）、吴等（Wu et al.，2021）、黄薏舟和郑振龙（2009）、郑振龙和黄薏舟（2010）、屈满学和王鹏飞（2017）、刘晓倩等（2017）、倪中新等（2020）。但是，这些研究都没有考虑将极值信息和隐含波动率信息结合起来对波动率进行建模和预测，导致信息的损失。

基于以上分析，本章对 CARR-MIDAS 模型进行拓展，构建带隐含波动率的 CARR-MIDAS（CARR-MIDAS-Ⅳ）模型对价格极差波动率进行建模和预测。CARR-MIDAS-Ⅳ模型借鉴了 GARCH-MIDAS 模型的建模思路，通过引入灵活的 MIDAS 结构来捕获条件极差的长期趋势过程（长期记忆特征）。此外，CARR-MIDAS-Ⅳ模型同时考虑了极值信息以及隐含波动率包含的关于未来波动率的信息（前瞻信息）对波动率建模和预测。本章选取中国香港恒生指数（HSI）和美国标普 500 指数及其隐含波动率数据，对提出的 CARR-MIDAS-Ⅳ模型与其他许多竞争波动率模型进行实证比较分析，考察引入条件极差 MI-DAS 结构以及充分考虑隐含波动率的信息对于波动率建模与预测的作用。

本章其余部分内容安排如下：第 8.2 节介绍 CARR-MIDAS-Ⅳ模型；第 8.3 节介绍了本章所采用的波动率预测能力的几种方法；第 8.4 节采用恒生指数（HSI）和标普 500 指数（SPX）的实际数据进行实证研究，对构建的理论模型进行实证检验，说明构建模型对于波动率预测效果以及稳健性；第 8.5 节对本章研究内容进行总结。

## 8.2　CARR-MIDAS-Ⅳ模型

为了考察隐含波动率的信息含量，本节对 CARR-MIDAS 模型进行扩展，在其长期成分过程式（7.4）中加入隐含波动率：

$$\log(\tau_t) = m + \theta_R \sum_{k=1}^{K} \psi_k(\gamma_R)\ln(R_{t-k}) + \theta_{IV}\ln(IV_{t-1}) \tag{8.1}$$

式（8.1）和式（7.1）~式（7.3）即构成 CARR-MIDAS-Ⅳ模型。

## 8.3　波动率预测能力评估方法

为了比较不同波动率模型对股市波动率预测的能力，考察隐含波动率对股市波动率预测精确性的影响，本章采用稳健的损失函数比较各波动率预测模型，并采用 MCS 检验考察各波动率预测模型的预测统计差异。

### 8.3.1　稳健损失函数

根据巴顿等（Patton et al.，2011）的研究，本章选择均方误差（MSE）和拟似然（QLIKE）两个稳健的损失函数作为评价指标，对不同模型的波动率预测能力进行评估。MSE 和 QLIKE 损失函数分别定义为

$$\text{MSE}(m): L_{1,t}(m) = \left[\hat{\lambda}_t - \lambda_{t|t-1}(m)\right]^2 \tag{8.2}$$

$$\text{QLIKE}(m): L_{2,t}(m) = \frac{\hat{\lambda}_t}{\lambda_{t|t-1}(m)} - \ln\left[\frac{\hat{\lambda}_t}{\lambda_{t|t-1}(m)}\right] - 1 \tag{8.3}$$

其中，$\hat{\lambda}_t$ 是波动率代理变量，$\lambda_{t|t-1}(m)$ 是基于模型 m 得到的波动率预测值。

### 8.3.2　波动率代理变量

本章选取价格极差和基于高频数据构建的已实现核作为真实波动率的代理变量。价格极差的定义为 $R_t = \frac{1}{\sqrt{4\ln 2}}\left[\ln(H_t) - \ln(L_t)\right]$。已实现核定义为

$$\text{RK}_t = \sum_{h=-H}^{H} k\left(\frac{h}{H+1}\right)\gamma_h, \quad \gamma_h = \sum_{j=|h|+1}^{N} r_{t,j}r_{t,j-|h|} \tag{8.4}$$

其中，$k(x)$ 是 Parzen 核函数，$r_{t,j}$ 是第 t 日的第 j 个日内收益率，N 是日内收益率总数目。已实现了充分利用交易日内高频数据信息，并且具有关于微观结构噪声的稳健性。

因此，在后文极差波动率模型预测能力的比较分析中，本章选择 $\hat{\lambda}_t = R_t$ 或 $\sqrt{\text{RK}_t}$。已实现核数据来源于 "Oxford-Man Institute's realized library"（https：//realized.oxford-man.ox.ac.uk/）。

# 8.4 实证研究

## 8.4.1 数据

本节选取中国香港恒生指数（HSI）和美国标普500指数（SPX）的日开盘价、最高价、最低价、收盘价及隐含波动率数据为样本进行实证分析，考察引入隐含波动率的极差波动率模型的波动率预测效果。数据的抽样阶段选取为2004年1月2日至2020年7月31日。数据来源于万得（Wind）资讯。HSI 和 SPX 指数的隐含波动率分别根据恒指波幅指数（VHSI）和芝加哥期权交易所波动率指数（VIX）计算得到。VHSI 和 VIX 都是基于指数期权价格计算得到，构造方法类似，用以衡量市场投资者对未来30天市场波动的预期，以年化百分比表示。VHSI 和 VIX 数据来源于英为财情网站（https：//cn. investing. com/）。实证中，将 VHSI 和 VIX 转换为日度隐含波动率（IV）：$\dfrac{\text{VHSI}_t}{100 \times \sqrt{250}}$ 和 $\dfrac{\text{VIX}_t}{100 \times \sqrt{252}}$。图8.1和图8.2分别给出了 HSI 和 SPX 指数的日度（对数）收益率（收盘价的对数差分）、价格极差与隐含波动率的时间序列图。

表8.1给出了两个指数日度收益率、价格极差、隐含波动率以及绝对收益率的描述性统计量。从表8.1可以看到，两指数收益率分布展现负偏（偏度小于0），绝对收益率、价格极差以及隐含波动率分布均展现正偏（偏度大于0）。两指数收益率、绝对收益率、价格极差以及隐含波动率的峰度均明显大于3，表明这些序列均具有尖峰厚尾分布特征，Jarque-Bera 统计量表明这些序列均明显偏离于正态分布。比较两指数收益率的标准差以及绝对收益率、价格极差与隐含波动率的均值可以看出，HSI 指数相比 SPX 指数具有更高的波动性。绝对收益率与价格极差的 Ljung-Box Q 统计量表明，两个指数的波动

率均表现出强的持续性（长期记忆特征），价格极差的持续性相比绝对收益率的持续性更强，这也可以从图 8.3 中给出的绝对收益率与价格极差的自相关函数图中明显看到。因此，有必要在极差波动率模型中引入 MIDAS 结构来估计条件极差的长期趋势成分，从而解释这种强的持续性（长期记忆特征）。

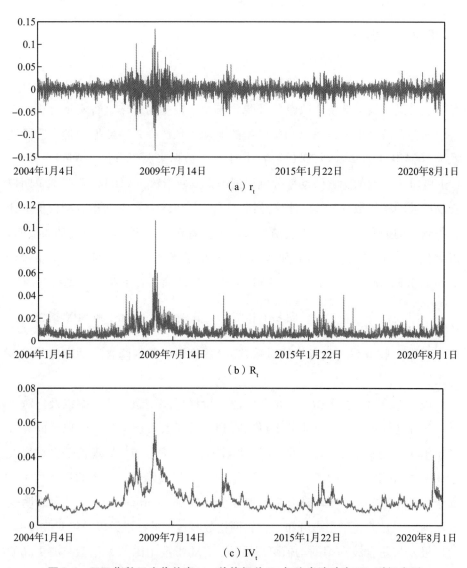

图 8.1　HSI 指数日度收益率 $r_t$、价格极差 $R_t$ 与隐含波动率 $IV_t$ 时间序列

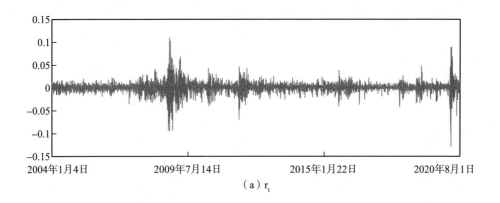

（a）$r_t$

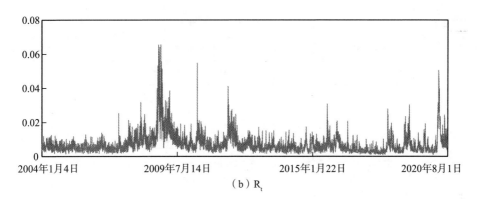

（b）$R_t$

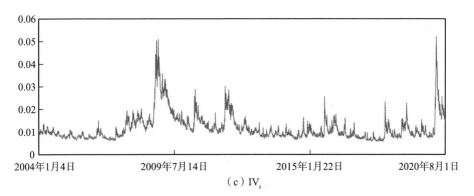

（c）$IV_t$

图 8.2　SPX 指数日度收益率 $r_t$、价格极差 $R_t$ 与隐含波动率 $IV_t$ 时间序列

表 8.1　　HSI 和 SPX 指数日度收益率、价格极差与隐含波动率的描述性统计量

| 项目 | HSI | | | | SPX | | | |
|---|---|---|---|---|---|---|---|---|
| | 收益率 | 绝对收益率 | 价格极差 | 隐含波动率 | 收益率 | 绝对收益率 | 价格极差 | 隐含波动率 |
| 样本数目 | 4076 | 4076 | 4076 | 4076 | 4163 | 4163 | 4163 | 4163 |
| 均值 | 0.0002 | 0.0098 | 0.0079 | 0.0143 | 0.003 | 0.0076 | 0.0073 | 0.0118 |
| 最小值 | −0.1358 | 0.0000 | 0.0017 | 0.0069 | −0.1277 | 0.0000 | 0.0009 | 0.0058 |
| 最大值 | 0.1341 | 0.1358 | 0.1060 | 0.0660 | 0.1096 | 0.1277 | 0.0655 | 0.0521 |
| 标准差 | 0.0145 | 0.0106 | 0.0054 | 0.0065 | 0.0123 | 0.0096 | 0.0062 | 0.0058 |
| 偏度 | −0.0395 | 3.2760 | 4.4601 | 2.3292 | −0.5570 | 4.0038 | 3.5464 | 2.6689 |
| 峰度 | 12.1959 | 23.9857 | 46.7890 | 10.2036 | 17.5722 | 29.7143 | 22.5351 | 12.4832 |
| Jarque-Bera | 14362.9002 | 82084.9720 | 339165.0421 | 12498.6123 | 37048.8232 | 134911.3129 | 74921.0318 | 20541.6429 |
| Q（10） | 25.8501 | 3227.2990 | 9531.9404 | 36361.8911 | 125.2380 | 5941.8534 | 17111.9409 | 357373.5596 |

注：Q（10）表示滞后 10 阶的 Ljung-Box Q 统计量。

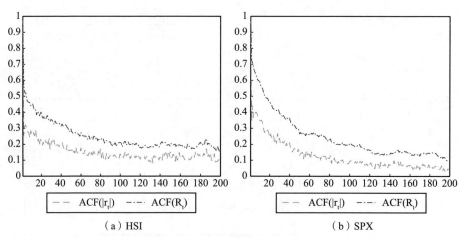

（a）HSI　　　　　　　　　　　　　（b）SPX

图 8.3　HSI 和 SPX 指数绝对收益率 $|r_t|$ 和

价格极差 $R_t$ 的样本自相关函数（ACF）

## 8.4.2　模型参数估计结果

采用极大似然估计方法，得到 CARR-MIDAS-Ⅳ 极差波动率模型的参数估计结果如表 8.2 所示。为了方便起见，表 8.2 也给出了 CARR、CARR-MIDAS 和 CARR-Ⅳ 的参数估计结果。在 CARR-MIDAS 和 CARR-MIDAS-Ⅳ 模型中，选取最大 MIDAS 滞后阶数 K = 250，相当于采用 1 年的历史交易数据来滤波价格极差（波动率）的长期趋势成分。

**表 8.2　　　　　　　　　　　参数估计结果**

| 指数 | 参数 | CARR | CARR-MIDAS | CARR-Ⅳ | CARR-MIDAS-Ⅳ |
|---|---|---|---|---|---|
| HSI | $m$（$\omega$） | 0.0001<br>(0.0000) | − 0.6490<br>(0.1821) | 0.0006<br>(0.0001) | − 2.2679<br>(0.3759) |
| | $\theta_R$ | — | 0.8526<br>(0.0365) | — | − 0.6439<br>(0.1109) |
| | $\gamma_R$ | — | 11.6416<br>(3.1664) | — | 37.6654<br>(8.3656) |
| | $\theta_{IV}$（$\theta$） | — | — | 0.4448<br>(0.0371) | 1.3522<br>(0.0711) |
| | $\alpha$ | 0.1278<br>(0.0066) | 0.1150<br>(0.0123) | 0.0917<br>(0.0139) | 0.1280<br>(0.0189) |
| | $\beta$ | 0.8648<br>(0.0080) | 0.7360<br>(0.0385) | 0.0151<br>(0.0730) | 0.8264<br>(0.0252) |
| | $\upsilon$ | 6.0985<br>(0.1246) | 6.1277<br>(0.1260) | 6.3331<br>(0.1329) | 6.5795<br>(0.1422) |
| | Log-lik | 18152.9883 | 18163.2218 | 18234.0147 | 18315.7955 |
| | AIC | − 36297.9766 | − 36314.4436 | − 36458.0293 | − 36617.5910 |

| 指数 | 参数 | CARR | CARR-MIDAS | CARR-IV | CARR-MIDAS-IV |
|------|------|------|------------|---------|----------------|
| SPX | $m\ (\omega)$ | 0.0002<br>(0.0000) | −1.2615<br>(0.3223) | −0.0008<br>(0.0001) | −0.5735<br>(0.4760) |
| | $\theta_R$ | — | 0.7310<br>(0.0625) | — | −0.6496<br>(0.0918) |
| | $\gamma_R$ | — | 5.3516<br>(1.8393) | — | 11.4644<br>(2.2895) |
| | $\theta_{IV}\ (\theta)$ | — | — | 0.3672<br>(0.0317) | 1.7259<br>(0.0575) |
| | $\alpha$ | 0.2487<br>(0.0104) | 0.2450<br>(0.0123) | 0.2142<br>(0.0150) | 0.0832<br>(0.0087) |
| | $\beta$ | 0.7206<br>(0.0120) | 0.6661<br>(0.0190) | 0.2992<br>(0.0423) | 0.9034<br>(0.0103) |
| | $\upsilon$ | 5.4883<br>(0.1159) | 5.5208<br>(0.1161) | 5.7692<br>(0.1218) | 6.2697<br>(0.1327) |
| | Log-lik | 18928.8281 | 18941.8676 | 19038.8234 | 19221.5401 |
| | AIC | −37849.6562 | −37871.7352 | −38067.6469 | −38429.0803 |

注：括号内是极大似然估计的渐近标准误差；Log-lik 是模型对数似然值；AIC 是赤池信息准则。

为了考察隐含波动率的信息含量，可以对 CARR 模型进行扩展，在其条件极差过程中加入隐含波动率，构建 CARR-IV 模型。在 CARR-IV 模型中，条件极差满足如下方程：

$$\lambda_t = \omega + \alpha R_{t-1} + \beta \lambda_{t-1} + \theta IV_{t-1} \tag{8.5}$$

其中，$IV_t$ 是第 t 日的隐含波动率。

从表 8.2 可以看到，在 CARR 模型中，价格极差的持续性系数 $(\alpha + \beta)$ 的估计值非常接近于 1，表明 HSI 和 SPX 指数都具有非常强的波动率持续性特征。在 CARR-MIDAS 模型中，$\theta_R$ 的估计值显著不同于 0，表明条件极差 MIDAS（长期）成分的存在；短期成分持续性系数 $(\alpha + \beta)$ 的估计值小于 1，表明其是一个平稳过程。在隐含波动率扩展的模型（CARR-IV 和 CARR-

MIDAS-Ⅳ模型）中，系数 $\theta_{Ⅳ}$ 的估计值显著为正，表明隐含波动率确实包含描述波动率动态性的重要信息。在所有模型中，Gamma 分布形状数 $\upsilon$ 的估计值均显著大于1，处在 $5.4 \sim 6.6$ 之间，表明价格极差显著偏离于指数分布。

CARR-MIDAS 和 CARR-MIDAS-Ⅳ 模型的一个重要优点就是它们可以捕获条件极差动态的长期趋势成分。图 8.4 和图 8.5 给出基于 CARR-MIDAS 和 CARR-MIDAS-Ⅳ 模型得到的 HSI 和 SPX 指数条件极差及其长期成分和短期成分的滤波估计。从图中可以看到，条件极差长期成分确定了条件极差的长期趋势，短期成分捕获条件极差短期过程，长期成分相比短期成分具有明显更强的持续性。特别地，从图 8.4 和图 8.5 中还可以看到，CARR-MIDAS-Ⅳ 模

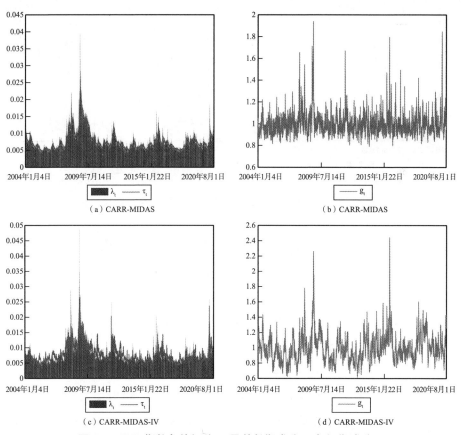

图 8.4　HSI 指数条件极差 $\lambda_t$ 及其长期成分 $\tau_t$ 与短期成分 $g_t$

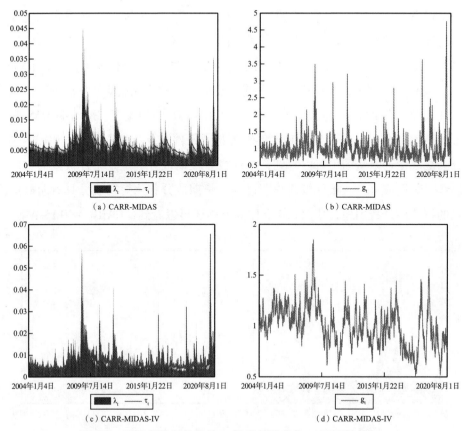

图 8.5    SPX 指数条件极差 $\lambda_t$ 及其长期成分 $\tau_t$ 与短期成分 $g_t$

型滤过的长期成分相比 CARR-MIDAS 模型的要更为尖锐，表明引入隐含波动率使得模型能够更及时、充分地对市场波动做出反应，更好地捕获条件极差的长期趋势过程。

　　比较各极差波动率模型的对数似然值和赤池信息准则（AIC）值可以看到，CARR-MIDAS 和 CARR-Ⅳ 模型都比 CARR 模型具有更高的对数似然值和更低的 AIC 值，表明引入 MIDAS 结构和隐含波动率能够改进模型数据拟合效果。CARR-Ⅳ 模型相比 CARR-MIDAS 模型具有更高的对数似然值和更低的 AIC 值，表明引入隐含波动率所带来的模型改进相比引入 MIDAS 结构要更大。最后，值得指出的是，引入了 MIDAS 结构以及隐含波动率的 CARR-MI-

DAS-Ⅳ模型具有最高的对数似然值和最低的 AIC 值,表明 CARR-MIDAS-Ⅳ模型具有最好的数据拟合效果,能更好地刻画价格极差的动态性。

### 8.4.3  模型预测结果

为更加准确的进行预测能力的比较分析,除了前面介绍的四个极差波动率模型(CARR、CARR-MIDAS、CARR-Ⅳ 和 CARR-MIDAS-Ⅳ 模型)外,本节还考虑两个基于收益率的波动率模型:GARCH 和 GARCH-Ⅳ 模型,以及两个基于极差的异质自回归(HAR)波动率模型:HAR 和 HAR-Ⅳ 模型。HAR 模型由科尔西(Corsi,2009)基于异质市场假说提出,能够有效地捕获波动率的长期记忆特征。

基于收益率的 GARCH 和 GARCH-Ⅳ 波动率模型假设收益率过程 $r_t$ 可以写为

$$r_t = \sigma_t z_t, \ z_t \mid F_{t-1} \sim t_\upsilon(0, \ 1) \tag{8.6}$$

其中,$\sigma_t^2 \equiv \mathrm{Var}(r_t \mid F_{t-1})$ 是收益率的条件方差,$z_t$ 是收益率新息。为了捕获收益率分布的尖峰厚尾特征,本章采用标准化的学生 t 分布作为收益率新息 $z_t$ 的分布。

GARCH 和 GARCH-Ⅳ 模型假设条件方差 $h_t$ 分别满足如下动态过程:

$$\sigma_t^2 = \omega + \alpha r_{t-1}^2 + \beta \sigma_{t-1}^2 \tag{8.7}$$

$$\sigma_t^2 = \omega + \alpha r_{t-1}^2 + \beta \sigma_{t-1}^2 + \theta IV_{t-1}^2 \tag{8.8}$$

基于价格极差的 HAR 和 HAR-Ⅳ 波动率模型的形式为

$$\ln(R_{t+1}) = c + \beta_d \ln(R_t) + \beta_\omega \ln(R_t)^\omega + \beta_m \ln(R_t)^m + \varepsilon_{t+1} \tag{8.9}$$

$$\ln(R_{t+1}) = c + \beta_d \ln(R_t) + \beta_\omega \ln(R_t)^\omega + \beta_m \ln(R_t)^m + \theta \ln(IV_t) + \varepsilon_{t+1}$$

$$\tag{8.10}$$

其中,

$$\ln(R_t)^\omega = \frac{1}{5}(\ln(R_t) + \ln(R_{t-1}) + \cdots + \ln(R_{t-4})) \tag{8.11}$$

$$\ln\ (\mathrm{R}_t)^m = \frac{1}{22}\big[\ln(\mathrm{R}_t) + \ln(\mathrm{R}_{t-1}) + \cdots + \ln(\mathrm{R}_{t-21})\big] \qquad (8.12)$$

分别是对数价格极差的周度与月度平均，$\varepsilon_{t+1} \sim N(0, \sigma_\varepsilon^2)$。

表 8.3 和表 8.4 分别给出了全样本期以及子样本期不同波动率模型预测精确性的评价结果。从表 8.3 可以看到，在全样本期，在绝大多数情形下，CARR-MIDAS 模型相比 CARR 模型具有更为优越的波动率预测能力（更低的 MSE 和 QLIKE 值），表明考虑极差长期记忆特征（MIDAS 结构）对于波动率预测具有重要意义。CARR 模型的预测精度要优于 HAR 模型。在没有考虑隐含波动率信息含量的四个模型（CARR、CARR-MIDAS、GARCH 和 HAR）中，CARR-MIDAS 模型表现最为优越，其次是 CARR 模型，GARCH 模型表现最差。通过引入隐含波动率，扩展波动率模型的预测能力均得到了明显改进，表明隐含波动率确实包含了波动率预测的重要信息。总体来讲，在两种波动率代理变量（价格极差和已实现核）以及两种稳健的损失函数（MSE 和 QLIKE）下，CARR-MIDAS-Ⅳ 模型都提供了最优的预测精度，相比其他所有模型具有更为优越的波动率预测能力，其次是 HAR-Ⅳ 模型。

表 8.3　波动率预测评价结果（全预测样本期：2017 年 1 月 3 日～2020 年 7 月 31 日）

| 损失函数 | 模型 | HSI | | SPX | |
|---|---|---|---|---|---|
| | | 波动率代理变量 | | 波动率代理变量 | |
| | | 价格极差 | 已实现核 | 价格极差 | 已实现核 |
| MSE | CARR | 1. 0281E-05 | 7. 4940E-06 | 1. 2707E-05 | 1. 2612E-05 |
| | CARR-MIDAS | 1. 0096E-05 | 7. 3269E-06 | 1. 2706E-05 | 1. 2834E-05 |
| | GARCH | 3. 2272E-05 | 2. 8843E-05 | 4. 2630E-05 | 3. 7355E-05 |
| | HAR | 1. 0411E-05 | 7. 6877E-06 | 1. 4492E-05 | 1. 4995E-05 |
| | CARR-Ⅳ | 9. 3467E-06 | 6. 5977E-06 | 1. 1610E-05 | 1. 1455E-05 |
| | CARR-MIDAS-Ⅳ | **8. 9352E-06** | **6. 0926E-06** | **9. 4791E-06** | **7. 3594E-06** |
| | GARCH-Ⅳ | 2. 4719E-05 | 2. 1514E-05 | 1. 9662E-05 | 1. 8104E-05 |
| | HAR-Ⅳ | 9. 3508E-06 | 6. 5967E-06 | 1. 0871E-05 | 9. 3752E-06 |

| 损失函数 | 模型 | HSI | | SPX | |
|---|---|---|---|---|---|
| | | 波动率代理变量 | | 波动率代理变量 | |
| | | 价格极差 | 已实现核 | 价格极差 | 已实现核 |
| QLIKE | CARR | 7.5929E-02 | 5.0464E-02 | 1.0619E-01 | 7.3630E-02 |
| | CARR-MIDAS | 7.5271E-02 | 4.9654E-02 | 1.0454E-01 | 7.2348E-02 |
| | GARCH | 1.7079E-01 | 1.4312E-01 | 2.1355E-01 | 1.7121E-01 |
| | HAR | 7.6857E-02 | 5.1657E-02 | 1.0980E-01 | 7.8562E-02 |
| | CARR-IV | 7.1874E-02 | 4.6984E-02 | 1.0244E-01 | 6.9134E-02 |
| | CARR-MIDAS-IV | **6.9168E-02** | **4.4053E-02** | **9.1644E-02** | **5.8583E-02** |
| | GARCH-IV | 1.3754E-01 | 1.1171E-01 | 1.5696E-01 | 1.1854E-01 |
| | HAR-IV | 7.0760E-02 | 4.6109E-02 | 1.0135E-01 | 6.7564E-02 |

注：表中用粗体表示的是在每一列中的最低损失值。MSE 是均方误差损失函数，QLIKE 是拟似然损失函数。

**表 8.4　　波动率预测评价结果（低、中、高波动子样本期）**

| 时间 | 损失函数 | 模型 | HSI | | SPX | |
|---|---|---|---|---|---|---|
| | | | 波动率代理变量 | | 波动率代理变量 | |
| | | | 价格极差 | 已实现核 | 价格极差 | 已实现核 |
| 低波动样本期：2017 年 1 月 3 日～2017 年 12 月 29 日 | MSE | CARR | 4.7932E-06 | 2.9831E-06 | 2.5653E-06 | 1.7725E-06 |
| | | CARR-MIDAS | 4.7545E-06 | 2.9391E-06 | 2.3535E-06 | **1.6035E-06** |
| | | GARCH | 1.3689E-05 | 1.0973E-05 | 8.8588E-06 | 7.6545E-06 |
| | | HAR | 4.8224E-06 | 3.0282E-06 | 2.4446E-06 | 1.7064E-06 |
| | | CARR-IV | **4.4989E-06** | **2.7596E-06** | 2.5080E-06 | 1.7519E-06 |
| | | CARR-MIDAS-IV | 4.5116E-06 | 2.8059E-06 | **2.3431E-06** | 1.6321E-06 |
| | | GARCH-IV | 1.0173E-05 | 7.9276E-06 | 4.6121E-06 | 3.7279E-06 |
| | | HAR-IV | 4.4998E-06 | 2.8190E-06 | 2.5359E-06 | 1.7741E-06 |

续表

| 时间 | 损失函数 | 模型 | HSI 波动率代理变量 | | SPX 波动率代理变量 | |
|---|---|---|---|---|---|---|
| | | | 价格极差 | 已实现核 | 价格极差 | 已实现核 |
| 低波动样本期：2017年1月3日~2017年12月29日 | QLIKE | CARR | 7.8937E-02 | 5.0778E-02 | 1.1050E-01 | 7.7388E-02 |
| | | CARR-MIDAS | 7.8758E-02 | 5.0603E-02 | 1.0321E-01 | 7.1607E-02 |
| | | GARCH | 1.6624E-01 | 1.2789E-01 | 2.4896E-01 | 2.0723E-01 |
| | | HAR | 8.0106E-02 | 5.2048E-02 | 1.0709E-01 | 7.5901E-02 |
| | | CARR-IV | **7.3385E-02** | **4.7047E-02** | 1.0796E-01 | 7.6329E-02 |
| | | CARR-MIDAS-IV | 7.3493E-02 | 4.7927E-02 | **9.8385E-02** | **6.9149E-02** |
| | | GARCH-IV | 1.3376E-01 | 1.0022E-01 | 1.5744E-01 | 1.2177E-01 |
| | | HAR-IV | 7.4303E-02 | 4.8679E-02 | 1.0885E-01 | 7.6928E-02 |
| 中波动样本期：2018年1月2日~2019年12月31日 | MSE | CARR | 8.1718E-06 | 5.2530E-06 | 1.1649E-05 | 7.4811E-06 |
| | | CARR-MIDAS | 8.1502E-06 | 5.2230E-06 | 1.1627E-05 | 7.4064E-06 |
| | | GARCH | 2.7733E-05 | 2.5256E-05 | 2.2943E-05 | 1.8010E-05 |
| | | HAR | 8.2951E-06 | 5.3958E-06 | 1.2203E-05 | 8.0272E-06 |
| | | CARR-IV | 8.0195E-06 | 5.3203E-06 | 1.0746E-05 | 6.3852E-06 |
| | | CARR-MIDAS-IV | **7.4925E-06** | **4.7106E-06** | **9.7595E-06** | **5.2630E-06** |
| | | GARCH-IV | 1.9780E-05 | 1.7587E-05 | 1.4113E-05 | 9.5225E-06 |
| | | HAR-IV | 7.7758E-06 | 5.0271E-06 | 1.0476E-05 | 6.2462E-06 |
| | QLIKE | CARR | 6.9104E-02 | 4.4528E-02 | 1.0494E-01 | 6.9227E-02 |
| | | CARR-MIDAS | 6.9098E-02 | 4.4432E-02 | 1.0570E-01 | 6.9206E-02 |
| | | GARCH | 1.6342E-01 | 1.4207E-01 | 1.9579E-01 | 1.5010E-01 |
| | | HAR | 7.0118E-02 | 4.5803E-02 | 1.0916E-01 | 7.3454E-02 |
| | | CARR-IV | 6.8184E-02 | 4.5027E-02 | 1.0197E-01 | 6.3118E-02 |
| | | CARR-MIDAS-IV | **6.3942E-02** | **4.0172E-02** | **9.3529E-02** | **5.5553E-02** |
| | | GARCH-IV | 1.2921E-01 | 1.0927E-01 | 1.5170E-01 | 1.0754E-01 |
| | | HAR-IV | 6.5856E-02 | 4.2440E-02 | 9.9678E-02 | 6.1931E-02 |

续表

| 时间 | 损失函数 | 模型 | HSI 波动率代理变量 | | SPX 波动率代理变量 | |
|---|---|---|---|---|---|---|
| | | | 价格极差 | 已实现核 | 价格极差 | 已实现核 |
| 高波动样本期: 2020 年 1 月 2 日～ 2020 年 7 月 31 日 | MSE | CARR | 2.6876E-05 | 2.2854E-05 | 3.4051E-05 | 4.9283E-05 |
| | | CARR-MIDAS | 2.5884E-05 | 2.2011E-05 | 3.4492E-05 | 5.1218E-05 |
| | | GARCH | 7.9639E-05 | 7.1752E-05 | 1.6972E-04 | 1.5616E-04 |
| | | HAR | 2.7198E-05 | 2.3477E-05 | 4.3425E-05 | 6.2302E-05 |
| | | CARR-Ⅳ | 2.2187E-05 | 1.7533E-05 | 3.0472E-05 | 4.5939E-05 |
| | | CARR-MIDAS-Ⅳ | **2.1438E-05** | **1.6434E-05** | **2.0946E-05** | **2.4607E-05** |
| | | GARCH-Ⅳ | 6.6495E-05 | 5.8204E-05 | 6.5122E-05 | 7.2899E-05 |
| | | HAR-Ⅳ | 2.3038E-05 | 1.8419E-05 | 2.6766E-05 | 3.3467E-05 |
| | QLIKE | CARR | 9.3901E-02 | 7.0056E-02 | 1.0301E-01 | 8.2338E-02 |
| | | CARR-MIDAS | 9.0207E-02 | 6.5732E-02 | 1.0285E-01 | 8.4523E-02 |
| | | GARCH | 2.0364E-01 | 1.7288E-01 | 2.1337E-01 | 1.8160E-01 |
| | | HAR | 9.4125E-02 | 7.0835E-02 | 1.1671E-01 | 1.0090E-01 |
| | | CARR-Ⅳ | 8.1790E-02 | 5.3511E-02 | 9.4449E-02 | 7.7438E-02 |
| | | CARR-MIDAS-Ⅳ | **7.9454E-02** | **5.0550E-02** | **7.3361E-02** | **5.0666E-02** |
| | | GARCH-Ⅳ | 1.7230E-01 | 1.3976E-01 | 1.7433E-01 | 1.5101E-01 |
| | | HAR-Ⅳ | 8.1297E-02 | 5.4132E-02 | 9.4060E-02 | 7.0764E-02 |

注：表中用粗体表示的是在每一列中的最低损失值。MSE 是均方误差损失函数，QLIKE 是拟似然损失函数。

从表 8.4 可以看到，在低波动样本期，模型的预测表现取决于数据。对于 HSI 指数，CARR-Ⅳ模型表现最为优越，其次是 CARR-MIDAS-Ⅳ模型；对于 SPX 指数，CARR-MIDAS-Ⅳ模型在绝大多数情形下表现最为优越，其次是 CARR-MIDAS 模型。在中、高波动样本期，CARR-MIDAS-Ⅳ模型一致性地提供了最优的预测精度。这些结论凸显了条件极差 MIDAS 结构和隐含波动率对于波动率预测尤其对于中、高波动期波动率预测的重要性。

进一步基于 MCS 检验比较各种波动率模型的预测能力。表 8.5 和表 8.6 分别给出了全样本期以及子样本期不同波动率模型预测能力的 MCS 检验结果。从表 8.5 可以看到，在全样本期，CARR、GARCH、HAR 和 GARCH-Ⅳ 模型在所有情形下都被剔除出了 MCS（MCS 检验 p 值小于 0.1）；在极少数情形下，引入了 MIDAS 结构的 CARR-MIDAS 模型以及引入了隐含波动率的 CARR-Ⅳ 和 HAR-Ⅳ 模型被包含在 MCS 中（MCS 检验 p 值大于 0.1）。特别地，本章提出的引入了 MIDAS 结构以及隐含波动率的 CARR-MIDAS-Ⅳ 模型在所有情形下均得到了最高的 MCS 检验 p 值（p = 1），表明了 CARR-MIDAS-Ⅳ 模型在波动率预测方面显著优于其他波动率模型。

**表 8.5**　　　　波动率模型预测能力的 MCS 检验（全预测样本期：
2017 年 1 月 3 日 ~ 2020 年 7 月 31 日）

| 损失函数 | 模型 | HSI | | SPX | |
| --- | --- | --- | --- | --- | --- |
| | | 波动率代理变量 | | 波动率代理变量 | |
| | | 价格极差 | 已实现核 | 价格极差 | 已实现核 |
| MSE | CARR | 0.0972 | 0.0256 | 0.0178 | 0.0128 |
| | CARR-MIDAS | **0.1492** | 0.0256 | 0.0209 | 0.0128 |
| | GARCH | 0.0000 | 0.0000 | 0.0000 | 0.0000 |
| | HAR | 0.0972 | 0.0182 | 0.0062 | 0.0094 |
| | CARR-Ⅳ | **0.1492** | 0.0256 | 0.0209 | 0.0128 |
| | CARR-MIDAS-Ⅳ | **1.0000** | **1.0000** | **1.0000** | **1.0000** |
| | GARCH-Ⅳ | 0.0000 | 0.0000 | 0.0000 | 0.0000 |
| | HAR-Ⅳ | **0.1682** | 0.0693 | 0.0209 | 0.0128 |
| QLIKE | CARR | 0.0273 | 0.0132 | 0.0000 | 0.0000 |
| | CARR-MIDAS | 0.0291 | 0.0132 | 0.0000 | 0.0000 |

| 损失函数 | 模型 | HSI | | SPX | |
|---|---|---|---|---|---|
| | | 波动率代理变量 | | 波动率代理变量 | |
| | | 价格极差 | 已实现核 | 价格极差 | 已实现核 |
| QLIKE | GARCH | 0.0000 | 0.0000 | 0.0000 | 0.0000 |
| | HAR | 0.0122 | 0.0008 | 0.0000 | 0.0000 |
| | CARR-Ⅳ | 0.0588 | 0.0132 | 0.0000 | 0.0000 |
| | CARR-MIDAS-Ⅳ | **1.0000** | **1.0000** | **1.0000** | **1.0000** |
| | GARCH-Ⅳ | 0.0000 | 0.0000 | 0.0000 | 0.0000 |
| | HAR-Ⅳ | **0.1912** | 0.0414 | 0.0000 | 0.0000 |

注：表中数字是 MCS 检验 p 值，p 值大于 0.1（粗体）表示模型包含在 MCS 中，即预测能力较好的模型。MSE 是均方误差损失函数，QLIKE 是拟似然损失函数。

**表 8.6  波动率模型预测能力的 MCS 检验（低、中、高波动子样本期）**

| 时间 | 损失函数 | 模型 | HSI | | SPX | |
|---|---|---|---|---|---|---|
| | | | 波动率代理变量 | | 波动率代理变量 | |
| | | | 价格极差 | 已实现核 | 价格极差 | 已实现核 |
| 低波动样本期：2017 年 1 月 3 日~2017 年 12 月 29 日 | MSE | CARR | 0.0697 | **0.4156** | 0.0010 | 0.0020 |
| | | CARR-MIDAS | 0.0509 | **0.4156** | **0.9400** | **1.0000** |
| | | GARCH | 0.0000 | 0.0000 | 0.0000 | 0.0000 |
| | | HAR | 0.0402 | **0.2000** | 0.0740 | 0.0078 |
| | | CARR-Ⅳ | **1.0000** | **1.0000** | 0.0740 | 0.0078 |
| | | CARR-MIDAS-Ⅳ | 0.9869 | **0.6464** | **1.0000** | **0.7909** |
| | | GARCH-Ⅳ | 0.0000 | 0.0000 | 0.0000 | 0.0000 |
| | | HAR-Ⅳ | 0.9905 | **0.6464** | 0.0740 | 0.0020 |
| | QLIKE | CARR | 0.0386 | **0.3409** | 0.0018 | 0.0086 |
| | | CARR-MIDAS | 0.0330 | **0.3409** | **0.2209** | **0.4472** |

续表

| 时间 | 损失函数 | 模型 | HSI 波动率代理变量 | | SPX 波动率代理变量 | |
|---|---|---|---|---|---|---|
| | | | 价格极差 | 已实现核 | 价格极差 | 已实现核 |
| 低波动样本期：2017年1月3日~2017年12月29日 | QLIKE | GARCH | 0.0000 | 0.0000 | 0.0000 | 0.0000 |
| | | HAR | 0.0101 | **0.2216** | 0.0456 | 0.0133 |
| | | CARR-Ⅳ | **1.0000** | **1.0000** | 0.0039 | 0.0133 |
| | | CARR-MIDAS-Ⅳ | **0.9367** | **0.4501** | **1.0000** | **1.0000** |
| | | GARCH-Ⅳ | 0.0000 | 0.0000 | 0.0000 | 0.0000 |
| | | HAR-Ⅳ | **0.8291** | **0.3689** | 0.0018 | 0.0086 |
| 中波动样本期：2018年1月2日~2019年12月31日 | MSE | CARR | 0.0661 | 0.0259 | 0.0249 | 0.0468 |
| | | CARR-MIDAS | 0.0661 | 0.0259 | 0.0284 | 0.0468 |
| | | GARCH | 0.0000 | 0.0000 | 0.0000 | 0.0000 |
| | | HAR | 0.0381 | 0.0064 | 0.0249 | 0.0468 |
| | | CARR-Ⅳ | 0.0661 | 0.0064 | **0.1638** | 0.0584 |
| | | CARR-MIDAS-Ⅳ | **1.0000** | **1.0000** | **1.0000** | **1.0000** |
| | | GARCH-Ⅳ | 0.0000 | 0.0000 | 0.0000 | 0.0000 |
| | | HAR-Ⅳ | **0.2206** | 0.0284 | **0.1638** | 0.0584 |
| | QLIKE | CARR | 0.0343 | 0.0354 | 0.0049 | 0.0017 |
| | | CARR-MIDAS | 0.0343 | 0.0354 | 0.0049 | 0.0017 |
| | | GARCH | 0.0000 | 0.0000 | 0.0000 | 0.0000 |
| | | HAR | 0.0343 | 0.0015 | 0.0049 | 0.0017 |
| | | CARR-Ⅳ | 0.0343 | 0.0015 | 0.0049 | 0.0017 |
| | | CARR-MIDAS-Ⅳ | **1.0000** | **1.0000** | **1.0000** | **1.0000** |
| | | GARCH-Ⅳ | 0.0000 | 0.0000 | 0.0000 | 0.0000 |
| | | HAR-Ⅳ | **0.1443** | 0.0354 | 0.0049 | 0.0017 |

续表

| 时间 | 损失函数 | 模型 | HSI 波动率代理变量 | | SPX 波动率代理变量 | |
|---|---|---|---|---|---|---|
| | | | 价格极差 | 已实现核 | 价格极差 | 已实现核 |
| 高波动样本期：2020 年 1 月 2 日~ 2020 年 7 月 31 日 | MSE | CARR | 0.0979 | 0.0428 | 0.0815 | 0.0461 |
| | | CARR-MIDAS | **0.4447** | **0.2209** | 0.0815 | 0.0461 |
| | | GARCH | 0.0000 | 0.0000 | 0.0000 | 0.0000 |
| | | HAR | **0.2186** | 0.0428 | 0.0164 | 0.0233 |
| | | CARR-Ⅳ | **0.5373** | **0.3340** | 0.0815 | 0.0321 |
| | | CARR-MIDAS-Ⅳ | **1.0000** | **1.0000** | **1.0000** | **1.0000** |
| | | GARCH-Ⅳ | 0.0000 | 0.0000 | 0.0000 | 0.0000 |
| | | HAR-Ⅳ | **0.5373** | **0.3340** | 0.0815 | 0.0461 |
| | QLIKE | CARR | **0.1954** | 0.0420 | 0.0115 | 0.0005 |
| | | CARR-MIDAS | **0.5871** | **0.4148** | 0.0115 | 0.0005 |
| | | GARCH | 0.0000 | 0.0000 | 0.0000 | 0.0000 |
| | | HAR | **0.2878** | 0.0420 | 0.0065 | 0.0005 |
| | | CARR-Ⅳ | **0.8652** | **0.5834** | 0.0115 | 0.0005 |
| | | CARR-MIDAS-Ⅳ | **1.0000** | **1.0000** | **1.0000** | **1.0000** |
| | | GARCH-Ⅳ | 0.0000 | 0.0000 | 0.0000 | 0.0000 |
| | | HAR-Ⅳ | **0.8652** | **0.5834** | 0.0115 | 0.0005 |

注：表中数字是 MCS 检验 p 值，p 值大于 0.1（粗体）表示模型包含在 MCS 中，即预测能力较好的模型。MSE 是均方误差损失函数，QLIKE 是拟似然损失函数。

从表 8.6 可以看到，在所有子样本期（低、中、高波动样本期），只有 CARR-MIDAS-Ⅳ模型在所有情形下都被包含在了 MCS 中，特别是在中、高波动样本期，CARR-MIDAS-Ⅳ模型在所有情形下均得到了最高的 MCS 检验 p 值（$p=1$），这些充分表明了 CARR-MIDAS-Ⅳ模型在波动率预测尤其是中、高波动期的波动率预测方面显著优于其他波动率模型。

# 8.5 本章小结

本章在 CARR-MIDAS 模型基础上，引入基于期权价格的隐含波动率，构建了 CARR-MIDAS-Ⅳ 模型对极差波动率进行建模和预测。CARR-MIDAS-Ⅳ 模型通过引入 MIDAS 结构能够捕获条件极差的长期趋势过程（长期记忆特征）。而且，CARR-MIDAS-Ⅳ 模型同时考虑了极值信息和隐含波动率包含的关于未来波动率的信息（前瞻信息）对波动率建模和预测。采用中国香港恒生指数和美国标普 500 指数及其隐含波动率数据为样本进行实证研究，结果表明：第一，充分考虑条件极差长记忆性（MIDAS 结构）对于模型数据拟合和波动率预测具有重要作用；第二，隐含波动率确实包含描述波动率动态性的重要信息，引入隐含波动率能够改进模型数据拟合效果，同时能够改进模型波动率预测能力；第三，总体而言，本章构建的 CARR-MIDAS-Ⅳ 模型相比其他许多竞争模型具有更为优越的数据拟合效果以及波动率预测能力；第四，CARR-MIDAS-Ⅳ 模型对于中、高波动期波动率的预测具有较强的稳健性。

# 第 9 章

# 经济政策不确定性与金融波动率：
# CARR-MIDAS 模型

## 9.1 引　言

最近，贝克等（Baker et al.，2016）基于新闻信息构建了经济政策不确定性（EPU）指数，综述详见塔克布和阿尔加拉巴利（AL-Thaqeb and Algharabali，2019）的研究，该指数一经提出便受到了学术界的广泛关注。从贝克等（Baker et al.，2016）构建的 EPU 指数可以看出，在 2008 年金融危机之后，EPU 指数明显呈现上升趋势。特别是在中美贸易争端和新冠疫情暴发期间，各国政府频繁地调整经济政策来稳定国家经济的运行，这使得 EPU 指数的波动更加剧烈。帕斯托尔和韦罗内西（Pástor and Veronesi，2012，2013）研究了 EPU 对美国股票市场波动率的影响，结果表明经济政策的转变将会导致股票市场剧烈波动、风险溢价增加。刘和张（Liu and Zhang，2015）将 EPU 作为外生变量引入 HAR-RV 模型，发现引入 EPU 能够显著提升模型对美国股票市场波动率的预测精度。阿鲁里等（Arouri et al.，2016）研究了 EPU 对美国股票市场收益率的影响，发现 EPU 指数的增加将会减少股票市场收益率，并且这种影响在极端波动期间是强烈的和持续性的。刘等（Liu et al.，

2017）发现 EPU 对股票市场波动率具有显著影响，并且样本外预测结果表明将 EPU 作为解释变量引入到模型中可以提升预测效果。蔡（Tsai，2017）分析了 EPU 对 22 个全球股票市场收益率的影响。段等（Duan et al.，2018）研究了杠杆效应和 EPU 在机制转换框架下对期货价格的影响。梅等（Mei et al.，2018）发现引入美国 EPU 指数能够提升模型对欧洲股票市场波动率的预测能力。熊等（Xiong et al.，2018）研究了中国 EPU（CEPU）与中国股票市场波动率、收益率之间的相关关系。于和宋（Yu and Song，2018）发现全球 EPU 指数对美国股票市场波动率具有显著影响。巴布莱尔等（Balcilar et al.，2019）发现主要经济体国家的 EPU 指数可能会影响新兴市场国家的股票市场波动率。蒋（Chiang，2019）使用月度数据研究了 EPU 和 G7 市场超额股票收益的风险，发现股票收益与 EPU 呈负相关关系。然而，这些研究主要集中在美国和欧洲的股票市场。马等（Ma et al.，2019）、易等（Yi et al.，2021）和李等（Li et al.，2022）研究了 EPU 指数对原油（期货）价格波动的影响。这种影响主要体现在 EPU 指数能够影响国外金融市场波动率和风险值度量，以及引入 EPU 指数能够提升模型对波动率的预测精度等方面。

以往研究 EPU 与波动率之间的关系主要是基于恩格尔等（Engle et al.，2013）提出的 GARCH-MIDAS 模型而忽略了日内价格变动的信息，并且以上这些研究主要集中在股票市场，很少有研究探讨 EPU 对原油期货市场波动率的影响。金融市场波动率（如股票市场波动率和原油期货波动率）不仅会受到滞后信息的影响，而且会受到外生变量（如经济政策不确定性）的冲击，从而呈现出非周期性变化。而原油被誉为工业血液，是世界贸易货值最大的商品。同时，原油期货是世界上流动性最好的商品期货品种，其特点是交易量巨大，因此研究原油期货市场的波动率十分重要。

前面章节所介绍的 CARR-MIDAS 模型是基于日度数据所构建的，由于股票市场价格极差是日度数据，而 EPU 指数是月度数据，将日度数据转换为月度数据，会损失市场中的高频有效信息，引起参数估计和波动率预测的偏误，并且无法评估经济信息对股市波动率的综合影响。因此，本章基于 CARR-MIDAS 模型，构建了基于月度数据的 CARR-MIDAS-EPU 模型，其中通过在长期成分中结合 EPU 指数来研究其对波动率的影响。本章的贡献主要在以下两个方面。其一，在 CARR-MIDAS 模型的基础上，考虑 EPU 的影响，构建 CARR-MIDAS-EPU 模型来研究 EPU 对中国股票市场和原油期货市场波动率的影响。其二，使用 CARR-MIDAS 模型并结合不同国家的 EPU 指数来对中国股票市场和原油期货市场波动率进行实证研究。实证结果表明：引入 EPU 指数的 CARR-MIDAS-EPU 模型较没有引入 EPU 指数的 CARR-MIDAS 模型具有更好的数据拟合和预测能力，EPU 对中国股票市场和原油期货市场波动率具有显著为负的影响。此外，样本外结果说明引入 EPU 能够显著提升模型对波动率的预测精度，更重要的是 CEPU 指数相较于其他 EPU 指数，拥有更为优越的波动率预测能力，并且预测结果在不同的预测窗口下具有稳健性。

本章其余部分内容结构如下：9.2 节介绍 CARR-MIDAS 模型；9.3 节实证分析了 EPU 与中国股市波动率之间的关系；9.4 节实证分析了 EPU 与原油期货市场波动率之间的关系；9.5 节是结论。

## 9.2 CARR-MIDAS-EPU 模型

### 9.2.1 CARR-MIDAS-EPU 模型

基于月度数据的 CARR-MIDAS 模型可以具体表示为

$$R_{i,t} = \lambda_{i,t}\varepsilon_{i,t}, \quad \varepsilon_{i,t} \mid F_{i-1,t} \sim i.i.d. f(\cdot) \tag{9.1}$$

$$\lambda_{i,t} = g_{i,t}\tau_t \tag{9.2}$$

$$g_{i,t} = (1 - \alpha - \beta) + \alpha \frac{R_{i-1,t}}{\tau_{i,t}} + \beta g_{i-1,t} \tag{9.3}$$

$$\log(\tau_t) = m + \theta_1 \sum_{k=1}^{K} \psi_k(\gamma_1) \ln(RRV_{t-k}) \tag{9.4}$$

$$RRV_t = \sum_{i=1}^{N_t} R_{i,t}^2 \tag{9.5}$$

其中，$\lambda_{i,t}$ 是基于信息集的极差的条件均值，$F_{i-1,t}$ 是截至第 t 月中第 i 天的信息，误差项 $\varepsilon_{i,t}$ 是独立同分布且假设具有单位均值的密度函数 $f(\cdot)$，$RRV_t$ 是第 t 月的已实现极差波动率（RRV），$N_t$ 是第 t 月中的交易日的数量，$g_{i,t}$ 是短期成分，$\tau_t$ 是长期成分。短期成分 $g_{i,t}$ 服从 CARR（1，1）过程，为了保证其非负，限制系数（$\alpha$，$\beta$）为正，而为了保证 $g_{i,t}$ 的平稳性，限制 $\alpha + \beta < 1$。在平稳性条件下，$g_{i,t}$ 的无条件均值为 1。$0 \leqslant \psi_k(\gamma) < 1$ 是权重函数，满足 $\sum_{k=1}^{K} \psi_k(\gamma) = 1$。本节选择 $\psi_k(\cdot)$ 为灵活的 Beta 权重函数：

$$\psi_k(\gamma) = \frac{(1 - k/K)^{\gamma-1}}{\sum_{j=1}^{K} (1 - j/K)^{\gamma-1}} \tag{9.6}$$

其中，K 是 MIDAS 滞后阶数，系数 $\gamma$ 决定权重函数衰减的速度。为了保证权重函数是单调递减的（越近的观测值对当期的影响越大，赋予更大的权重），本节约束 $\gamma > 1$。

CARR-MIDAS 模型相比 CARR 模型具有更高的建模灵活性，可以更好地捕获极差（波动率）长记忆过程的自相关结构。容易看到，通过约束 $\theta_1 = 0$，CARR-MIDAS 模型退化为标准的 CARR 模型。

为了考察 EPU 的影响，对 CARR-MIDAS 模型进行扩展，在其长期成分过程（9.4）中加入 EPU 指数：

$$\log(\tau_t) = m + \theta_1 \sum_{k=1}^{K} \psi_k(\gamma_1) \ln(RRV_{t-k}) + \theta_2 \sum_{k=1}^{K} \psi_k(\gamma_2) \ln(EPU_{t-k})$$

$$\tag{9.7}$$

### 9.2.2　模型估计

本章采用 Gamma 分布对价格极差进行建模，在 Gamma 分布假定下，CARR-MIDAS-EPU 模型的对数似然函数可以写为

$$l(R; \Theta) = \sum_{t=1}^{T} \sum_{i=1}^{N_t} \left[ \left( -\log(\Gamma(\nu)) + (\nu - 1)\log(R_{i,t}) - \nu\log\frac{\lambda_{i,t}}{\nu} - \nu\frac{R_{i,t}}{\lambda_{i,t}} \right) \right]$$

$$\tag{9.8}$$

其中，$\Theta$ 是模型参数向量。由此，通过最大化上述对数似然函数，可以获得 CARR-MIDAS 模型参数的极大似然估计为：

$$\hat{\Theta} = \arg\max_{\Theta} l(R; \Theta) \qquad (9.9)$$

## 9.3　EPU 与股市波动率

### 9.3.1　描述性统计量

本节使用 CARR-MIDAS-EPU 模型来研究 EPU 对中国股票市场波动率的影响和预测能力。本节所使用的数据为上证综合指数（SSEC）的日度开盘价、最高价、最低价和收盘价，样本选取区间为 2005 年 1 月 4 日至 2020 年 12 月 31 日，共 3889 个观测值，数据来源于万得（Wind）资讯。EPU 指数为贝克等（Baker et al., 2016）构建的月度 CEPU 和 GEPU 指数，数据来源于 https：//www. policy uncertainty. com/。图 9.1 给出了 SSEC 价格极差和 EPU 指数的时间序列图，从中可以看出中国股市具有明显的波动聚集性特征，特别是在 2007~2008 年国际金融危机和 2015~2016 年中国股市动荡期间，中国股市经历了尤为强烈的波动。此外，可以发现，EPU 指数在整个样本期间呈现出递增的趋势，尤其是这几年增加的趋势较为明显，而且对比 CEPU 和 GEPU 指数的变化趋势可以发现，CEPU 的值比 GEPU 的值大而且波动也更加明显，说明近几年中国政府调整经济政策较为频繁。

表 9.1 给出了描述性统计量，面板 A 给出了 SSEC 的日内价格极差的描述性统计量。可以看出，SSEC 的价格极差表现出右偏的尖峰厚尾特征。Jarque-Bera 统计量表明价格极差偏离正态分布。Ljung-Box Q 统计量表明滞后 10 阶的价格极差具有强持续性（长记忆性），说明本节提出的基于乘性成分结构的 CARR-MIDAS 模型适合对价格极差进行建模。面板 B 给出了月度 CEPU 和 GEPU 指数的描述性统计量。可以看到，CEPU 比 GEPU 具有更强烈

的波动，表9.1中给出的结果与图9.1显示的结果相一致，再次说明中国政府调整经济政策较为频繁。

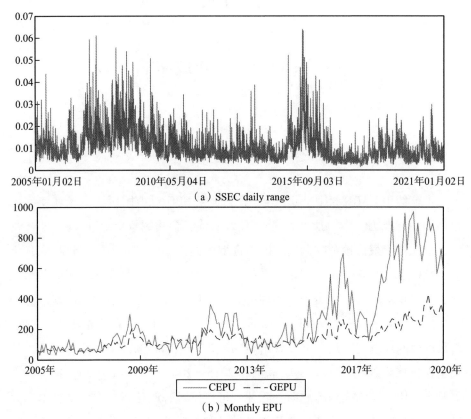

（a）SSEC daily range

（b）Monthly EPU

**图9.1 SSEC 的日度极差和月度 EPU（CEPU 和 GEPU）时间序列**

表9.1 描述性统计量

| 项目 | | 均值 | 最小值 | 最大值 | 标准差 | 偏度 | 峰度 | Jarque-Bera | Q（10） |
|---|---|---|---|---|---|---|---|---|---|
| 面板 A：日度价格极差 | SSEC | 0.0110 | 0.0015 | 0.0639 | 0.0075 | 2.1969 | 9.9680 | 10995.7980 | 9176.8674 |
| 面板 B：月度 EPU | CEPU | 261.6636 | 26.1441 | 970.8299 | 242.6354 | 1.4383 | 4.0095 | 74.3495 | 1240.5849 |
| | GEPU | 145.2330 | 48.8196 | 429.5147 | 72.9342 | 1.2406 | 4.4544 | 66.1778 | 1015.1523 |

注：Q（10）是滞后10阶的 Ljung-Box Q 统计量。

## 9.3.2　估计结果

表9.2 给出了所有模型的参数估计结果。对于 CARR-MIDAS 类（CARR-MIDAS、CARR-MIDAS-CEPU 和 CARR-MIDAS-GEPU）模型中 MIDAS 滞后阶数 K，本节选取滞后阶数为 3 年，即 K = 36。康拉德和克伦（Conrad and Kleen，2020）发现，只要滞后阶数选择足够大，数据将自动识别出最优的加权方案。

表 9.2　　　　　　　　　　参数估计结果

| 参数 | CARR | CARR-MIDAS | CARR-MIDAS-CEPU | CARR-MIDAS-GEPU |
|---|---|---|---|---|
| $\alpha$ | 0.1532 (0.0075) | 0.1739 (0.0024) | 0.1731 (0.0024) | 0.1726 (0.0024) |
| $\beta$ | 0.8340 (0.0080) | 0.7705 (0.0027) | 0.7677 (0.0028) | 0.7679 (0.0028) |
| $\omega$（m） | 0.0001 (0.0000) | − 2.1709 (0.0060) | − 1.8975 (0.0053) | − 1.5643 (0.0045) |
| $\theta_1$ | — | 0.3976 (0.0020) | 0.3456 (0.0024) | 0.3506 (0.0023) |
| $\gamma_1$ | — | 11.1079 (0.0544) | 12.3186 (0.0061) | 11.7892 (0.0721) |
| $\theta_2$ | — | — | − 0.1172 (0.0027) | − 0.1854 (0.0027) |
| $\gamma_2$ | — | — | 1.9172 (0.0122) | 7.3200 (0.0405) |
| $\nu$ | 5.6010 (0.1266) | 5.6324 (0.0092) | 5.6420 (0.0096) | 5.6443 (0.0087) |
| Log-lik | 15970.0035 | 15981.5230 | 15985.0211 | 15985.8600 |
| AIC | − 31932.0070 | − 31951.0460 | − 31954.0421 | − 31955.7200 |

注：Log-lik 是对数似然函数，AIC 是 Akaike 信息准则。括号中的数据是参数估计的标准差。

从表9.2 中的参数估计结果可以看出，CARR 模型的参数 $\alpha + \beta$ 接近于 1，表明条件价格极差的波动具有较高的持续性。注意到 CARR-MIDAS 模型的参数估计结果，其短期成分的持续性系数 α、β 及 α + β 估计值均小于1，且明显小于 CARR 模型的持续性系数，说明考虑长期成分能够降低短期成分波动的持续性。此外，$\theta_1$ 显著为正，说明 RRV 与中国股票市场长期波动率之间存在正相关关系。CARR-MIDAS-CEPU 模型和 CARR-MIDAS-GEPU 模型的 $\theta_2$ 均显著为负，表明 CEPU 和 GEPU 对中国股票市场的长期波动率具有显著为负的影响，即随着 CEPU 或 GEPU 的增加，预期中国股票市场的长期波动率会降低。这一结果与王等（Wang et al.，2021）和李等（Li et al.，2022）的研究结果相一致。

Gamma 分布中的形状参数 $\nu$ 均显著大于1，变化范围从 5.60 至 5.65。说明价格极差偏离指数分布。

根据 Log-lik 值和 AIC 信息准则可以发现，相较于 CARR 模型，CARR-MIDAS 模型能够显著提升数据拟合效果，结果表明基于乘性成分结构的条件极差模型能够显著提升模型的数据拟合效果，且引入 EPU 指数的 CARR-MIDAS 模型要优于未引入 EPU 指数的 CARR-MIDAS 模型，这凸显了引入 EPU 指数对价格极差建模的重要性。此外，进一步分析可以发现，CARR-MIDAS-GEPU 模型的数据拟合效果要优于 CARR-MIDAS-CEPU 模型。

图 9.2 给出了 CARR-MIDAS 类模型的价格极差（$\lambda_{i,t}$）和长期成分（$\tau_t$）

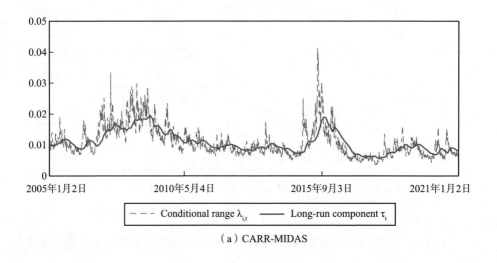

（a）CARR-MIDAS

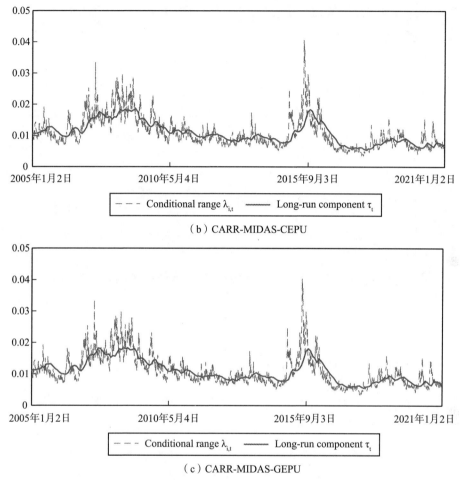

（b）CARR-MIDAS-CEPU

（c）CARR-MIDAS-GEPU

**图 9.2　CARR-MIDAS 类模型的价格价差（$\lambda_{i,t}$）和长期成分（$\tau_t$）变化趋势**

的时间序列图。从图中可以明显看出，波动率的长期成分是平滑的，并捕获了样本期间的长期波动趋势。所有的 CARR-MIDAS 类模型均能较好地捕获中国股票市场波动率的长期趋势。

## 9.3.3　样本外预测结果

本节使用 CARR-MIDAS 模型来研究 EPU 对中国股票市场波动率是否具有

预测能力。本节使用滚动时间窗口，固定窗口大小为 3000。每向前滚动一天则会得到一个新的预测值。预测期分别选择 1 天、1 周（5 天）、2 周（10 天）和 1 个月（22 天）。

由于波动率无法直接观测得到，因此需要找到一个波动率的代理变量。本节使用基于 5 分钟高频数据计算得到的日度已实现价格极差波动率（RRV）作为真实波动率的代理变量，其表达式如下所示：

$$\text{RRV}_{i,t} = \sum_{j=1}^{J} R_{j,i,t}^2 \qquad (9.10)$$

其中，$R_{j,i,t}$ 是第 t 个月第 i 个交易日的第 j 个价格极差。克里斯滕森和波多尔斯基（Christensen and Podolskij，2007）指出，RRV 的预测精度是已实现波动率预测精度的 5 倍。

为了评估 CARR-MIDAS 模型的预测效果，本节使用两个损失函数，分别是均方误差（MSE）和拟似然（QLIKE），其表达式如下：

$$\text{MSE：} \text{Loss}_{i,t} = (MV_{i,t} - FV_{i,t})^2 \qquad (9.11)$$

$$\text{QLIKE：} \text{Loss}_{i,t} = \frac{MV_{i,t}}{FV_{i,t}} - \log \frac{MV_{i,t}}{FV_{i,t}} - 1 \qquad (9.12)$$

其中，$MV_{i,t} = \sqrt{RRV_{i,t}}$ 是波动率的代理变量，$FV_{i,t}$ 代表本节模型所预测的波动率。

为对 CARR-MIDAS 模型的预测能力进行评估，本节采用模型置信集（MCS）检验。表 9.3 给出了样本外预测评价结果。从表中可以看出，相较于 CARR 模型，所有的 CARR-MIDAS 模型在两个损失函数上均具有更好的样本外预测能力。这表明对波动率长期成分（或者乘性成分结构）进行建模的优越性。再者，从 CARR-MIDAS 模型的扩展模型可以看出，CARR-MIDAS-CEPU 和 CARR-MIDAS-GEPU 模型的样本外预测能力要优于基本的 CARR-MIDAS 模型。说明引入 C（G）EPU 能够提升模型对波动率的预测效果。通过进一步观察可以发现，在所有情形下，CARR-MIDAS-CEPU 模型比 CARR-MIDAS-GEPU 模型均具有更高的样本外预测精度，说明 CEPU 比 GEPU 在预测中国股票波动率时更为重要。总的来说，CARR-MIDAS-CEPU 模型始终给出了最低的损失值，说明该模型是首选和最佳的波动率预测模型，其次是 CARR-MI-DAS-GEPU 模型。

表 9.3 中阴影部分表明在 10% 显著性水平下通过了 MCS 检验的模型。结果表明，CARR-MIDAS-CEPU 模型是唯一一个在所有预测期下均通过 MCS 检验的模型，进一步表明 CARR-MIDAS-CEPU 模型的样本外表现显著优于其他所有模型。

表 9.3 样本外预测评价结构

| 函数 | 预测期 | CARR | CARR-MIDAS | CARR-MIDAS-CEPU | CARR-MIDAS-GEPU |
|---|---|---|---|---|---|
| 面板 A：MSE 损失函数 | 1 | 6.4698e-06 | 5.6615e-06 | **4.0326e-06** | 4.7452e-06 |
| | 5 | 8.7122e-06 | 7.4566e-06 | **4.9309e-06** | 5.9348e-06 |
| | 10 | 1.0675e-05 | 8.7959e-06 | **5.4236e-06** | 6.6263e-06 |
| | 22 | 1.3883e-05 | 9.8059e-06 | **5.5660e-06** | 6.7895e-06 |
| 面板 B：QLIKE 损失函数 | 1 | 5.3383e-02 | 4.8970e-02 | **3.6363e-02** | 4.2160e-02 |
| | 5 | 6.9746e-02 | 6.4000e-02 | **4.5982e-02** | 5.3552e-02 |
| | 10 | 8.3782e-02 | 7.4541e-02 | **5.1807e-02** | 6.0427e-02 |
| | 22 | 1.0811e-01 | 8.5781e-02 | **5.8370e-02** | 6.6381e-02 |

注：MSE 是均方误差，QLIKE 是拟似然。每一行加粗的部分表明最低的损失函数值。阴影部分是代表在 10% 的显著性水平下，模型通过了 MCS 检验。

### 9.3.4 稳健性检验

为了进行稳健性检验，在不同的预测窗口（样本外区间）对 SSEC 进行样本外预测，本节选择两个不同预测窗口：500 和 1000。两个预测窗口的样本外预测评价结果分别见表 9.4 和表 9.5。与表 9.2 的结果一致，CARR-MI-DAS-CEPU 模型的样本外预测表现显著优于其他模型。

表 9. 4 基于预测窗口 500 的样本外预测

| 函数 | 预测期 | CARR | CARR-MIDAS | CARR-MIDAS-CEPU | CARR-MIDAS-GEPU |
|---|---|---|---|---|---|
| 面板 A：MSE 损失函数 | 1 | 5. 8635e-06 | 5. 3300e-06 | **3. 9646e-06** | 4. 2818e-06 |
| | 5 | 8. 0498e-06 | 7. 2398e-06 | **5. 0020e-06** | 5. 4611e-06 |
| | 10 | 9. 9444e-06 | 8. 7142e-06 | **5. 6484e-06** | 6. 2006e-06 |
| | 22 | 1. 3656e-05 | 1. 0430e-05 | **6. 3693e-06** | 6. 9867e-06 |
| 面板 B：QLIKE 损失函数 | 1 | 4. 6432e-02 | 4. 5667e-02 | **3. 4571e-02** | 3. 7338e-02 |
| | 5 | 6. 1724e-02 | 6. 1738e-02 | **4. 4787e-02** | 4. 8592e-02 |
| | 10 | 7. 4483e-02 | 7. 3153e-02 | **5. 1065e-02** | 5. 5565e-02 |
| | 22 | 1. 0084e-01 | 8. 8528e-02 | **6. 1062e-02** | 6. 5505e-02 |

注：MSE 是均方误差，QLIKE 是拟似然。每一行加粗的部分表明最低的损失函数值。阴影部分是代表在 10% 的显著性水平下，模型通过了 MCS 检验。

表 9. 5 基于预测窗口 1000 的样本外预测

| 函数 | 预测期 | CARR | CARR-MIDAS | CARR-MIDAS-CEPU | CARR-MIDAS-GEPU |
|---|---|---|---|---|---|
| 面板 A：MSE 损失函数 | 1 | 6. 3291e-06 | 5. 4761e-06 | **3. 8849e-06** | 4. 5401e-06 |
| | 5 | 8. 6110e-06 | 7. 2356e-06 | **4. 7254e-06** | 5. 6592e-06 |
| | 10 | 1. 0671e-05 | 8. 5469e-06 | **5. 1621e-06** | 6. 2875e-06 |
| | 22 | 1. 4443e-05 | 9. 6989e-06 | **5. 2976e-06** | 6. 4651e-06 |
| 面板 B：QLIKE 损失函数 | 1 | 5. 6089e-02 | 5. 0384e-02 | **3. 7588e-02** | 4. 2935e-02 |
| | 5 | 7. 3891e-02 | 6. 5760e-02 | **4. 6985e-02** | 5. 4085e-02 |
| | 10 | 8. 9510e-02 | 7. 6431e-02 | **5. 2300e-02** | 6. 0477e-02 |
| | 22 | 1. 1905e-01 | 8. 9079e-02 | **5. 8530e-02** | 6. 6474e-02 |

注：MSE 是均方误差，QLIKE 是拟似然。每一行加粗的部分表明最低的损失函数值。阴影部分是代表在 10% 的显著性水平下，模型通过了 MCS 检验。

# 9.4　EPU 与原油期货波动率

## 9.4.1　描述性统计量

本节使用 WTI 原油期货的日度价格（开盘价、最高价、最低价和收盘价）数据以及 4 个月度 EPU 指数，分别是全球 EPU 指数（GEPU）、美国 EPU 指数（USEPU）、中国 EPU 指数（CEPU）和俄罗斯 EPU 指数（REPU）。WTI 原油期货日度价格数据的数据抽样阶段选取为 1997 年 1 月 3 日至 2021 年 3 月 31 日，月度 EPU 指数的数据抽样阶段选取为 1997 年 1 月到 2021 年 3 月。原油期货价格数据来源于中国的万得（Wind）资讯数据库，共 6050 个日度数据。EPU 指数共 291 个月度数据。

表 9.6 给出了 WTI 原油期货价格极差和 4 个 EPU 指数的描述性统计量，从表中的结果可以看出，价格极差呈现出尖峰厚尾、非平稳和高度自相关等特征。从 EPU 指数的描述性统计量可以看出，CEPU 与其他 EPU 指数（GEPU、USEPU 和 REPU）相比具有更高的均值和标准差，表明中国政府调整经济政策更加频繁。

表 9.6　　WTI 原油期货价格极差和 4 个 EPU 指数的描述性统计量

| 项目 | WIT | GEPU | USEPU | CEPU | REPU |
|---|---|---|---|---|---|
| 均值 | 0.0334 | 127.7121 | 130.2594 | 207.9174 | 145.899 |
| 最小值 | 0.0005 | 48.8962 | 44.7828 | 9.0667 | 12.3988 |
| 最大值 | 0.4561 | 429.5359 | 503.9633 | 970.8299 | 793.6345 |
| 标准差 | 0.0234 | 67.3983 | 65.3610 | 218.0866 | 120.2223 |
| 偏度 | 5.7843 | 1.5869 | 2.1040 | 1.8994 | 2.1860 |
| 峰度 | 69.2641 | 5.6227 | 9.6299 | 5.7881 | 9.7439 |

| 项目 | WIT | GEPU | USEPU | CEPU | REPU |
|---|---|---|---|---|---|
| J-B | 1140616.1 | 205.538 | 747.6567 | 269.2338 | 783.2134 |
| ADF | −6.0213 | 0.0587 | −0.8318 | −0.2071 | −0.4119 |
| Q (10) | 17344.769 | 1726.2490 | 808.0384 | 2017.7301 | 1074.2463 |
| Q (20) | 23369.912 | 2179.4189 | 910.2153 | 2584.4533 | 1315.0717 |

注：GEPU、USEPU、CEPU 和 REPU 分别代表全球、美国、中国和俄罗斯的经济政策不确定性指数。

### 9.4.2 参数估计结果

本节将全样本划分为两个子样本。其一用来进行样本内参数估计（样本区间为 1997 年 1 月 3 日至 2017 年 12 月 31 日），其二用作样本外预测（样本区间为 2018 年 1 月 2 日至 2021 年 3 月 31 日）。本节给出了引入 4 个 EPU 指数的 CARR-MIDAS 模型的参数估计结果，本节选择 MIDAS 模型的滞后阶数为 36。

从 CARR-MIDAS 模型的参数估计结果可见（见表 9.7），对于所有模型，$\alpha + \beta$ 的参数估计结果均接近于 1，表明原油期货价格的波动具有高持续性。$\theta_2$ 值均为负，表明 EPU 指数对石油期货市场的长期波动率具有显著为负的影响，即 EPU 指数的增加预示着原油期货价格的长期波动率具有较低的波动。这个结果与马等（Ma et al.，2019）和李等（Li et al.，2022）的实证结果相反，他们的预测结果说明 EPU 指数对原油期货价格波动具有正向影响，可能的解释在于，实证分析选择的样本区间不同。此外，基于价格极差（标准差的代理变量）构建的 CARR-MIDAS 模型与基于波动率构建的 GARCH-MIDAS 模型相比而言，价格极差是可观测的，而波动率是不可观测的，也可能会导致不同的实证结果。

**表 9.7**                              **参数估计结果**

| 参数 | CARR | CARR-MIDAS | CARR-MIDAS-GEPU | CARR-MIDAS-USEPU | CARR-MIDAS-CEPU | CARR-MIDAS-REPU |
|---|---|---|---|---|---|---|
| $\alpha$ | 0.1296 (0.0061) | 0.1480 (0.0050) | 0.1431 (0.0051) | 0.1380 (0.0048) | 0.1223 (0.0044) | 0.1388 (0.0051) |
| $\beta$ | 0.8634 (0.0071) | 0.8142 (0.0072) | 0.8062 (0.0072) | 0.8191 (0.0069) | 0.8496 (0.0060) | 0.8187 (0.0071) |
| $\omega$ (m) | 0.0004 (0.0001) | $-2.1386$ (0.0188) | $-2.2717$ (0.0209) | $-2.2165$ (0.0199) | $-2.7544$ (0.0235) | $-2.3051$ (0.0206) |
| $\theta_1$ | — | 0.3488 (0.0056) | 0.3168 (0.0055) | 0.3258 (0.0055) | 0.1892 (0.0058) | 0.3069 (0.0580) |
| $\theta_2$ | — | — | $-0.2684$ (0.0161) | $-0.2559$ (0.0137) | $-0.2988$ (0.0146) | $-0.1134$ (0.0104) |
| $\omega_1$ | — | 10.9482 (0.1364) | 12.3850 (0.1313) | 9.1591 (0.0990) | 10.2780 (0.1285) | 10.8458 (0.1467) |
| $\omega_2$ | — | — | 1.2996 (0.0331) | 1.4544 (0.0404) | 1.0233 (0.0219) | 10.4498 (0.8624) |
| $\nu$ | 6.6801 (0.0941) | 6.6979 (0.0481) | 6.7114 (0.0226) | 6.7065 (0.0196) | 6.6727 (0.0488) | 6.7066 (0.0464) |

注：括号中的数据是参数估计的标准差。

## 9.4.3 原油期货市场的样本外预测结果

本节使用 CARR-MIDAS 模型来研究 EPU 指数是否对原油期货价格波动率具有预测能力。样本外预测使用滚动时间窗口的方法，初始时间为 1997 年 1 月 3 日，截止时间为 2017 年 12 月 31 日。窗口每向前滚动一天得到一个新的预测值。

为了评估竞争模型的预测性能，本节选择两个损失函数，即异方差调整的均方误差（HMSE）和异方差调整的平均绝对误差（HMAE），其表达式如下：

$$HMSE = \frac{1}{N} \sum_{i=1}^{N} \left( \frac{\hat{R}_i - R_i}{R_i} \right)^2 \qquad (9.13)$$

$$HMAE = \frac{1}{N} \sum_{i=1}^{N} \left| \frac{\hat{R}_i - R_i}{R_i} \right| \qquad (9.14)$$

其中，$R_t$ 和 $\hat{R}_t$ 分别表示真实和预测的波动率，N 是样本外预测期的数量。

表9.8给出了样本外预测结果，可以看到，CARR-MIDAS 模型在 HMSE 和 HMAE 两个评价标准下的预测结果均优于 CARR 模型。特别地，引入 EPU 指数的 CARR-MIDAS 模型要优于基准的 CARR 模型和未引入 EPU 指数的 CARR-MIDAS 模型，说明引入 EPU 指数对于预测原油期货价格波动率至关重要。此外，CEPU 的预测精度相较于其他 EPU 指数的预测精度明显更高，可能的解释为，中国的原油消费在近几年一直保持一个较快的增长，中国目前已经是世界上最大的石油进口国，导致了中国对原油市场的影响越来越大。总之，中国的经济政策不确定性对原油期货市场波动率影响最大，并且 CARR-MIDAS-CEPU 模型在预测原油期货价格波动率方面表现最优。

**表9.8**　　　　　　　　　　　　**样本外预测结果**

| 模型 | HMSE | HMAE |
|---|---|---|
| CARR | 0.2271 | 0.3611 |
| CARR-MIDAS | 0.2188 | 0.3604 |
| CARR-MIDAS-GEPU | 0.1840 | 0.3338 |
| CARR-MIDAS-USEPU | 0.1976 | 0.3447 |
| CARR-MIDAS-CEPU | **0.1758** | **0.3266** |
| CARR-MIDAS-REPU | 0.1972 | 0.3443 |

注：HMSE 和 HMAE 分别是异方差调整的均方误差和异方差调整的平均绝对误差。

### 9.4.4　稳健性检验

为了更进一步研究两个竞争模型之间的预测表现是否在统计上显著，本节使用 Diebold-Mariano 检验。Diebold-Mariano 检验结果如表 9.9 所示，从表 9.9 中可以看出，CARR-MIDAS 模型明显优于 CARR 模型，这个结果与表 9.8 相一致。特别地，引入 EPU 指数的 CARR-MIDAS 模型要优于 CARR 模型和没有引入 EPU 指数的 CARR-MIDAS 模型。此外，引入 CEPU 指数的模型预测能力要优于引入 GEPU、USEPU 和 REPU 模型的预测能力。总之，引入 CEPU 指数的 CARR-MIDAS 模型相较于其他竞争模型拥有最高的预测精度。

表 9.9                                Diebold-Mariano 检验结果

| | 模型 | CARR-MIDAS | CARR-MIDAS-GEPU | CARR-MIDAS-USEPU | CARR-MIDAS-CEPU | CARR-MIDAS-REPU |
|---|---|---|---|---|---|---|
| HMSE | CARR | 0.5278 | 7.7696 *** | 6.0236 *** | 11.5030 *** | 6.1613 *** |
| | CARR-MIDAS | — | 11.8454 *** | 11.2470 *** | 10.0708 *** | 10.5818 *** |
| | CARR-MIDAS-GEPU | — | — | − 11.1157 *** | 3.2875 *** | − 10.7128 *** |
| | CARR-MIDAS-USEPU | — | — | — | 7.8792 *** | 1.0370 |
| | CARR-MIDAS-CEPU | — | — | — | — | − 7.9666 *** |
| HMAE | CARR | 0.3467 | 10.1154 *** | 8.1952 *** | 12.3419 *** | 8.4170 *** |
| | CARR-MIDAS | — | 13.0968 *** | 12.5841 *** | 10.9845 *** | 11.8485 *** |
| | CARR-MIDAS-GEPU | — | — | − 11.9607 *** | 4.5032 *** | − 11.5523 *** |
| | CARR-MIDAS-USEPU | — | — | — | 8.9388 *** | 1.1573 |
| | CARR-MIDAS-CEPU | — | — | — | — | − 8.9866 *** |

注：HMSE 和 HMAE 分别是异方差调整的均方误差和异方差调整的平均绝对误差。*、** 和 *** 分别表示在 10%、5% 和 1% 显著性水平下显著。

## 9.5　本 章 小 结

本章构建了基于月度数据的 CARR-MIDAS 模型，该模型不仅利用了来自最高价和最低价的日内信息，而且构建的 CARR-MIDAS 模型可以引入月度外生变量（如 EPU）来对波动率的长期成分进行建模。本章采用该模型研究 EPU 对中国股票市场和原油期货市场波动率的影响，并探讨 EPU 对两个市场波动率的预测能力。同时使用多个 EPU 指数对中国的股票市场和国际原油期货市场进行了实证分析。实证结果发现，EPU 对两个市场的长期波动率均有显著的负向影响，CARR-MIDAS 模型显著改善了原始 CARR 模型的数据拟合效果。此外，引入 EPU 指数的 CARR-MIDAS 模型优于未引入 EPU 指数的 CARR-MIDAS 模型，凸显将 EPU 纳入价格极差进行建模的价值。此外，样本外预测结果表明，将 EPU 引入模型中能够显著提高模型对中国股市波动率和国际原油期货波动率的预测精度。特别地，引入 CEPU 的模型对波动率的预测精度显著优于引入其他 EPU 的模型。通过稳健性检验，本章的实证结果对不同的预测窗口均具有稳健性。总体而言，研究结果突出了 EPU 特别是 CEPU 对中国股市波动率和国际原油期货波动率的预测作用。

最后，未来的研究可以扩展应用于风险管理，或基于 EPU 的期权定价。此外，在潘等（Pan et al.，2012）的机制转换思想的启发下，可以将 CARR-MIDAS 模型进行扩展，将机制转换引入到短期成分中来对波动率进行进一步的建模和预测。

第 10 章

# 带杠杆效应的随机条件极差（SCRL）模型

## 10.1 引　言

经典的 CARR 模型在结构上与 GARCH 模型相似，将条件价格极差看作是关于历史信息集的条件确定性函数，这使得 CARR 模型在结构上缺乏灵活性。于是，借鉴鲍文斯和韦雷达斯（Bauwens and Veredas，2004）提出的随机条件久期（SCD）模型建模思想，加利（Galli，2014）提出 SCR 模型来描述价格极差的动态性。在 SCR 模型中，价格极差动态性由一个不可观测的潜在变量驱动，可以充分捕获市场上不可观测的信息流的到来。由于 SCR 模型在条件价格极差过程中引入了一个新的随机过程，其尾部拟合能力更强，这也使得 SCR 模型相比 CARR 模型具有更高的灵活性以及对金融时间序列数据更好的样本内拟合和样本外波动率预测效果。

虽然加利（Galli，2014）研究表明，SCR 模型相比 CARR 模型具有更好的样本内拟合效果，但也有研究发现基本的 SCR 模型对于描述金融时间序列的一些经验特征事实仍过于局限。研究表明，金融市场中利好消息和利空消息会对未来的资产价格波动产生不同程度的影响。当资产价格上涨，未来的波动率下降，当资产价格下跌，未来的波动率上升，负的资产收益率的冲击对未来的波动率的影响要比相同程度的正的冲击影响更大,这一现象被称为非对称性或杠杆效应。对杠杆效应的刻画具有重要意义,若不考虑杠杆效应的存在,将会导致波动率预测以及期权定价的巨大偏差。已有研究表明在CARR 模型框架下考虑杠杆效应可以显著提高波动率预测的精确性(Chou,2005;Li and Hong, 2010;Tan et al. , 2019)。基于此,本章在 SCR 模型框架下引入杠杆效应构建包含杠杆效应的随机条件极差(SCRL)模型,探讨SCRL 模型下波动率预测问题。由于 SCRL 模型包含不可观测的状态变量,是一种非线性、非高斯状态空间模型,其似然函数是一个极其复杂的高维积分,因此本章采用基于连续粒子滤波的极大似然(CSIR-ML)估计方法估计 SCRL模型的参数,并采用蒙特卡洛模型方法检验其有效性。最后采用中国上证综合指数(SSEC)、中国香港恒生指数(HSI)、日本日经 225 指数(NK225)和美国标普 500 指数(SPX)数据进行实证研究。

本章其余部分内容安排如下:10.2 节介绍 SCR 模型和 SCRL 模型;10.3节给出基于连续粒子滤波的极大似然估计方法;10.4 节利用蒙特卡洛模拟实验检验估计方法的有效性;10.5 节采用 SSEC、HSI、NK225 和 SPX 指数数据进行实证研究。10.6 节对本章研究内容进行总结。

## 10.2　SCRL 模型

### 10.2.1　SCR 模型

基于鲍文斯和韦雷达斯(Bauwens and Veredas, 2004)的 SCD 模型,加利(Galli, 2014)对 CARR 模型进行了拓展,构建了 SCR 模型:

$$R_t = \lambda_t \varepsilon_t, \quad \lambda_t = \exp(c + \psi_t) \tag{10.1}$$

$$\psi_t = \beta\psi_{t-1} + \eta_t \tag{10.2}$$

$$\varepsilon_t | F_{t-1} \sim i.i.d. f(.) \tag{10.3}$$

$$\eta_t \,|\, F_{t-1} \sim \text{i. i. d. } N(0, \ \sigma^2) \tag{10.4}$$

其中，$\psi_t$ 是不可观测的隐变量，服从高斯 AR（1）过程，为了保证其平稳性，假定 $|\beta| < 1$，$\varepsilon_t$ 与 $\eta_t$ 相互独立，引入新息 $\eta_t$ 增加了模型的灵活性。

## 10.2.2  SCRL 模型

虽然标准的 SCR 模型相比 CARR 模型具有更高的灵活性，但对于刻画波动率的其他一些经验特征事实仍过于局限，例如它没有考虑到波动率过程具有杠杆效应。鉴于此，本节提出能够捕获杠杆效应的 SCRL 模型对价格极差建模，构建的 SCRL 模型为

$$R_t = \lambda_t \varepsilon_t, \quad \lambda_t = \exp(c + \psi_t) \tag{10.5}$$

$$\psi_t = \beta \psi_{t-1} + \gamma r_{t-1} + \eta_t \tag{10.6}$$

$$\varepsilon_t \,|\, F_{t-1} \sim \text{i. i. d. } f(.) \tag{10.7}$$

$$\eta_t \,|\, F_{t-1} \sim \text{i. i. d. } N(0, \ \sigma^2) \tag{10.8}$$

其中，$r_t = p_t - p_{t-1}$ 是资产收益率。在 SCRL 模型中引入滞后的收益率变量，以考虑正负收益率冲击对波动率的杠杆效应。

从式（10.5）~式（10.8）可以看到，当 $\gamma = 0$ 时，SCRL 模型退化为 SCR 模型。此外，SCRL 模型相比 CARRL 模型也具有更高的灵活性。CARRL 模型的形式如下：

$$R_t = \lambda_t \varepsilon_t \tag{10.9}$$

$$\lambda_t = \omega + \alpha R_{t-1} + \beta \lambda_{t-1} + \gamma r_{t-1} \tag{10.10}$$

$$\varepsilon_t \,|\, F_{t-1} \sim \text{i. i. d. } f(\cdot) \tag{10.11}$$

## 10.3  SCRL 模型的估计方法

本节采用极大似然估计方法来估计 SCRL 模型的参数。极大似然估计方法是一种常用和有效的参数估计方法，其所获得的极大似然估计量具有良好

的统计性质，如一致性、渐进正态性。由于 SCRL 模型包含不可观测的变量，这使得其似然函数很难获得，因此基于极大似然原理的 SCRL 模型的直接参数推断很难实施。为了克服这个问题，本章采用粒子滤波方法解决 SCRL 模型的似然估计问题，进而通过极大似然原理对模型参数进行统计推断。粒子滤波方法是一种序贯蒙特卡洛方法，它通过模拟抽样产生预测和滤波分布，该方法被应用于工程领域，近年来在金融应用中获得了越来越多的关注。

SCRL 模型的对数似然函数可以写为

$$\log L(\Theta) = \log p(R_1, R_2, \cdots, R_T \mid \Theta) = \sum_{t=0}^{T-1} \log p(R_{t+1} \mid F_t; \Theta)$$

(10.12)

其中，$\Theta = (c, \beta, \sigma^2, \gamma, v)'$ 为 SCRL 模型的参数向量，$p(R_{t+1} \mid F_t; \Theta)$ 为预测密度（似然）函数，可表示为

$$p(R_{t+1} \mid F_t; \Theta) = \int p(R_{t+1} \mid \psi_{t+1}; \Theta) p(\psi_{t+1} \mid F_t; \Theta) d\psi_{t+1} \quad (10.13)$$

其中，$\psi_t$ 是不可观测的状态变量（隐变量）。式（10.13）中的表达式对于粒子滤波的极大似然估计至关重要。实际上，预测密度 $p(R_{t+1} \mid \psi_{t+1}; \Theta)$ 可通过蒙特卡洛模拟近似得到，即

$$\hat{p}(R_{t+1} \mid F_t; \Theta) = \frac{1}{N} \sum_{i=1}^{N} p(R_{t+1} \mid \psi_{t+1}^i; \Theta) \quad (10.14)$$

式中，$\psi_{t+1}^i$，$i = 1, \cdots, N$ 是来自预测密度 $p(\psi_{t+1} \mid F_t; \Theta)$ 的抽样，可以利用粒子滤波方法得到。

根据贝叶斯原理，滤波密度 $p(\psi_{t+1} \mid F_{t+1}; \Theta)$ 可以写为

$$p(\psi_{t+1} \mid F_{t+1}; \Theta) \propto p(R_{t+1} \mid \psi_{t+1}; \Theta) p(\psi_{t+1} \mid F_t; \Theta) \quad (10.15)$$

$$p(\psi_{t+1} \mid F_t; \Theta) = \int p(\psi_{t+1} \mid \psi_t; \Theta) p(\psi_t \mid F_t; \Theta) d\psi_t \quad (10.16)$$

粒子滤波即根据式（10.15）和式（10.16），通过模拟抽样来递归地获得滤波密度 $p(\psi_{t+1} \mid F_{t+1}; \Theta)$ 的近似。具体地，假设获得等权重抽样 $\psi_t^i \sim p(\psi_t \mid F_t; \Theta)$，$i = 1, \cdots, N$，根据式（10.15）和式（10.16）可以得到滤波密度 $p(\psi_{t+1} \mid F_{t+1}; \Theta)$ 的近似为

$$\hat{p}(\psi_{t+1} \mid F_{t+1}; \Theta) \propto p(R_{t+1} \mid \psi_{t+1}; \Theta) \frac{1}{N} \sum_{i=1}^{N} p(\psi_{t+1} \mid \psi_t^i; \Theta) \quad (10.17)$$

为了从式（10.17）中抽样，可以采用戈登（Gordon，1993）提出的抽样重要性重抽样（SIR）滤波算法。然而，基于标准 SIR 滤波算法得到的模型似然函数并非参数的连续函数，这给采用传统的优化方法来最大化相应的似然函数造成困难。为了克服这个问题，本章运用马利克和皮特（Malik and Pitt，2010）提出的连续重抽样方法，构建相应的连续 SIR（CSIR）滤波方法来获得光滑连续似然函数，进而结合极大似然方法对 SCRL 模型的参数进行估计。

下面给出 SCRL 模型的 CSIR 滤波算法如下：

给定抽样 $\psi_t^i \sim p(\psi_t \mid F_t; \Theta)$，$i = 1, \cdots, N$。

**步骤1**：根据式（10.6）抽样 $\tilde{\psi}_{t+1}^i \sim p(\psi_{t+1} \mid \psi_t^i; \Theta)$，$i = 1, 2, \cdots, N$；

**步骤2**：计算归一化权重：

$$\pi_{t+1}^i = \frac{\omega_{t+1}^i}{\sum_{i=1}^{N} \omega_{t+1}^i}, \quad i = 1, \cdots, N \quad (10.18)$$

其中

$$\omega_{t+1}^i = p(R_{t+1} \mid \tilde{\psi}_{t+1}^i; \Theta) = \frac{1}{\tilde{\lambda}_{t+1}^i} \frac{v}{\Gamma(v)} \left( v \frac{R_{t+1}}{\tilde{\lambda}_{t+1}^i} \right)^{v-1} \times \exp\left( -v \frac{R_{t+1}}{\tilde{\lambda}_{t+1}^i} \right)$$

$$\tilde{\lambda}_{t+1}^i = \exp(c + \tilde{\psi}_{t+1}^i)$$

**步骤3**：以加权抽样 $\{\tilde{\psi}_{t+1}^i, \pi_{t+1}^i \mid i = 1, \cdots, N\}$ 构建连续经验分布函数，基于构建的连续经验分布进行（分层）重抽样 N 次，得到滤波抽样 $\psi_{t+1}^i \sim p(\psi_{t+1} \mid F_{t+1}; \Theta)$，$i = 1, \cdots, N$。

基于上述 CSIR 算法，根据式（10.14）得到似然估计为

$$\hat{p}(R_{t+1} \mid F_t; \Theta) = \frac{1}{N} \sum_{i=1}^{N} p(R_{t+1} \mid \tilde{\psi}_{t+1}^i; \Theta) = \frac{1}{N} \sum_{i=1}^{N} \omega_{t+1}^i \quad (10.19)$$

其中，$\omega_{t+1}^i$，$i = 1, \cdots, N$ 是 CSIR 算法步骤 2 中计算得到的非归一化权重。从而，得到模型对数似然的估计为

$$\log\hat{L}(\Theta) = \sum_{t=0}^{T-1}\log\hat{p}(R_{t+1}\mid F_t;\Theta) = \sum_{t=0}^{T-1}\log\Big(\frac{1}{N}\sum_{i=1}^{N}\omega_{t+1}^i\Big) \quad (10.20)$$

上述对数似然估计不是无偏的，进行偏差修正得到无偏的对数似然的估计为

$$\log\tilde{L}(\Theta) = \sum_{t=1}^{T-1}\Big(\log\mu_{\omega_{t+1}} + \frac{1}{2}\frac{\sigma_{\omega_{t+1}}^2}{N\mu_{\omega_{t+1}}^2}\Big) \quad (10.21)$$

其中

$$\mu_{\omega_{t+1}} = \frac{1}{N}\sum_{i=1}^{N}\omega_{t+1}^i, \ \sigma_{\omega_{t+1}}^2 = \frac{1}{N-1}\sum_{i=1}^{N}(\omega_{t+1}^i - \mu_{\omega_{t+1}})^2$$

基于 CSIR 滤波算法得到连续的似然函数，进而结合极大似然原理可以得到 SCRL 模型参数的模拟极大似然估计为

$$\hat{\Theta} = \arg\max_{\Theta}\log\tilde{L}(\Theta) \quad (10.22)$$

## 10.4 模拟实验

为了检验 10.3 节给出的基于 CSIR 滤波的极大似然估计方法的精确性和有限样本性质，这部分进行蒙特卡洛模拟实验。考虑基于 SCRL 模型的模拟实验，模型真实参数值设定为

$$R_t = \lambda_t\varepsilon_t, \ \lambda_t = \exp(-4.00 + \psi_t)$$
$$\psi_t = 0.98\psi_{t-1} - 2r_{t-1} + \eta_t$$
$$\varepsilon_t\mid F_{t-1} \sim i.i.d. \ \Gamma(7.50)$$
$$\eta_t\mid F_{t-1} \sim i.i.d. \ N(0, 0.01)$$
$$r_t = \frac{\lambda_t}{\sqrt{4\ln2 z_t}}$$
$$z_t\mid F_{t-1} \sim i.i.d. \ N(0, 1)$$

根据上述"真实的"SCRL 模型模拟生成样本长度为 T=1000、T=2000 和 T=4000 的观测序列，对该观测序列运用基于 CSIR 滤波的极大似然方法进

行估计，重复模拟和估计实验 100 次得到参数估计的均值、标准差和均方根误差（RMSE）。基于 CSIR 滤波的极大似然估计方法采用 MATLAB 软件编程，在 Windows7 计算机上实现。

表 10.1 给出了数值模拟的实验结果。从表 10.1 可以看出，参数估计的均值都接近于相应的参数真实值，参数估计的标准差都接近于 RMSE，表明估计的有限样本偏差较小。随着样本长度的增加，参数估计的标准差和RMSE 都变得越小，说明参数估计值随着样本长度的增加而趋于收敛于参数真实值。综上所述，运用基于 CSIR 滤波的极大似然方法估计 SCRL 模型可以获得可靠的参数估计结果。

**表 10.1**                 **SCRL 模型模拟结果**

| 参数 | | 真实值 | 均值 | 标准差 | RMSE |
|---|---|---|---|---|---|
| T = 1000 | c | −4.00 | −3.9282 | 0.4486 | 0.4521 |
| | β | 0.98 | 0.9801 | 0.0109 | 0.0108 |
| | $\sigma^2$ | 0.01 | 0.0103 | 0.0022 | 0.0022 |
| | γ | −2.00 | −2.0999 | 0.5364 | 0.5429 |
| | v | 7.50 | 7.5284 | 0.3986 | 0.3976 |
| T = 2000 | c | −4.00 | −4.0402 | 0.2688 | 0.2705 |
| | β | 0.98 | 0.9792 | 0.0069 | 0.0069 |
| | $\sigma^2$ | 0.01 | 0.0101 | 0.0016 | 0.0016 |
| | γ | −2.00 | −2.0076 | 0.4469 | 0.4448 |
| | v | 7.50 | 7.5333 | 0.2623 | 0.2631 |
| T = 4000 | c | −4.00 | −3.9675 | 0.0950 | 0.0999 |
| | β | 0.98 | 0.9785 | 0.0040 | 0.0043 |
| | $\sigma^2$ | 0.01 | 0.0102 | 0.0010 | 0.0010 |
| | γ | −2.00 | −2.0423 | 0.2460 | 0.2484 |
| | v | 7.50 | 7.5174 | 0.1996 | 0.1994 |

# 10.5　实证研究

## 10.5.1　数据和描述性统计

采用中国上证综合指数（SSEC）、中国香港恒生指数（HSI）、日本日经225 指数（NK225）和美国标普 500 指数（SPX）从 2001 年 1 月 2 日至 2018 年9 月 26 日的日交易价格数据（包括每日的开盘价、最高价、最低价和收盘价）作为研究样本，所有数据来源于雅虎网站（https：//finance. yahoo. com/）。

表 10. 2 给出了四个指数日内价格极差的描述性统计量。从表 10. 2 可以看到，四个指数价格极差偏度都显著为正。Jarque-Bera 统计量显著，拒绝其正态性假定。Ljung-Box Q 统计量表明所有价格极差序列均具有非常强的持续性，这与金融时间序列波动聚集及高度持续的特性是一致的。

**表 10. 2　　　　　　　　　指数价格极差描述性统计量**

| 项目 | SSEC | HSI | NK225 | SPX |
|---|---|---|---|---|
| 样本量 | 4283 | 4347 | 4332 | 4452 |
| 均值 | 0. 0183 | 0. 0133 | 0. 0137 | 0. 0129 |
| 最小值 | 0. 0025 | 0. 0026 | 0. 0019 | 0. 0015 |
| 最大值 | 0. 1064 | 0. 1765 | 0. 1376 | 0. 1090 |
| 标准差 | 0. 0123 | 0. 0089 | 0. 0094 | 0. 0101 |
| 偏度 | 2. 1967 | 4. 3351 | 3. 6241 | 3. 2340 |
| 峰度 | 10. 0517 | 46. 6128 | 28. 8940 | 20. 8791 |
| Jarque-Bera | 12318. 7389<br>(0. 0000) | 358129. 0693<br>(0. 0000) | 130507. 7096<br>(0. 0000) | 67057. 7465<br>(0. 0000) |
| Q（10） | 9306. 9893<br>(0. 0000) | 9971. 0997<br>(0. 0000) | 8423. 1427<br>(0. 0000) | 17320. 3973<br>(0. 0000) |

　　图 10.1 给出了四个指数的日收益率和价格极差的时间序列图。从图 10.1 可以看出，当收益率较低时，特别是在 2008 年 10 月开始的国际金融危机期间，日度波动率幅度较大或价格波动较大，这就是本章研究的目标——杠杆效应。

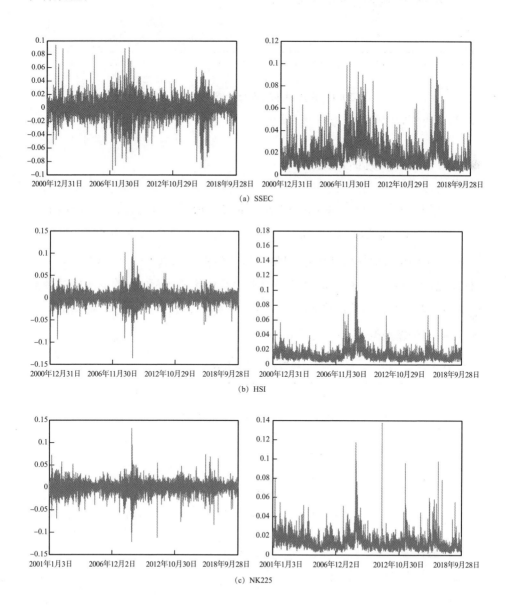

(a) SSEC

(b) HSI

(c) NK225

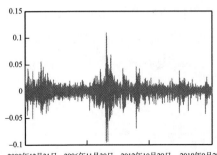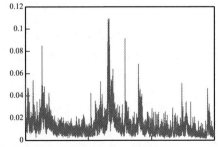

(d) SPX

**图 10.1　指数日收益率及价格极差时间序列**

注：图中左侧为日收益率，右侧为价格极差。

## 10.5.2　参数估计结果

运用 10.4 节给出的基于 CSIR 滤波的极大似然估计方法，得到 SCRL 模型的参数估计结果如表 10.3 所示。为了比较起见，表 10.3 也给出了 CARR 模型、CARRL 模型与标准 SCR 模型的估计结果。从表 10.3 可以看到，所有模型的估计结果都具有非常高的持续性：CARR 和 CARRL 的 α + β 系数和 SCR 和 SCRL 的 β 系数都接近于 1。所有模型中参数 v 的估计值都明显大于 1，表明价格极差偏离于指数分布。

表 10.3　　　　　　　　　　　模型参数估计结果

| 指数 | CARR/CARRL | | | SCR/SCRL | | |
|---|---|---|---|---|---|---|
| | 参数 | CARR | CARRL | 参数 | SCR | SCRL |
| SSEC | $\omega$ | 0.0003 (0.0000) | 0.0003 (0.0000) | c | −4.0913 (0.0653) | −4.0878 (0.0554) |
| | $\alpha$ | 0.1588 (0.0074) | 0.1660 (0.0076) | $\beta$ | 0.9756 (0.0039) | 0.9698 (0.0042) |
| | $\beta$ | 0.8252 (0.0081) | 0.8156 (0.0084) | $\sigma^2$ | 0.0103 (0.0010) | 0.0102 (0.0010) |
| | $\gamma$ | — | −0.0331 (0.0039) | $\gamma$ | — | −2.2370 (0.2372) |

续表

| 指数 | CARR/CARRL | | | SCR/SCRL | | |
|---|---|---|---|---|---|---|
| | 参数 | CARR | CARRL | 参数 | SCR | SCRL |
| SSEC | $v$ | 5.4947 (0.1068) | 5.5625 (0.1073) | $v$ | 7.1954 (0.1876) | 7.3962 (0.1966) |
| | Log-lik | 15343.5203 | 15371.3407 | Log-lik | 15425.7914 | 15464.4646 |
| | AIC | -30679.0406 | -30732.6814 | AIC | -30843.5829 | -30918.9291 |
| | BIC | -30653.5910 | -30700.8694 | BIC | -30818.1332 | -30887.1071 |
| HSI | $\omega$ | 0.0002 (0.0000) | 0.0002 (0.0000) | $c$ | -4.3719 (0.0646) | -4.3616 (0.0503) |
| | $\alpha$ | 0.1041 (0.0061) | 0.1044 (0.0062) | $\beta$ | 0.9842 (0.0031) | 0.9823 (0.0028) |
| | $\beta$ | 0.8727 (0.0072) | 0.8790 (0.0071) | $\sigma^2$ | 0.0044 (0.0005) | 0.0033 (0.0004) |
| | $\gamma$ | — | -0.0230 (0.0023) | $\gamma$ | — | -1.9160 (0.1742) |
| | $v$ | 6.2174 (0.1228) | 6.2996 (0.1237) | $v$ | 7.3965 (0.1761) | 7.3381 (0.1725) |
| | Log-lik | 17085.9248 | 17105.9874 | Log-lik | 17131.9098 | 17169.6608 |
| | AIC | -34163.8495 | -34221.9747 | AIC | -34255.8197 | -34329.3217 |
| | BIC | -34138.3406 | -34190.0885 | BIC | -34230.3107 | -34297.4355 |
| NK225 | $\omega$ | 0.0004 (0.0000) | 0.0005 (0.0000) | $c$ | -4.3604 (0.0477) | -4.3610 (0.0400) |
| | $\alpha$ | 0.1963 (0.0075) | 0.1722 (0.0074) | $\beta$ | 0.9597 (0.0050) | 0.9605 (0.0041) |
| | $\beta$ | 0.7767 (0.0088) | 0.7948 (0.0085) | $\sigma^2$ | 0.0154 (0.0010) | 0.0104 (0.0008) |
| | $\gamma$ | — | -0.0493 (0.0030) | $\gamma$ | — | -3.5672 (0.2357) |
| | $v$ | 5.4345 (0.0963) | 5.6069 (0.0976) | $v$ | 7.4439 (0.2043) | 7.2723 (0.1837) |

| 指数 | CARR/CARRL | | | SCR/SCRL | | |
|---|---|---|---|---|---|---|
| | 参数 | CARR | CARRL | 参数 | SCR | SCRL |
| NK225 | Log-lik | 16699.7735 | 16771.4510 | Log-lik | 16784.2542 | 16857.1889 |
| | AIC | −33391.5470 | −33532.9020 | AIC | −33560.5084 | −33704.3778 |
| | BIC | −33366.0519 | −33501.0331 | BIC | −33535.0132 | −33672.5089 |
| SPX | $\omega$ | 0.0002 (0.0000) | 0.0003 (0.0000) | c | −4.4595 (0.0755) | −4.3598 (0.0387) |
| | $\alpha$ | 0.2106 (0.0089) | 0.1427 (0.0075) | $\beta$ | 0.9800 (0.0033) | 0.9785 (0.0022) |
| | $\beta$ | 0.7739 (0.0100) | 0.8340 (0.0080) | $\sigma^2$ | 0.0102 (0.0009) | 0.0052 (0.0005) |
| | $\gamma$ | — | −0.1025 (0.0045) | $\gamma$ | — | −6.6029 (0.3361) |
| | v | 5.7355 (0.1059) | 6.2780 (0.1261) | v | 7.5188 (0.1940) | 7.4142 (0.1789) |
| | Log-lik | 17756.3457 | 17968.6458 | Log-lik | 17803.2756 | 17967.0717 |
| | AIC | −35504.6913 | −35927.2915 | AIC | −35595.5512 | −35924.1434 |
| | BIC | −35470.0869 | −35895.2860 | BIC | −35572.9468 | −35892.1379 |

注：括号内的数字为标准误差。Log-lik 为对数似然准则，AIC 和 BIC 分别为赤池信息准则和贝叶斯信息准则。

从 CARRL 模型和 SCRL 模型中杠杆参数 $\gamma$ 的估计结果可以看到，所有指数的 $\gamma$ 估计值均显著为负，这表明所有指数都存在显著的杠杆效应。比较所有指数的杠杆参数 $\gamma$ 可以看到，SPX 指数的杠杆效应最强，HSI 指数的杠杆效应最弱。比较各模型的对数似然值、AIC 值和 BIC 值可以看到，CARRL/SCRL 模型始终优于 CARR/SCR 模型。与 CARR/SCR 模型相比，CARRL/SCRL 模型拥有更高的对数似然值和更低的 AIC 和 BIC 值，突出了将杠杆效应纳入价格极差建模的价值。此外，除 SPX 指数以外，相较于 CARR（L）模型，SCR（L）模型也拥有较高的对数似然值和较低的 AIC 和 BIC 值。因此，本章所提出的包含杠杆效应的 SCRL 模型获得了比其他模型更好的数据拟合效果。

### 10.5.3　样本外预测

与样本内表现相比，模型样本外预测表现对于市场参与者来说具有更为重要的意义。本节探讨了 CARR 模型、CARRL 模型、SCR 模型和 SCRL 模型的样本外预测能力。本节采用滚动时间窗方法对波动率进行预测。将数据样本总体分为两个部分："估计样本"和"预测样本"，其中估计样本包含前 4000 个交易日的样本数据估计模型，并将估计的模型用于一步向前的波动率预测。然后将估计模型的窗口向前滚动 1 天（保持估计样本的时间区间长度为 4000 天不变），重新估计模型，并将重新估计的模型用于一步向前的波动率预测，整个过程不断重复直至最终样本。

由于真实的波动率是不可观测的，在评价和比较波动率预测模型时需要借助真实波动率的"代理值"。本节采用价格极差（RNG）和已实现波动率（RV）作为真实波动率的代理。同时本节使用 MAE、MAPE、MSE 和 QLIKE 四种损失函数对波动率预测误差进行衡量。

表 10.4 给出了四种模型的预测结果。从表 10.4 可以看出，引入杠杆效应的 SCRL 模型和 CARRL 模型相比相应的 SCR 模型和 CARR 模型具有更好的预测效果（更低的损失值）。因此，在价格极差（波动率）模型中加入杠杆效应有助于预测波动率。

此外，在大多数情况下，SCRL 模型相较于其他模型具有更高的预测精度。特别地，SCRL 模型在 RNG 作为真实波动率代理情形下预测误差统计量通常是最低的（除了 SSEC 指数中的 MAPE 和 HSI 指数的 QLIKE），而且对 RV 的预测误差统计量始终最低。基于四种损失函数结果而言，SCRL 模型对所有指数均展现出最好的样本外预测表现。CARRL 模型和 SCR 模型的预测能力对损失函数和数据的选择似乎很敏感。在所有模型中，CARR 模型的样本外预测能力最差。

表10.4　样本外预测结果

| 指数 | 模型 | RNG | | | | RV | | | |
|---|---|---|---|---|---|---|---|---|---|
| | | CARR | CARRL | SCR | SCRL | CARR | CARRL | SCR | SCRL |
| SSEC (283) | MAE | 3.9185E-03 | 3.8789E-03 | 3.8633E-03 | 3.8413E-03 | 1.6814E-03 | 1.6672E-03 | 1.6353E-03 | 1.6221E-03 |
| | MAPE | 3.9532E-01 | 3.9425E-01 | 3.8535E-01 | 3.8620E-01 | 2.3474E-01 | 2.3494E-01 | 2.2716E-01 | 2.2698E-01 |
| | MSE | 2.8817E-05 | 2.7856E-05 | 2.8301E-05 | 2.7689E-05 | 5.8146E-06 | 5.6608E-06 | 5.6696E-06 | 5.5633E-06 |
| | QLIKE | 8.4360E-02 | 8.1944E-02 | 8.2626E-02 | 8.0767E-02 | 4.2269E-02 | 4.1277E-02 | 4.1625E-02 | 4.0153E-02 |
| HSI (347) | MAE | 3.4345E-03 | 3.4124E-03 | 3.4276E-03 | 3.4069E-03 | 1.3249E-03 | 1.3281E-03 | 1.3002E-03 | 1.2966E-03 |
| | MAPE | 3.5687E-01 | 3.5361E-01 | 3.5302E-01 | 3.5037E-01 | 2.0513E-01 | 2.0572E-01 | 2.0047E-01 | 2.0020E-01 |
| | MSE | 2.0495E-05 | 2.0082E-05 | 2.0446E-05 | 2.0050E-05 | 3.2702E-06 | 3.2172E-06 | 3.1338E-06 | 3.0991E-06 |
| | QLIKE | 7.6562E-02 | 7.5136E-02 | 7.7220E-02 | 7.5581E-02 | 3.2158E-02 | 3.1957E-02 | 3.1836E-02, | 3.1519E-02 |
| NK225 (332) | MAE | 3.0888E-03 | 3.0620E-03 | 3.0610E-03 | 3.0121E-03 | 1.2142E-03 | 1.1962E-03 | 1.2009E-03 | 1.1596E-03 |
| | MAPE | 4.1244E-01 | 4.1419E-01 | 4.0151E-01 | 3.9521E-01 | 2.2739E-01 | 2.2738E-01 | 2.2177E-01 | 2.1405E-01 |
| | MSE | 2.2270E-05 | 2.1757E-05 | 2.2182E-05 | 2.1684E-05 | 3.7986E-06 | 3.5900E-06 | 3.7457E-06 | 3.5565E-06 |
| | QLIKE | 9.4661E-02 | 9.3690E-02 | 9.4462E-02 | 9.2268E-02 | 4.0004E-02 | 3.8452E-02 | 4.0157E-02 | 3.7734E-02 |
| SPX (452) | MAE | 2.8169E-03 | 2.7384E-03 | 2.7341E-03 | 2.6524E-03 | 1.2036E-03 | 1.1726E-03 | 1.1631E-03 | 1.1002E-03 |
| | MAPE | 4.7325E-01 | 4.6479E-01 | 4.4535E-01 | 4.4218E-01 | 2.7882E-01 | 2.7732E-01 | 2.6101E-01 | 2.5691E-01 |
| | MSE | 1.8517E-05 | 1.6662E-05 | 1.7985E-05 | 1.6188E-05 | 3.6434E-06 | 3.1530E-06 | 3.5071E-06 | 2.9268E-06 |
| | QLIKE | 1.0842E-01 | 1.0499E-01 | 1.0713E-01 | 1.0182E-01 | 5.1971E-02 | 5.2036E-02 | 5.1784E-02 | 4.8041E-02 |

注：括号内的数字为预测次数。

为了进一步了解波动率模型间的差异，在此按照明瑟和扎诺维茨（Mincer and Zarnowitz, 1969）的方法进行以下回归：

$$MV_t = a + bFV_t(m) + u_t \tag{10.23}$$

Mincer-Zarnowitz 回归度量了模型对波动率指数预测的无偏性。模型的无偏性可以通过 $H_0: a = 0, b = 1$ 联合检验来检验。如果模型是无偏的，则接受零假设。Mincer-Zarnowitz 回归的 $R^2$ 意味着预测波动率在多大的程度上解释了真实波动率，并且不用考虑任何偏差，是一个衡量模型预测能力的有效方法。

为了比较两个价格极差模型的相对信息，在此进一步考虑如下 Encompassing 回归：

$$MV_t = a + b_1 FV_t(m_i) + b_2 FV_t(m_j) + u_t \tag{10.24}$$

如果模型 i 优于模型 j，则 $b_1$ 在统计意义上显著，而 $b_2$ 不显著。

表 10.5 给出了 Mincer-Zarnowitz 回归的结果，包括参数估计、标准误差和使用两个事前和事后波动率作为波动率代理的（调整的）$R^2$。回归结果表明，在 5% 的显著性水平下，多数情况无法拒绝原假设。与表 10.4 的结果一致，SCRL 模型的 $R^2$ 最高，说明与真实波动率相关的信息含量较高。值得注意的是，RV 的 $R^2$ 总是比 RNG 的 $R^2$ 高得多，这表明以高频日内价格数据构建的 RV 与 RNG 相比具有较少的噪声。

表 10.5  Mincer-Zarnowitz 回归结果

| 模型 | 指数 | 截距 | FV (CARR) | FV (CARRL) | FV (SCR) | FV (SCRL) | $R^2$ |
|---|---|---|---|---|---|---|---|
| RNG | SSEC | 0.0003 (0.0011) | 0.9430 (0.1067) | — | — | — | 0.3122 |
| | | 0.0004 (0.0010) | — | 0.9137 (0.0965) | — | — | 0.3421 |
| | | 0.0010 (0.0010) | — | — | 0.8804 (0.0913) | — | 0.3296 |
| | | 0.0012 (0.0010) | — | — | — | 0.8535 (0.0861) | 0.3538 |

| 模型 | 指数 | 截距 | FV<br>(CARR) | FV<br>(CARRL) | FV<br>(SCR) | FV<br>(SCRL) | $R^2$ |
|---|---|---|---|---|---|---|---|
| RNG | HSI | 0.0003<br>(0.0010) | 0.9593<br>(0.0961) | — | — | — | 0.2462 |
| | | 0.0006<br>(0.0009) | — | 0.9326<br>(0.0876) | — | — | 0.2626 |
| | | 0.0011<br>(0.0009) | — | — | 0.8923<br>(0.0843) | — | 0.2512 |
| | | 0.0012<br>(0.0008) | — | — | — | 0.8831<br>(0.0798) | 0.2671 |
| | NK225 | 0.0005<br>(0.0008) | 0.8807<br>(0.1010) | — | — | — | 0.2353 |
| | | 0.0005<br>(0.0009) | — | 0.8735<br>(0.1042) | — | — | 0.2580 |
| | | 0.0010<br>(0.0007) | — | — | 0.8314<br>(0.0885) | — | 0.2413 |
| | | 0.0010<br>(0.0007) | — | — | — | 0.8191<br>(0.0840) | 0.2622 |
| | SPX | −0.0001<br>(0.0007) | 0.9491<br>(0.1210) | — | — | — | 0.4330 |
| | | −0.0003<br>(0.0007) | — | 0.9754<br>(0.1029) | — | — | 0.4912 |
| | | −0.0001<br>(0.0007) | — | — | 0.9719<br>(0.1086) | — | 0.4435 |
| | | −0.0004<br>(0.0006) | — | — | — | 1.0075<br>(0.1066) | 0.5003 |

| 模型 | 指数 | 截距 | FV (CARR) | FV (CARRL) | FV (SCR) | FV (SCRL) | $R^2$ |
|---|---|---|---|---|---|---|---|
| RV | SSEC | 0.0015 (0.0007) | 0.7704 (0.1014) | — | — | — | 0.3622 |
| | | 0.0016 (0.0006) | — | 0.7483 (0.0916) | — | — | 0.3987 |
| | | 0.0018 (0.0006) | — | — | 0.7347 (0.0886) | — | 0.3990 |
| | | 0.0018 (0.0006) | — | — | — | 0.7163 (0.0802) | 0.4332 |
| | HSI | 0.0005 (0.0006) | 0.9102 (0.0937) | — | — | — | 0.4021 |
| | | 0.0008 (0.0005) | — | 0.8730 (0.0837) | — | — | 0.4172 |
| | | 0.0008 (0.0005) | — | — | 0.8696 (0.0833) | — | 0.4331 |
| | | 0.0009 (0.0005) | — | — | — | 0.8463 (0.0749) | 0.4449 |
| | NK225 | −0.0002 (0.0004) | 1.0195 (0.0886) | — | — | — | 0.4630 |
| | | −0.0002 (0.0004) | — | 0.9983 (0.0812) | — | — | 0.4947 |
| | | 0.0001 (0.0003) | — | — | 0.9576 (0.0761) | — | 0.4700 |
| | | 0.0003 (0.0003) | — | — | — | 0.9326 (0.0612) | 0.4988 |
| | SPX | 0.0001 (0.0004) | 0.9394 (0.1012) | — | — | — | 0.5774 |

| 模型 | 指数 | 截距 | FV (CARR) | FV (CARRL) | FV (SCR) | FV (SCRL) | $R^2$ |
|---|---|---|---|---|---|---|---|
| RV | SPX | 0.0001 (0.0004) | — | 0.9508 (0.1038) | — | — | 0.6352 |
| | | 0.0002 (0.0004) | — | — | 0.9608 (0.1001) | — | 0.5899 |
| | | 0.0000 (0.0004) | — | — | — | 0.9899 (0.1001) | 0.6573 |

注：括号中的数字是标准误差。

表10.6 给出了 Encompassing 回归结果。很明显，SCRL 模型优于其他模型。与 SCRL 的预测能力相比而言，CARR、CARRL 或 SCR 的预测效果均较差。总的来说，SCRL 模型比所有其他模型提供了更有效的预测。

**表 10.6** **Encompassing 回归结果**

| 模型 | 指数 | 截距 | FV (CARR) | FV (CARRL) | FV (SCR) | FV (SCRL) | $R^2$ |
|---|---|---|---|---|---|---|---|
| RNG | SSEC | 0.0024 (0.0010) | −0.6251 (0.3423) | — | — | 1.3710 (0.3334) | 0.3588 |
| | | 0.0015 (0.0010) | — | −0.2388 (0.5087) | — | 1.0705 (0.4938) | 0.3520 |
| | | 0.0023 (0.0009) | — | — | −1.6102 (0.8659) | 2.3502 (0.8701) | 0.3684 |
| | HSI | 0.0023 (0.0010) | −0.7741 (0.5362) | — | — | 1.5570 (0.4948) | 0.2699 |
| | | 0.0013 (0.0009) | — | −0.2395 (0.9514) | — | 1.1067 (0.9135) | 0.2651 |
| | | 0.0020 (0.0009) | — | — | −1.7685 (0.8560) | 2.5709 (0.8355) | 0.2772 |

续表

| 模型 | 指数 | 截距 | FV (CARR) | FV (CARRL) | FV (SCR) | FV (SCRL) | $R^2$ |
|------|------|------|-----------|------------|----------|-----------|-------|
| RNG | NK225 | 0.0024 (0.0008) | −0.9710 (0.6712) | — | — | 1.6606 (0.6287) | 0.2697 |
| | | 0.0010 (0.0010) | — | 0.0184 (0.5967) | — | 0.8020 (0.5241) | 0.2599 |
| | | 0.0016 (0.0006) | — | — | −0.7756 (0.6208) | 1.5417 (0.6273) | 0.2661 |
| | SPX | 0.0002 (0.0004) | −1.6940 (0.5224) | — | — | 2.6540 (0.5571) | 0.5438 |
| | | −0.0004 (0.0006) | — | −0.0196 (0.5712) | — | 1.0274 (0.5954) | 0.4992 |
| | | −0.0000 (0.0004) | — | — | −1.7519 (0.5328) | 2.6950 (0.5445) | 0.5376 |
| RV | SSEC | 0.0029 (0.0005) | −0.9204 (0.3070) | — | — | 1.4784 (0.3022) | 0.4589 |
| | | 0.0026 (0.0005) | — | −1.0612 (0.4630) | — | 1.6807 (0.4584) | 0.4487 |
| | | 0.0025 (0.0005) | — | — | −1.6322 (0.6312) | 2.2326 (0.6418) | 0.4614 |
| | HSI | 0.0018 (0.0004) | −1.0382 (0.4095) | — | — | 1.7501 (0.3875) | 0.4596 |
| | | 0.0019 (0.0004) | — | −2.0981 (0.7301) | — | 2.8054 (0.7092) | 0.4703 |
| | | 0.0010 (0.0005) | — | — | −0.5125 (0.5929) | 1.3354 (0.5760) | 0.4452 |

续表

| 模型 | 指数 | 截距 | FV (CARR) | FV (CARRL) | FV (SCR) | FV (SCRL) | $R^2$ |
|---|---|---|---|---|---|---|---|
| RV | NK225 | 0.0007 (0.0003) | −0.6084 (0.4534) | — | — | 1.4598 (0.4270) | 0.5029 |
| | | 0.0001 (0.0004) | — | 0.2493 (0.3959) | — | 0.7025 (0.3440) | 0.4978 |
| | | 0.0005 (0.0002) | — | — | −0.5017 (0.3883) | 1.4000 (0.3964) | 0.5010 |
| | SPX | 0.0003 (0.0002) | −1.4470 (0.5054) | — | — | 2.3963 (0.5553) | 0.7007 |
| | | 0.0000 (0.0003) | — | −0.4481 (0.4883) | — | 1.4445 (0.5418) | 0.6590 |
| | | 0.0002 (0.0002) | — | — | −1.4970 (0.5592) | 2.4317 (0.5861) | 0.6946 |

为了了解两个竞争模型的样本外预测能力是否存在显著差异，本节采用了 Diebold-Mariano 检验（Diebold and Mariano，1995）。使用系数为 $\mu_{i,j}$ 的 t 检验来检验模型 i 相对于模型 j 的优越性：

$$[MV_t - FV_t(m_i)]^2 - [MV_t - FV_t(m_j)]^2 = \mu_{i,j} + \eta_t \qquad (10.25)$$

其中，$\mu_{i,j}$ 为正表示模型 j 优于模型 i，反之亦然。

表10.7 给出了四种波动率模型在每一个指数下的所有 Diebold-Mariano 统计量。从表中可以看出，SCRL 模型的 Diebold-Mariano 统计值一致为正，说明 SCRL 模型优于其他模型。同时，对于 SPX 指数来说，SCRL 模型和其余模型（SCR、CARRL 和 CARR）均显著（在 5% 或 1% 的显著性水平），SSEC、HSI 和 NK225 这些指标由于拥有相对较弱的杠杆效应，一般不显著。

**表 10.7**

**Diebold-Mariano 检验结果**

| 模型 | | SSEC | | | HSI | | | NK225 | | | SPX | | |
|---|---|---|---|---|---|---|---|---|---|---|---|---|---|
| | | SCR | CARRL | CARR | SCR | CARRL | CARR | SCR | CARRL | CARR | SCR | CARRL | CARR |
| RNG | SCRL | 0.9472 | 0.2658 | 1.0547 | 1.6500* | 0.1286 | 1.0537 | 1.008 | 0.2599 | 0.9341 | 2.6336*** | 2.5398** | 3.4059*** |
| | SCR | — | -1.0916 | 0.9589 | — | -1.7180* | 0.1955 | — | -0.7995 | 0.3372 | — | -1.8987* | 2.1033** |
| | CARRL | — | — | 1.8367* | — | — | 1.8735* | — | — | 0.8871 | — | — | 2.8199*** |
| RV | SCRL | 0.4553 | 0.4387 | 0.6477 | 0.7148 | 1.9018* | 1.7379* | 1.5129 | 0.4436 | 1.4294 | 2.4015** | 2.5124** | 3.0398*** |
| | SCR | — | -0.0832 | 0.8083 | — | 1.3906 | 1.9134* | — | -1.2114 | 0.7284 | — | -1.5951 | 1.8319* |
| | CARRL | — | — | 0.8435 | — | — | 1.0706 | — | — | 1.4103 | — | — | 2.3793** |

注：正的 t 统计量表示该模型优于其他列模型，而负的 t 统计量意义相反。*、**、*** 分别表示在 10%、5% 和 1% 的水平上具有统计学意义。

# 10.6　本章小结

本章通过对经典的 CARR 模型进行拓展，构建了包含杠杆效应的 SCRL 模型来描述价格极差的动态性。该模型在结构上具有非常高的灵活性且能够有效地捕获杠杆效应。为了估计 SCRL 模型的参数，构建了基于连续粒子滤波的极大似然估计方法。蒙特卡洛模拟实验表明，该估计方法是有效的。采用 SSEC 指数、HSI 指数、NK225 指数和 SPX 指数四个指数数据进行了实证研究。结果表明：刻画杠杆效应在建模和预测价格极差（波动率）中是至关重要的。尤其在样本内拟合和样本外预测方面，本章所构建的 SCRL 模型显著优于 CARR 模型、CARRL 模型和 SCR 模型。该模型还可以在不同的研究场景中进行应用，如风险测量（如风险价值）和期权定价等，以进一步评估本章构建的 SCRL 模型的有效性。

第 11 章

# 双因子随机条件极差（2FSCR）模型

## 11.1 引　言

在第 10 章讨论的 SCR 模型和 SCRL 模型中，价格极差动态性是由一个不可观测的因变量驱动，可以捕获市场上不可观测的信息流的到来，模型更加灵活。但罗嘉雯和陈浪南（2017）、马锋等（2017）的研究发现基本的 SCR 模型和 SCRL 模型对于描述金融时间序列的一些经验特征事实仍过于局限，例如，波动率不仅具有短期的相关性，同时具有长期的相互影响，即波动率具有持续性和长记忆性。SCR 模型和 SCRL 模型对于充分刻画这种波动率长记忆特征仍存在局限性。此外，加利（Galli，2014）采用对数正态分布和 Weibull 分布对价格极差的新息建模，其对于价格极差尾部分布的拟合并不充分。谢和吴（Xie and Wu，2017）在 CARR 模型体系下，采用 Gamma 分布对价格极差新息进行建模，发现其能够改进数据拟合效果，克服价格极差的"异常值"（outliers）问题。

基于以上认识，本章构建基于 Gamma 分布的双因子 SCR（2FSCR）模型来描述价格极差的动态性，以捕获金融市场波动率的时变性、聚集性与长记忆特征。柯西和雷诺（Corsi and Reno，2012）研究表明，波动率的长记忆性可以由波动率因子的叠加效应（多因子波动率）来捕获。同时，在 2FSCR 模型中引入第二个隐因子也有助于解释更为复杂的价格极差的混合分布形态。2FSCR 模型属于双因子波动率模型，其与多因子连续时间资产定价模型有着紧密联系，在金融计量经济学文献中引起了广泛的关注（Alizadeh et al.，2002；Durham，2006；Christoffersen et al.，2009）。2FSCR 模型相比 CARR 模型和 SCR 模型都更为灵活，但同时模型的参数估计也变得更加困难，为了估计 2FSCR 模型的参数，给出灵活且易于实现的基于 CSIR 滤波的极大似然估计方法，并通过模拟验证了估计方法的有效性。最后，利用提出的 2FSCR 模型对中国上证综合指数（SSEC）、中国深证成份指数（SZSEC）、中国香港恒生指数（HSI）和美国标普 500 指数（SPX）进行实证分析，对模型与 CARR 模型和 SCR 模型的样本内拟合和样本外预测效果进行比较分析，验证了提出模型的优越性。

本章其余部分内容安排如下：11.2 节介绍 2FSCR 模型；11.3 节给出基于连续粒子滤波的极大似然估计方法；11.4 节利用模拟实验来检验估计方法；11.5 节采用 SSEC、SZSEC、HSI 和 SPX 四种股票市场指数进行实证研究；11.6 节对本章研究内容进行总结。

## 11.2　2FSCR 模型

第 10 章介绍的 SCR 模型能够成功地捕获波动率时变性和聚集性，但对于刻画波动率的其他一些经验特征事实仍过于局限，例如它没有考虑到波动率具有的长记忆特征。鉴于此，引入能够刻画波动率长记忆性的 2FSCR 模型对价格极差建模，同时引入 Gamma 分布来描述价格极差新息的分布，由此构建的 2FSCR 模型为

$$R_t = \exp(\xi_t)\varepsilon_t, \quad \xi_t = c + \lambda_{1,t} + \lambda_{2,t} \tag{11.1}$$

$$\lambda_{i,t} = \beta_i \lambda_{i,t-1} + \eta_{i,t}, \ i = 1, \ 2 \tag{11.2}$$

$$\varepsilon_t \mid F_{t-1} \sim i.i.d. \ f(\varepsilon_t; \ \vartheta) \tag{11.3}$$

$$\eta_{i,t} \mid F_{t-1} \sim i.i.d. \ N(0, \ \sigma_i^2), \ i = 1, \ 2 \tag{11.4}$$

$$\lambda_{i,1} \sim N\left(0, \ \frac{\sigma_i^2}{1 - \beta_i^2}\right), \ i = 1, \ 2 \tag{11.5}$$

其中，$\varepsilon_t$、$\eta_{1,t}$ 和 $\eta_{2,t}$ 相互独立，且 $\varepsilon_t$ 服从标准 Gamma（$\nu$, 1）分布，其概率密度函数为

$$f(\varepsilon_t; \ \vartheta) = \frac{1}{\Gamma(\nu)} \varepsilon_t^{\nu-1} \exp(-\varepsilon_t), \ \varepsilon_t \geqslant 0 \tag{11.6}$$

其中，$\nu$（$\nu > 0$）是形状参数，$\vartheta = \nu$。当 $\nu = 1$ 时，Gamma 分布简化为指数分布。谢和吴（Xieand Wu，2017）研究表明，新息服从 Gamma 分布的 CARR 模型相比新息服从对数正态分布、指数分布和 Weibull 分布的 CARR 模型更容易产生异常值，能更好地拟合价格极差的分布。

在 2FSCR 模型中，通过式（11.2）引入双因子［两个相互独立的 AR（1）过程］来捕获波动率过程的长记忆相关性。假设 $-1 < \beta_2 < \beta_1 < 1$，保证波动率因子过程 $\lambda_{1,t}$ 和波动率因子过程 $\lambda_{2,t}$ 是平稳的且可识别，其中第一个因子代表波动率长期成分（持续性/长记忆波动率因子），第二个因子代表波动率短期成分（非持续性/短记忆波动率因子）。由于 2FSCR 模型中引入了第二个隐因子，其相比单因子的 SCR 模型，可以解释更为复杂的价格极差的混合分布形态。

## 11.3 2FSCR 模型的估计方法

由于 2FSCR 模型中包含不可观测的状态变量，模型的似然函数是一个复杂的高维积分，这导致 2FSCR 模型不像 CARR 模型那样可以直接运用极大似然方法进行估计。为了克服这个问题，可以运用粒子滤波方法来获得模型的似然函数，进而采用极大似然方法对模型参数进行估计。粒子滤波方法是一

种序贯蒙特卡洛方法，它通过模拟抽样来产生预测和滤波分布。最经典和常用的粒子滤波方法是由戈登等（Gordonet al.，1993）提出的 SIR 滤波方法。皮特等（Pitt et al.，2014）的研究表明 SIR 方法对于处理包含不可观测状态变量的非线性模型非常方便，它易于实现，且具有非常强的适用性，可以容易地应用于各种模型。

然而，基于标准的 SIR 滤波算法得到的模型似然函数通常是不连续的，这给采用传统的优化方法来最大化相应的似然函数造成困难。为了克服这个问题，运用马利克和皮特（Malikand Pitt，2011）提出的连续重抽样方法，构建相应的连续 SIR（CSIR）算法来获得 2FSCR 模型连续的似然函数估计。

设 $\Theta = (c, \beta_1, \sigma_1^2, \beta_2, \sigma_2^2, \nu)'$ 是 2FSCR 模型的参数向量，$\lambda_t = (\lambda_{1,t}, \lambda_{2,t})'$ 是模型中不可观测的状态变量。2FSCR 模型的对数似然函数可以写为

$$\log L(\Theta) = \log p(R_1, \cdots, R_T \mid \Theta)$$

$$= \sum_{t=1}^{T} \log p(R_t \mid F_{t-1}; \Theta) \tag{11.7}$$

其中，$F_{t-1} = \{R_1, \cdots, R_{t-1}\}$ 为 $t-1$ 时刻的信息集以及

$$p(R_{t+1} \mid F_t; \Theta) = \int p(R_{t+1} \mid \lambda_{t+1}; \Theta) p(\lambda_{t+1} \mid F_t; \Theta) d\lambda_{t+1} \tag{11.8}$$

它可以通过蒙特卡洛模拟近似得到，即

$$\hat{p}(R_{t+1} \mid F_t; \Theta) = \frac{1}{N} \sum_{i=1}^{N} p(R_{t+1} \mid \lambda_{t+1}^i; \Theta) \tag{11.9}$$

其中，$\lambda_{t+1}^i$，$i=1, \cdots, N$，是来自预测密度 $p(\lambda_{t+1} \mid F_t; \Theta)$ 的抽样，可以通过利用粒子滤波方法获得。

根据贝叶斯原理，有

$$p(\lambda_{t+1} \mid F_{t+1}; \Theta) \propto p(R_{t+1} \mid \lambda_{t+1}; \Theta) p(\lambda_{t+1} \mid F_t; \Theta)$$

$$= p(R_{t+1} \mid \lambda_{t+1}; \Theta) \int p(\lambda_{t+1} \mid \lambda_t; \Theta) p(\lambda_t \mid F_t; \Theta) d\lambda_t \tag{11.10}$$

其中，$p(\lambda_{t+1} \mid F_{t+1}; \Theta)$ 称为滤波密度，粒子滤波即根据式（11.10），通过模拟抽样（粒子）来递归地获得滤波密度 $p(\lambda_{t+1} \mid F_{t+1}; \Theta)$ 的近似。具体

地，假设获得等权重抽样 $\lambda_t^i \sim p(\lambda_t \mid F_t; \Theta)$，$i = 1$，…，$N$，根据式（11.10）得到滤波密度 $p(\lambda_{t+1} \mid F_{t+1}; \Theta)$ 的近似：

$$\hat{p}(\lambda_{t+1} \mid F_{t+1}; \Theta) \propto p(R_{t+1} \mid \lambda_{t+1}; \Theta) \frac{1}{N} \sum_{i=1}^{N} p(\lambda_{t+1} \mid \lambda_t^i; \Theta) \quad (11.11)$$

为了从式（11.11）中抽样，可以利用 SIR 滤波方法。2FSCR 模型的 SIR 滤波算法具体如下：

给定抽样 $\lambda_t^i \sim p(\lambda_t \mid F_t; \Theta)$，$i = 1$，…，$N$。

**步骤 1**：根据式（11.2）抽样 $\tilde{\lambda}_{t+1}^i \sim p(\lambda_{t+1} \mid \lambda_t^i; \Theta)$，$i = 1$，…，$N$。

**步骤 2**：计算归一化权重：

$$\pi_{t+1}^i = \frac{\omega_{t+1}^i}{\sum_{i=1}^{N} \omega_{t+1}^i}，\ i = 1，\cdots，N \quad (11.12)$$

其中

$$\omega_{t+1}^i = p(R_{t+1} \mid \tilde{\lambda}_{t+1}^i; \Theta)$$

$$= \frac{1}{\exp(\tilde{\xi}_{t+1}^i)} \frac{1}{\Gamma(\nu)} \left( \frac{R_{t+1}}{\exp(\tilde{\xi}_{t+1}^i)} \right)^{\nu-1} \times \exp\left( -\frac{R_{t+1}}{\exp(\tilde{\xi}_{t+1}^i)} \right)$$

$$\tilde{\xi}_{t+1}^i = c + \tilde{\lambda}_{1,t+1}^i + \tilde{\lambda}_{2,t+1}^i$$

**步骤 3**：以概率 $\{\pi_{t+1}^1, \cdots, \pi_{t+1}^N\}$ 对 $\{\tilde{\lambda}_{t+1}^1, \cdots, \tilde{\lambda}_{t+1}^N\}$ 重抽样 N 次，得到滤波抽样 $\lambda_{t+1}^i \sim p(\lambda_{t+1} \mid F_{t+1}; \Theta)$，$i = 1$，…，$N$。

基于 SIR 算法，可以得到似然估计为

$$\hat{p}(R_{t+1} \mid F_t; \Theta) = \frac{1}{N} \sum_{i=1}^{N} p(R_{t+1} \mid \tilde{\lambda}_{t+1}^i; \Theta) = \frac{1}{N} \sum_{i=1}^{N} \omega_{t+1}^i \quad (11.13)$$

其中，$\omega_{t+1}^i$ 是 SIR 算法步骤 2 中计算得到的非归一化权重，从而得到模型对数似然的估计为

$$\log\hat{L}(\Theta) = \sum_{t=1}^{T} \log\hat{p}(R_t \mid F_{t-1}; \Theta) = \sum_{t=1}^{T} \log\left( \frac{1}{N} \sum_{i=1}^{N} \omega_t^i \right) \quad (11.14)$$

上述对数似然估计不是无偏的，需要进行偏差修正。修正得到无偏的对数似然的估计为

$$\log \tilde{L}(\Theta) = \sum_{t=1}^{T} \left( \log\mu_{\omega_t} + \frac{1}{2} \frac{\sigma_{\omega_t}^2}{N\mu_{\omega_t}^2} \right) \tag{11.15}$$

其中

$$\mu_{\omega_t} = \frac{1}{N}\sum_{i=1}^{N}\omega_t^i, \quad \sigma_{\omega_t}^2 = \frac{1}{N-1}\sum_{i=1}^{N}(\omega_t^i - \mu_{\omega_t})^2 。$$

然而，基于上述标准的 SIR 算法得到的似然估计并非参数的连续函数，这给借助优化方法来最大化相应的模拟似然函数造成阻碍，同时无法采用常规方法来计算参数估计的标准误差。这主要是由于标准的 SIR 算法中的重抽样（步骤 3）是基于不连续的经验分布函数 $\hat{F}(\lambda_{t+1}) = \sum_{i=1}^{N}\pi_{t+1}^i I(\lambda_{t+1} - \lambda_{t+1}^i)$，其中 $I(\cdot)$ 是示性函数。为了克服这个问题，马利克和皮特（Malik and Pitt, 2011）提出采用一个连续的分布函数 $\tilde{F}(\lambda_{t+1})$ 来近似 $\hat{F}(\lambda_{t+1})$，进而基于该连续分布函数来进行连续（分层）重抽样，相应的 SIR 算法修正为 CSIR 算法。具体的关于 $\tilde{F}(\lambda_{t+1})$ 的构造形式及其基于它的连续（分层）重抽样方法参见附录。

基于 CSIR 算法可以得到连续的似然函数估计，进而结合极大似然方法容易得到 2FSCR 模型参数的模拟极大似然估计为

$$\hat{\Theta} = \arg\max_{\Theta}\log\tilde{L}(\Theta) \tag{11.16}$$

# 11.4　蒙特卡洛模拟实验

为了检验 11.3 节构建的基于 CSIR 滤波的极大似然估计方法的精确性和有限样本性质，这部分进行蒙特卡洛模拟实验。考虑基于 SCR 模型和 2FSCR 模型的模拟研究，模型真实参数值设定如下。

## 11.4.1　SCR 模型

$$R_t = \exp(\xi_t)\varepsilon_t, \quad \xi_t = -1.50 + \lambda_t$$

$$\lambda_t = 0.98\lambda_{t-1} + \eta_t$$
$$\varepsilon_t \mid F_{t-1} \sim \text{i. i. d. Gamma}(7, 1)$$
$$\eta_t \mid F_{t-1} \sim \text{i. i. d. N}(0, 0.01)$$

### 11.4.2 2FSCR 模型

$$R_t = \exp(\xi_t)\varepsilon_t, \ \xi_t = -2.80 + \lambda_{1,t} + \lambda_{2,t}$$
$$\lambda_{1,t} = 0.98\lambda_{1,t-1} + \eta_{1,t}$$
$$\lambda_{2,t} = 0.09\lambda_{2,t-1} + \eta_{2,t}$$
$$\varepsilon_t \mid F_{t-1} \sim \text{i. i. d. Gamma}(30, 1)$$
$$\eta_{1,t} \mid F_{t-1} \sim \text{i. i. d. N}(0, 0.0045)$$
$$\eta_{2,t} \mid F_{t-1} \sim \text{i. i. d. N}(0, 0.10)$$

根据上述"真实的"SCR 模型和 2FSCR 模型模拟产生样本长度为 T = 2500 与 T = 4000 的观测序列,对每一观测序列运用基于 CSIR 滤波的极大似然方法进行估计,重复模拟和估计实验 100 次获得参数估计的均值、标准差和均方根误差(RMSE)。基于 CSIR 滤波的极大似然估计方法采用 MATLAB 软件编程实现。

表 11.1 给出了数值模拟的实验结果。从表 11.1 可以看到,参数估计的均值都接近于相应的参数真实值,参数估计的标准差都接近于 RMSE,表明估计的有限样本偏差较小。随着样本长度的增加(T:2500→4000),参数估计的标准差和 RMSE 都变得越小,说明参数估计值随着样本长度的增加而收敛于参数真实值。同时,值得注意的是,比较 SCR 模型与 2FSCR 模型的模拟结果可以看到,2FSCR 模型参数的估计相比 SCR 模型参数的估计要更为困难。特别地,2FSCR 模型中短记忆波动率因子过程参数的估计相比其他参数的估计存在更高的偏差(标准差),这与德拉姆(Durham,2006)的研究结果一致,如何获得更为精确的短记忆波动率因子过程参数的估计结果有待进一步的研究。总体上,运用基于 CSIR 滤波的极大似然方法估计(2F)SCR 模型可以获得较为合理和有效的参数估计结果。

**表 11.1** 数值模拟结果

| 模型 | 参数 | T = 2500 | | | | T = 4000 | | | |
|---|---|---|---|---|---|---|---|---|---|
| | | 真实值 | 均值 | 标准差 | RMSE | 真实值 | 均值 | 标准差 | RMSE |
| SCR | c | **−1.500** | −1.493 | 0.103 | 0.103 | **−1.500** | −1.479 | 0.086 | 0.088 |
| | β | **0.980** | 0.977 | 0.006 | 0.006 | **0.980** | 0.978 | 0.004 | 0.005 |
| | $\sigma^2$ | **0.010** | 0.010 | 0.001 | 0.001 | **0.010** | 0.010 | 0.001 | 0.001 |
| | ν | **7.000** | 7.033 | 0.223 | 0.224 | **7.000** | 7.019 | 0.182 | 0.182 |
| 2FSCR | c | **−2.800** | −2.887 | 0.577 | 0.580 | **−2.800** | −2.758 | 0.528 | 0.528 |
| | $\beta_1$ | **0.980** | 0.977 | 0.007 | 0.008 | **0.980** | 0.978 | 0.005 | 0.006 |
| | $\sigma_1^2$ | **0.005** | 0.004 | 0.001 | 0.001 | **0.005** | 0.004 | 0.001 | 0.001 |
| | $\beta_2$ | **0.090** | 0.091 | 0.047 | 0.047 | **0.090** | 0.099 | 0.029 | 0.031 |
| | $\sigma_2^2$ | **0.100** | 0.077 | 0.019 | 0.030 | **0.100** | 0.073 | 0.017 | 0.032 |
| | ν | **30.000** | 38.976 | 6.624 | 6.161 | **30.000** | 33.161 | 5.108 | 5.256 |

注：粒子数选取为 500，重复模拟实验 100 次获得参数估计的均值、标准差和均方根误差（RMSE）。

# 11.5 实证结果

## 11.5.1 数据

采用中国上证综合指数（SSEC）、中国深证成份指数（SZSEC）、中国香港恒生指数（HSI）和美国标普 500 指数（SPX）从 2001 年 1 月 4 日至 2017 年 5 月 25 日的日交易价格数据（包括每日的开盘价、最高价、最低价和收盘价）作为研究样本，得到四个指数各 3971、3971、4042 和 4125 组观测值，所有数据均来源于 Wind 资讯。指数价格极差采用式（11.1）计算，并乘以 100。图 11.1 给出了 SSEC、SZSEC、HSI 和 SPX 指数价格极差时间序列。

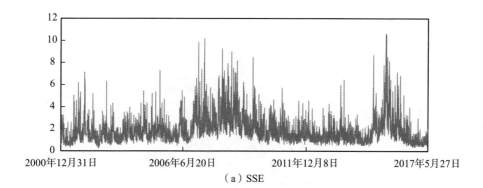

（a）SSE

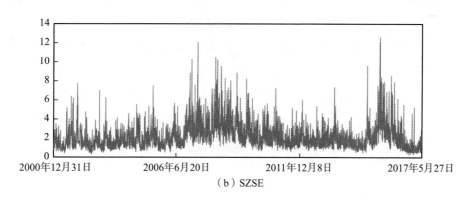

（b）SZSE

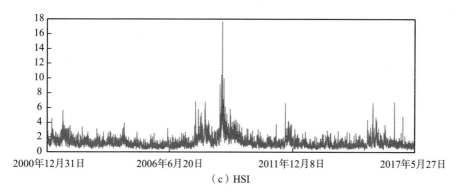

（c）HSI

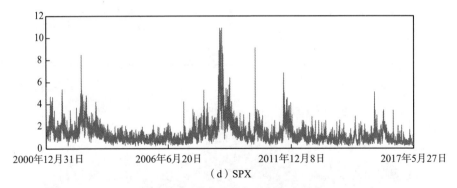

（d）SPX

**图 11.1　指数价格极差时间序列**

图 11.1 给出了 SSEC、SZSEC、HSI 和 SPX 指数价格极差时间序列图。从图 11.1 可以看出，四个指数在抽样阶段内均展现明显的波动率时变性和聚集性特征。表 11.2 给出了四个指数价格极差（$R_t$）和对数价格极差（$\log R_t$）的描述性统计量。从表 11.2 可以看到，四个指数价格极差偏度都明显大于 0，峰度都大于 3，表明四个指数价格极差分布都呈现正偏、尖峰和厚尾特征；Jarque-Bera 统计量显著，拒绝其正态性假定。但比较对数价格极差与价格极差的描述性统计量可以看到，对数价格极差的偏度、峰度和 Jarque-Bera 统计量都大大降低，虽然并不完全服从正态分布，但相比较而言已较为接近于正态分布，Ljung-Box 统计量表明（对数）价格极差波动率序列具有非常强的持续性。

## 11.5.2　参数估计结果

运用 11.3 节给出的基于 CSIR 滤波的极大似然估计方法，得到 2FSCR 模型的参数估计结果及其标准误差、对数似然值（Log-lik）、赤池信息准则（AIC）和贝叶斯信息准则（BIC）如表 11.3 所示。为了比较起见，表 11.3 也给出了 CARR（1，1）模型和单因子的 SCR 模型的估计结果。

表 11.2

**指数价格极差描述性统计量**

| 指数 | 项目 | 均值 | 标准差 | 偏度 | 峰度 | 最大值 | 最小值 | Jarque-Bera | Ljung-Box（20） |
|---|---|---|---|---|---|---|---|---|---|
| SSEC | 价格极差（$R_t$） | 1.8847 | 1.2548 | 2.1520 | 9.6843 | 10.6424 | 0.2592 | 10457.6460 (0.000) | 8182.1791 (0.000) |
| | 对数价格极差（$\log R_t$） | 0.4610 | 0.5729 | 0.3081 | 2.8915 | 2.3648 | -1.3503 | 64.7689 (0.000) | 17206.6376 (0.000) |
| SZSEC | 价格极差（$R_t$） | 2.1557 | 1.3721 | 2.1032 | 9.6419 | 12.6006 | 0.2806 | 10226.611 (0.000) | 7355.3198 (0.000) |
| | 对数价格极差（$\log R_t$） | 0.6074 | 0.5547 | 0.2586 | 2.9704 | 2.5337 | -1.2709 | 44.3922 (0.000) | 15669.4510 (0.000) |
| HSI | 价格极差（$R_t$） | 1.3512 | 0.9049 | 4.3223 | 45.9923 | 17.6474 | 0.2646 | 323876.1280 (0.000) | 9122.3004 (0.000) |
| | 对数价格极差（$\log R_t$） | 0.1535 | 0.5192 | 0.4590 | 3.5342 | 2.8706 | -1.3294 | 189.9762 (0.000) | 14789.8203 (0.000) |
| SPX | 价格极差（$R_t$） | 1.3350 | 1.0192 | 3.2473 | 20.8363 | 10.9041 | 0.2010 | 61928.7310 (0.000) | 15879.1586 (0.000) |
| | 对数价格极差（$\log R_t$） | 0.0870 | 0.6155 | 0.3013 | 3.1191 | 2.3891 | -1.6044 | 64.8532 (0.000) | 23144.6700 (0.000) |

注：括号中是相应统计量的 p 值。

**表 11.3** 模型参数估计结果

| 指数 | 模型 | 参数 | 统计值 | 指数 | 模型 | 参数 | 统计值 |
|---|---|---|---|---|---|---|---|
| SSEC | CARR | $\omega$ | 0.0058 (0.0010) | SZSEC | CARR | $\omega$ | 0.0074 (0.0011) |
| | | $\alpha$ | 0.0287 (0.0015) | | | $\alpha$ | 0.0285 (0.0015) |
| | | $\beta$ | 0.8273 (0.0084) | | | $\beta$ | 0.8206 (0.0087) |
| | | $\nu$ | 5.4428 (0.1239) | | | $\nu$ | 5.6129 (0.1256) |
| | | Log-lik | −4222.4947 | | | Log-lik | −4739.1789 |
| | | AIC | 8454.9894 | | | AIC | 9488.3578 |
| | | BIC | 8486.4233 | | | BIC | 9519.7916 |
| | SCR | c | −1.4230 (0.0563) | | SCR | c | −1.3153 (0.0510) |
| | | $\beta$ | 0.9714 (0.0044) | | | $\beta$ | 0.9675 (0.0046) |
| | | $\sigma^2$ | 0.0109 (0.0010) | | | $\sigma^2$ | 0.0112 (0.0010) |
| | | $\nu$ | 7.1440 (0.1948) | | | $\nu$ | 7.3843 (0.1998) |
| | | Log-lik | −4150.1805 | | | Log-lik | −4670.9203 |
| | | AIC | 8308.3610 | | | AIC | 9349.8405 |
| | | BIC | 8333.5081 | | | BIC | 9374.9876 |
| | 2FSCR | c | −3.1276 (0.1817) | | 2FSCR | c | −2.6861 (0.1907) |
| | | $\beta_1$ | 0.9849 (0.0033) | | | $\beta_1$ | 0.9817 (0.0035) |
| | | $\sigma_1^2$ | 0.0045 (0.0006) | | | $\sigma_1^2$ | 0.0046 (0.0006) |
| | | $\beta_2$ | 0.0653 (0.0233) | | | $\beta_2$ | 0.0912 (0.0259) |
| | | $\sigma_2^2$ | 0.1019 (0.0067) | | | $\sigma_2^2$ | 0.0893 (0.0084) |
| | | $\nu$ | 36.7839 (6.2732) | | | $\nu$ | 27.8287 (5.0174) |
| | | Log-lik | **−4034.1050** | | | Log-lik | **−4566.3556** |
| | | AIC | **8080.2101** | | | AIC | **9144.7111** |
| | | BIC | **8117.9307** | | | BIC | **9182.4317** |

续表

| 指数 | 模型 | 参数 | 统计值 | 指数 | 模型 | 参数 | 统计值 |
|---|---|---|---|---|---|---|---|
| HSI | CARR | $\omega$ | 0.0027 (0.0005) | SPX | CARR | $\omega$ | **0.0046** (**0.0007**) |
| | | $\alpha$ | 0.0179 (0.0010) | | | $\alpha$ | 0.0338 (0.0017) |
| | | $\beta$ | 0.8766 (0.0073) | | | $\beta$ | 0.7796 (0.0108) |
| | | $\nu$ | 6.1938 (0.1269) | | | $\nu$ | 5.8879 (0.1227) |
| | | Log-lik | −2779.0733 | | | Log-lik | −2672.0177 |
| | | AIC | 5568.1466 | | | AIC | 5354.0354 |
| | | BIC | 5599.6691 | | | BIC | 5385.6595 |
| | SCR | $c$ | −1.7392 (0.0685) | | SCR | $c$ | −1.8411 (0.0758) |
| | | $\beta$ | 0.9862 (0.0028) | | | $\beta$ | 0.9805 (0.0034) |
| | | $\sigma^2$ | 0.0040 (0.0004) | | | $\sigma^2$ | 0.0098 (0.0009) |
| | | $\nu$ | 7.3026 (0.1878) | | | $\nu$ | 7.5445 (0.1947) |
| | | Log-lik | −2741.0691 | | | Log-lik | −2647.4802 |
| | | AIC | 5490.1383 | | | AIC | 5302.9605 |
| | | BIC | 5515.3563 | | | BIC | 5328.2598 |
| | 2FSCR | $c$ | −2.9726 (0.1693) | | 2FSCR | $c$ | −2.8762 (0.1980) |
| | | $\beta_1$ | 0.9893 (0.0027) | | | $\beta_1$ | 0.9788 (0.0037) |
| | | $\sigma_1^2$ | 0.0029 (0.0004) | | | $\sigma_1^2$ | 0.0095 (0.0009) |
| | | $\beta_2$ | −0.0102 (0.0267) | | | $\beta_2$ | −0.0804 (0.0317) |
| | | $\sigma_2^2$ | 0.0823 (0.0078) | | | $\sigma_2^2$ | 0.0580 (0.0094) |
| | | $\nu$ | 24.3546 (3.8028) | | | $\nu$ | 20.4722 (3.8894) |
| | | Log-lik | −2657.1270 | | | Log-lik | **−2614.4298** |
| | | AIC | 5326.2541 | | | AIC | **5240.8595** |
| | | BIC | 5364.0810 | | | BIC | **5278.8085** |

注：粒子数选取为 500，Log-lik 是对数似然值，AIC 是赤池信息准则，BIC 是贝叶斯信息准则，括号中是极大似然估计的渐近标准误差。

从表 11.3 可以看到，SSEC、SZSEC、HSI 和 SPX 指数价格极差都具有非常高的持续性：CARR 模型中系数 $\alpha v + \beta$，SCR 模型中系数 $\beta$ 和 2FSCR 模型中系数 $\beta_1$ 的估计值都非常接近于 1。所有模型中参数 v 的估计值都明显大于 1，表明价格极差偏离于指数分布[①]。比较 CARR 模型、SCR 模型和 2FSCR 模型的估计结果可以看到，CARR 模型具有最低的对数似然值和最高的 AIC 和 BIC 值，表明 CARR 模型数据拟合表现最差。比较 SCR 模型和 2FSCR 模型的估计结果可以看到，双因子 2FSCR 模型相比单因子 SCR 模型具有更高的对数似然值和更低的 AIC 和 BIC 值，表明能够描述波动率长记忆性和复杂混合分布形态的双因子 2FSCR 模型通过引入第二个波动率因子过程确实增加了模型的灵活性，获得了最佳的数据拟合效果。

### 11.5.3　模型诊断

模型诊断通常基于标准的时间序列残差分析，考察模型残差的无条件分布及动态结构。然而，由于 2FSCR 模型中隐状态变量的存在，残差并不容易得到。但基于粒子滤波可以构建"广义残差"来进行模型诊断分析[②]。具体地，为了对 2FSCR 模型进行诊断分析，计算分布函数：

$$u_t = F(R_t \mid F_{t-1}) = \int F(R_t \mid \lambda_t) p(\lambda_t \mid F_{t-1}) d\lambda_t \qquad (11.17)$$

基于 CSIR 算法容易得到其估计为

$$\hat{u}_t = \frac{1}{N} \sum_{i=1}^{N} \Phi(R_t \exp(-\tilde{\xi}_t^i)) \qquad (11.18)$$

---

① 事实上，也估计了新息服从指数分布、对数正态分布与 Weibull 分布下的价格极差模型（CARR 模型、SCR 模型和 2FSCR 模型），发现这些新息分布设定比新息 Gamma 分布的设定在模型拟合上要差。为了节省空间，这里没有给出这些估计结果，如有需要可向作者索取。

② 在 CARR 模型中，容易计算得到标准化的残差（新息）$\tilde{\varepsilon}_t = R_t / \tilde{\lambda}_t$，其中 $\tilde{\lambda}_t$ 是 CARR 模型滤过的条件极差。为了便于比较，计算 $\hat{u}_t = \Phi(\tilde{\varepsilon}_t)$，其中 $\Phi(\cdot)$ 是标准 Gamma 分布函数，进而通过正态逆变换得到广义残差 $z_t = N^{-1}(\hat{u}_t)$。如果模型拟合充分，应有 $z_t \sim$ i.i.d. $N(0, 1)$，从而可以通过分位点对分位点（Q-Q 图）来检验分布假定的正确性。

其中，$\Phi(\cdot)$ 是标准 Gamma 分布函数，$\widetilde{\xi}_t^i = c + \widetilde{\lambda}_{1,t}^i + \widetilde{\lambda}_{2,t}^i$ 是从预测密度 $p(\lambda_t \mid F_{t-1})$ 中抽取（CSIR 算法步骤 1）的样本。如果模型拟合充分，$\hat{u}_t$ 应该服从 i.i.d. 均匀分布，即 $\hat{u}_t \sim \text{UID}(0,1)$。从而，通过正态逆变换得到广义残差 $z_t = N^{-1}(\hat{u}_t)$，在模型拟合充分的条件下应有 $z_t \sim \text{i.i.d.} \, N(0,1)$。

图 11.2 给出了不同模型广义残差的 Q-Q 图。从图 11.2 中可以看到，CARR 模型对于价格极差的拟合最差，SCR 模型次之，2FSCR 模型具有最佳的价格极差尾部分布拟合效果。

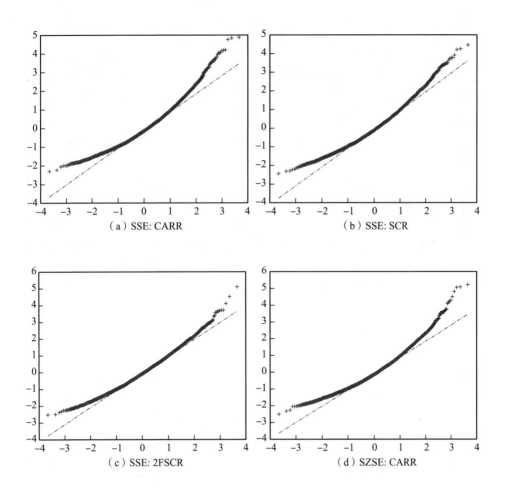

（a）SSE: CARR

（b）SSE: SCR

（c）SSE: 2FSCR

（d）SZSE: CARR

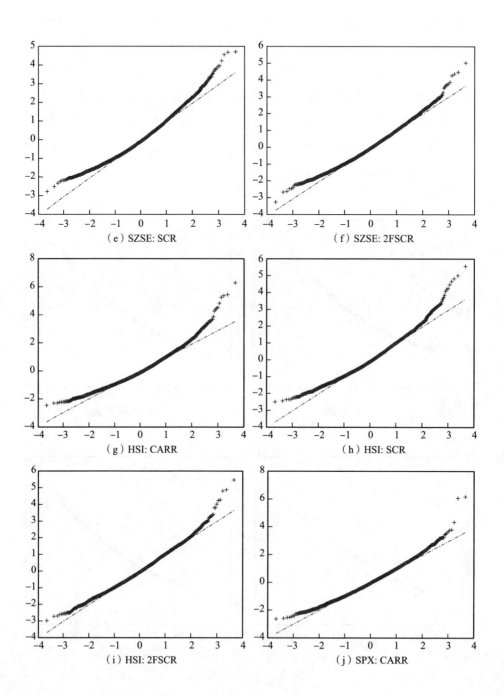

（e）SZSE: SCR

（f）SZSE: 2FSCR

（g）HSI: CARR

（h）HSI: SCR

（i）HSI: 2FSCR

（j）SPX: CARR

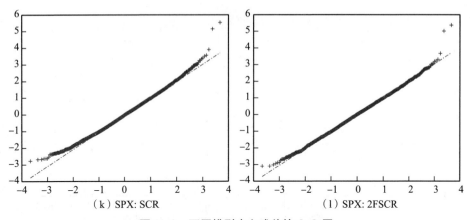

（k）SPX: SCR          （l）SPX: 2FSCR

图 11.2　不同模型广义残差的 Q-Q 图

　　图 11.3 和图 11.4 分别给出了广义残差及其平方的样本自相关函数（ACF）图。从广义残差的样本 ACF 图（图 11.3）可以看到，CARR 模型的广义残差存在一些（弱的 1 阶或 2 阶）自相关性，相比较而言，SCR 模型和 2FSCR 模型的广义残差不存在明显的序列相关性，广义残差序列基本上是独立的。进一步，所有模型广义残差平方的样本 ACF 图（图 11.4）表明广义残差序列不存在明显的条件异方差性，因此模型能充分地描述价格极差波动率序列的线性相依性（长记忆性）。

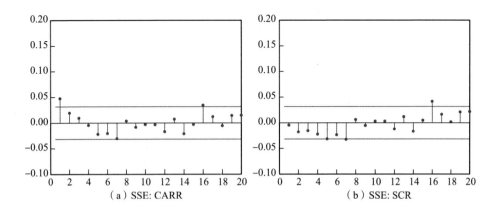

（a）SSE: CARR          （b）SSE: SCR

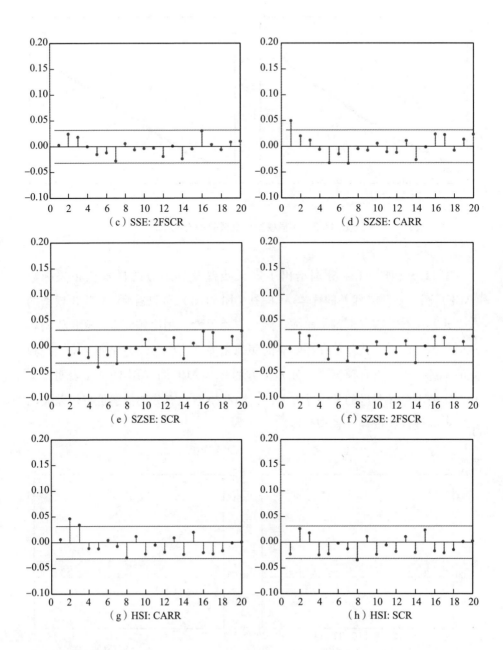

（c）SSE: 2FSCR

（d）SZSE: CARR

（e）SZSE: SCR

（f）SZSE: 2FSCR

（g）HSI: CARR

（h）HSI: SCR

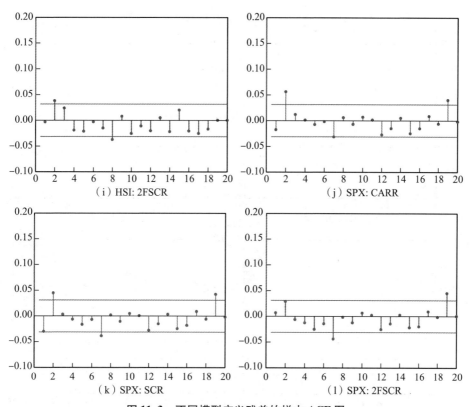

图 11.3　不同模型广义残差的样本 ACF 图

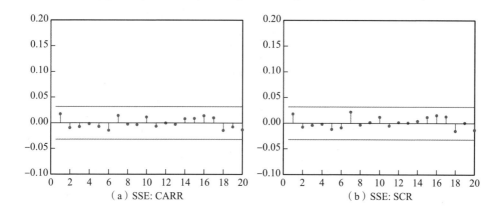

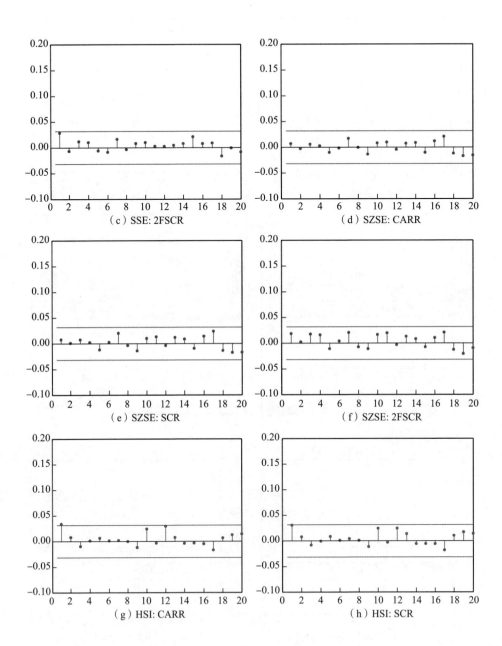

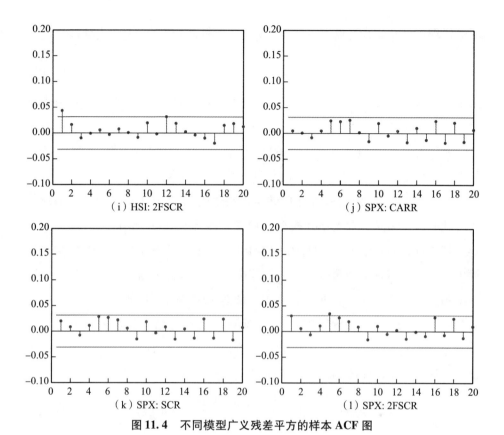

图 11.4 不同模型广义残差平方的样本 ACF 图

综上，2FSCR 模型相比 CARR 模型和 SCR 模型能更充分地综合描述价格极差波动率的尾部分布和动态性（时变性、聚集性和长记忆性）。

## 11.5.4 样本外波动率预测

模型好的样本内表现不一定意味着一定具有好的样本外表现。因此，这部分进一步考察模型实际的样本外波动率预测效果。考虑 CARR 模型、SCR 模型和 2FSCR 模型向前一步的波动率预测，并进行比较分析。基于 CSIR 滤波方法，SCR 模型和 2FSCR 模型的波动率预测是容易的。

由于波动率是不可观测的，采用事后波动率：RNG 和 RV 作为真实波动

率的代理变量和比较基准。日度 RV 采用 5 分钟高频数据①基于下式计算得到

$$RV_t = 100 \times \sqrt{\sum_{i=1}^{n} (p_{t,i} - p_{t,i-1})^2} \qquad (11.19)$$

其中，$p_{t,i}$ 是第 t 交易日的第 i 个时间间隔上的对数收盘价，n 是日内收益率总数目。

采用的数据为 11.5.1 节介绍的 SSEC、SZSEC、HSI 和 SPX 指数从 2001 年 1 月 4 日至 2017 年 5 月 25 日的数据。将数据样本分为"样本内"估计阶段和"样本外"预测评估阶段两个阶段。采用滚动窗方法对模型进行估计与对波动率进行预测，首先估计模型的抽样阶段为从 2001 年 1 月 4 日到 2017 年 1 月 3 日，第一个预测日期为 2017 年 1 月 4 日。当一个新的观测值增加到样本中，删除第一个观测值并重新估计模型，然后将重新估计的模型用于波动率预测。整个过程不断重复直至抽样日期 2017 年 5 月 24 日。因此，最终的预测日期为 2017 年 5 月 25 日，将预测波动率与相应的观测基准波动率 RNG 和 RV 进行比较。为了对模型的波动率预测精确性进行评价，采用 RMSE 和 MAE 两个损失函数，分别定义为

$$RMSE(m) = \left[ L^{-1} \sum_{l=1}^{L} (MV_{l+1} - FV_{l+1}(m))^2 \right]^{1/2} \qquad (11.20)$$

$$MAE(m) = L^{-1} \sum_{l=1}^{L} \left| MV_{l+1} - FV_{l+1}(m) \right| \qquad (11.21)$$

其中，MV 是观测的（事后）波动率，即 RNG 或 RV；FV（m）是预测的波动率，m 为波动率模型，即 CARR 模型、SCR 模型或 2FSCR 模型。

表 11.4 给出了波动率预测精确性的评估结果，从表 11.4 可以看到，当采用 RNG 作为比较基准，SCR 模型的预测效果在某些情形下（SSEC 指数和 HSI 指数）并不比 CARR 模型好。但对于 2FSCR 模型，所有情形下都获得了相比 CARR 模型和 SCR 模型更好的波动率预测效果。

---

① 指数 5 分钟高频数据来源于万得（Wind）资讯。

**表 11.4**　　　　　　　　　　　波动率预测结果

| 类别 | 函数 | 模型 | SSEC | SZSEC | HSI | SPX |
|---|---|---|---|---|---|---|
| 基准 RNG | RMSE | CARR | 0.3702 | 0.6523 | 0.3091 | 0.2516 |
| | | SCR | 0.3740 | 0.6462 | 0.3111 | 0.2466 |
| | | 2FSCR | **0.3626** | **0.6356** | **0.3043** | **0.2465** |
| | MAE | CARR | 0.3060 | 0.4474 | 0.2644 | 0.1953 |
| | | SCR | 0.3063 | 0.4386 | 0.2658 | 0.1863 |
| | | 2FSCR | **0.2931** | **0.4171** | **0.2544** | **0.1835** |
| 基准 RV | RMSE | CARR | 0.4635 | 0.6218 | 0.4341 | 0.3034 |
| | | SCR | 0.4562 | 0.5990 | 0.4268 | 0.2807 |
| | | 2FSCR | **0.4166** | **0.5277** | **0.3910** | **0.2697** |
| | MAE | CARR | 0.4321 | 0.5600 | 0.4204 | 0.2866 |
| | | SCR | 0.4205 | 0.5358 | 0.4113 | 0.2622 |
| | | 2FSCR | **0.3812** | **0.4690** | **0.3755** | **0.2505** |

注：RNG 是价格极差，RV 是已实现波动率。RMSE 是均方根误差，MAE 是平均绝对误差。

当采用 RV 作为比较基准时，模型预测误差之间的差别更大，随机条件极差类模型（SCR 模型和 2FSCR 模型）的表现一致优于 CARR 模型，表明该类模型能更好地反映波动率不可观测这一特征。此外，在四个指数的波动率预测中，2FSCR 模型相比 CARR 模型和 SCR 模型都具有更好的表现。特别地，SCR 模型相比 CARR 模型在预测精确性上的改进比率约为 1.6%/2.2% 到 7.5%/8.5%（RMSE/MAE 降低比率），2FSCR 模型相比 CARR 模型在预测精确性上的改进比率约为 10%/11% 到 15%/16%，2FSCR 模型对于波动率预测结果的改进较为明显。这可以解释为 RV 充分利用了每天日内信息，所以包含了更多的波动率信息，是波动率更好的代理变量，故模型之间的差别更明显。

## 11.6　本章小结

通过对经典的 CARR 模型进行扩展，构建了基于 Gamma 分布的 2FSCR

模型来描述价格极差的动态性。该模型在结构上与双因子 SV 模型类似，能够捕获波动率的长记忆特征以及解释更复杂的价格极差的混合分布形态，因此模型具有非常高的灵活性。为了估计 2FSCR 模型的参数，构建了基于连续粒子滤波的极大似然估计方法。蒙特卡洛模拟实验表明，该估计方法是有效性的。采用 SSEC 指数、SZSEC 指数、HSI 指数和 SPX 指数四个指数数据进行了实证研究，得到以下结论：

（1）根据 AIC 和 BIC 对模型进行比较，2FSCR 模型相比 CARR 模型以及单因子的 SCR 模型都具有更好的数据拟合效果。

（2）针对模型广义残差的诊断分析表明，2FSCR 模型相比 CARR 模型和 SCR 模型能够更好地刻画价格极差新息的尾部分布，能够更充分地捕获波动率的动态特征（时变性、聚集性与长记忆性）。

（3）采用滚动窗方法对波动率进行预测，利用价格极差与已实现波动率作为比较基准对模型的预测能力进行了比较分析，发现 2FSCR 模型相比 CARR 模型和 SCR 模型都具有更为优越的波动率预测效果。特别地，当采用已实现波动率作为比较基准时，2FSCR 模型在波动率预测精确性上的改进较为明显。

因此，提出的 2FSCR 模型不仅具有更好的样本内数据拟合效果，同时获得了更好的样本外波动率预测效果，是一个较为成功的波动率模型。未来可以考虑对该模型进行更深入的拓展和应用研究，例如可以考虑引入"杠杆效应"并进一步考察模型的样本内与样本外表现，而将模型应用于金融市场风险度量、衍生产品定价和资产组合管理等问题中，也是未来重要的研究方向。

第 12 章

# 结论与展望

## 12.1　结　　论

本书在总结价格极差模型相关研究的基础上，从理论与实证的角度出发，采用多种分析方法对价格极差模型及其拓展模型进行了更为深入的研究，并得出以下结论：

（1）第 2 章采用 Gamma 分布的密度函数，研究了 CARR 模型下的股票市场波动率预测问题。首先，对传统的条件自回归极差（CARR）模型进行拓展，构建了带 Gamma 分布的条件自回归极差（GCARR）模型；其次，讨论了 GCARR 模型的理论性质，并将其经验性质与已有的带 Weibull 分布的CARR（WCARR）模型进行了比较；最后，在不同的时间范围内，对不同国家的一系列股票指数进行了实证研究。结果表明：GCARR 模型不仅可以减少内点问题，而且可以减少 WCARR 模型的异常值问题；此外，基于不同国家的股票指数数据发现，GCARR 模型比 WCARR 模型更适于拟合基于价格极差的波动率，因此其可以作为一个更好的比较基准。

（2）第 3 章首先提出了一个拓展的 CARR（EXCARR）模型，该模型具有与 CARR 模型相似的动态结构；其次，相较于传统的 ACARR 模型，EXCARR

模型形式简洁、易于实现且能够更好地捕捉非对称性；最后，采用多种股票指数进行实证分析，结果表明 EXCARR 模型不仅在样本内估计和样本外预测方面均优于 CARR 模型，而且在刻画非对称性方面优于 ACARR 模型。因此，本书提出的 EXCARR 模型为刻画价格极差波动率动态特征提供了一个简单且有效的基本模型框架。

（3）第 4 章基于标准的 CARR 模型，考虑了第二成分解释波动率的长记忆性及其对价格极差建模和预测的影响。首先，提出了双成分 CARR（CCARR）模型，相较于标准的 CARR 模型，该模型能够刻画波动率的长记忆性；其次，CCARR 模型形式简洁且易于实现，可使用极大似然方法估计参数；最后，采用了六种股票指数和比特币市场数据进行实证分析，结果表明，相较于常用的 GARCH、成分 GARCH（CGARCH）和 CARR 模型。由此，本书提出的 CCARR 模型具有更好的样本外预测效果。

（4）第 5 章综合考虑了波动率的聚集性、长记忆性和非对称性等特征，进一步对基于极差的波动率进行建模和预测。首先，在 CARR 模型基础上，将价格极差的条件均值分解成两个成分，拓展为第 4 章的成分 CARR 模型。其次，在 CCARR 模型的两个成分中分别引入杠杆效应，以更灵活捕捉波动率的非对称性，提出非对称双成分 CARR（ACCARR）模型。最后，基于五种股票指数数据、四种预测评价指标及明瑟－扎诺维茨（Mincer-Zarnowitz）检验的实证结果表明，相较于 CARR、ACARR 和 CCARR 模型，综合考虑波动率的聚集性、长记忆性和非对称性等特征的 ACCARR 模型具有最好的样本外预测表现。

（5）第 6 章研究了得分驱动乘性成分已实现 CARR（SD-MCRCARR）模型对金融资产波动率的建模及预测的问题。首先，在 CARR 模型的基础上引入基于高频数据的已实现测度。其次，将条件价格极差乘性分解为长期（趋势）成分和短期成分，采用广义自回归得分（GAS）框架下的得分驱动方法设定长期成分与短期成分的驱动过程，构建出得分驱动乘性成分已实现 CARR（SD-MCRCARR）模型。最后，选取上证综合指数（SSEC）与深证成份指数（SZSEC）数据进行实证研究，基于上证综合指数和深证成份指数高频数据的实证研究表明，SD-MCRCARR 模型相比其他基准模型（包括 SD-CARR 模型、SD-RCARR 模型和 SD-MCCARR 模型）具有更好的数据拟合效果和波动率预测能力。因此，本章所构建的 SD-MCRCARR 模型能够充分捕获波动率的长记忆性和观测变量条件分布的信息。

（6）第 7 章在乘性成分 CARR 模型框架的基础上，考虑价格极差的非对称性，并引入混频数据抽样结构（MIDAS）构建出 ACARR-MIDAS 模型。首先，将条件价格极差分解成长期成分和短期成分，其中，短期成分近似服从 GARCH（1，1）过程，引入的收益率滞后项用于捕获价格极差的杠杆效应。其次，长期成分基于 MIDAS 回归思想进行建模。最后，选取中国上证综合指数（SSEC）、中国香港恒生指数（HSI）、日本日经指数（NK225）和韩国综合股价指数（KOSPI）这四个股票市场指数数据进行实证研究，结果表明 ACARR-MIDAS 模型在样本外预测方面明显优于 CARR、ACARR 和 CARR-MIDAS 模型。由此凸显出，对波动率进行建模和预测时考虑其非对称性和持续性的重要性。

（7）第 8 章在 CARR-MIDAS 模型的基础上，充分考虑到期权隐含波动率包含的前瞻信息，构建了带隐含波动率的混频 CARR（CARR-MIDAS-IV）模型。首先，基于 CARR-MIDAS 模型，将期权隐含波动率引入 CARR-MIDAS 模型的长期成分中，构建出带隐含波动率的 CARR-MIDAS（CARR-MIDAS-IV）模型。其次，采用香港恒生指数（HSI）和 SPX 指数及隐含波动率数据进行实证研究，结果表明隐含波动率确实包含描述波动率动态性的重要信息，引入隐含波动率能够改进模型数据的拟合效果和波动率预测能力。最后，将提出的 CARR-MIDAS-IV 模型与其他许多竞争模型进行比较发现，该模型具有更为优越的数据拟合效果和波动率预测能力。

（8）第 9 章考虑了经济政策不确定性（EPU）指数对波动率建模和预测的影响。首先，基于本书第 8 章提出的 CARR-MIDAS 模型，将 EPU 引入 CARR-MIDAS 模型的长期成分中，构建出 CARR-MIDAS-EPU 模型；接着，选取中国股票市场和原油期货市场数据对 CARR-MIDAS-EPU 模型与其他许多竞争模型进行实证比较分析。实证结果表明，引入 EPU 指数的 CARR-MIDAS 模型具有更好的数据拟合和预测能力，且 EPU 对中国股票市场和原油期货具有显著的负向影响。最后，进一步从样本外预测结果发现 CEPU 能够显著提升模型对波动率的预测精度。

（9）第 10 章基于传统的随机条件极差（SCR）模型，考虑了杠杆效应对波动率预测的影响。首先，对 SCR 模型进行了扩展，通过加入滞后收益率来解释杠杆效应，提出 SCRL 模型；接着，由于 SCRL 模型的隐性变量必须通过积分得出，使得该模型的似然函数难以估计，因此本书提出一种灵活且易于实现的基于连续粒子滤波的极大似然估计方法估计 SCRL 模型的参数；最后，基于四种股票指数数据的实证结果表明，本书提出的 SCRL 模型在样本内拟合和样本外预测方面都优于 CARR、具有杠杆效应的 CARR（CARRL）和 SCR 模型。

（10）第 11 章借鉴随机波动率（SV）模型的建模思路，同时考虑波动率的长记忆特征，对随机条件极差（SCR）模型进行了拓展。首先，对随机极差（SCR）模型进行拓展，构建 2FSCR 模型，描述价格价差的动态性。其次，采用标的资产日内价格极差数据，给出 2FSCR 模型基于 CSIR-ML 方法的参数估计；最后，给出基于上证综合指数、深证成份指数、香港恒生指数和标普 500 指数数据的实证研究。实证结果表明，2FSCR 模型相比 CARR 模型和单因子的 SCR 模型都具有更好的数据拟合效果和预测效果。

## 12.2 展　　望

本书通过构建多种扩展的 CARR 模型较好地捕获了金融市场波动率的聚集性、长记忆性及非对称性等特征。但是，本书中还存在一些不足，以期在以下几个方面进行更为深入的研究。

（1）本书所采用的基于价格极差的波动率模型相比于基于收益率的波动率模型具有更高的估计和预测效果。但随着日内高频信息的获取日益简单，基于高频数据的波动率建模取得了丰硕的研究成果，未来将极差模型中的价格极差替换为基于高频数据的已实现价格极差值得进一步研究。

（2）本书采用的 CARR 族模型假定其扰动项服从 Gamma 分布，较大程度地减少了内点和异常值问题。因此，进一步改善和推广 GCARR 模型是未来研究的重点。

（3）本书在 CARR 模型的基础上引入 MIDAS 结构，研究某一宏观变量对金融市场波动率的影响及预测能力。因此，未来可以考虑对该模型进行更加深入的拓展和研究，例如增加其他宏观经济变量，在模型中引入额外的 MIDAS 成分，如国内生产总值、通货膨胀和利率等。

（4）近年来衍生品市场发展迅速，衍生产品的定价也获得了越来越多的关注。波动率作为衍生品定价的一个关键变量，对其进行精确预测对于估值具有重要意义。因此，如何选用最为合理的模型为衍生品进行定价值得进一步研究，例如考虑在现有模型基础上引入杠杆效应（波动率非对称性）或者包含市场波动前瞻信息的期权隐含波动率，以期获得更合理的波动率模型。

本书的研究工作值得指出的是，本书模型还有待更进一步扩展和研究，例如可以考虑将价格极差替换为（基于高频数据构建的）已实现价格极差、在现有模型基础上引入门限效应、马尔可夫机制转换等，以及考虑模型在衍生产品（如期权）定价、资产组合管理以及风险管理等问题中的应用；也可以考虑在现有模型基础上引入杠杆效应（波动率非对称性）或者包含市场波动前瞻信息的期权隐含波动率，以期获得更合理的波动率模型。当然，将本书模型应用于期权定价和波动率择时等问题中，也是未来重要的研究方向。

# 参考文献

［1］黄薏舟，郑振龙.2009.无模型隐含波动率及其所包含的信息：基于恒生指数期权的经验分析［J］.系统工程理论与实践，29（11）：46－59.

［2］雷立坤，余江，魏宇，等.2018.经济政策不确定性与我国股市波动率预测研究［J］.管理科学学报，21（6）：88－98.

［3］刘威仪.2018.基于半极差模型的高低价预测［J］.数理统计与管理，38（2）：314－325.

［4］刘晓倩，王健，吴广.2017.基于高频数据HAR-CVX模型的沪深300指数的预测研究［J］.中国管理科学，25（6）：1－10.

［5］鲁万波，于翠婷，王敏.2018.基于非参数条件自回归极差模型的中国股市波动性预测［J］.数理统计与管理，37（3）：544－553.

［6］罗嘉雯，陈浪南.2017.基于贝叶斯因子模型金融高频波动率预测研究［J］.管理科学学报，20（8）：13－26.

［7］马锋，魏宇，黄登仕.2017.基于符号收益和跳跃变差的高频波动率模型［J］.管理科学学报，20（10）：31－43.

［8］倪中新，郭婧，王琳玉.2020.上证50ETF期权隐含波动率微笑形态的风险信息容量研究［J］.财经研究，46（4）：155－169.

［9］屈满学，王鹏飞.2017.我国波动率指数预测能力研究：基于隐含波动率的信息比较［J］.经济问题，（1）：60－66.

［10］邵锡栋，殷炼乾.2008.基于实现极差和实现波动率的中国金融市场风

险测度研究 ［J］. 金融研究，（6）：109－121.

［11］ 王沁. 2017. 基于杠杆效应 CARR 模型的波动率预测 ［J］. 数理统计与管理，36（1）：51－58.

［12］ 吴鑫育，谢海滨，李心丹. 2021. 基于非对称双成分 CARR 模型的波动率预测 ［J］. 数理统计与管理，40（1）：36－50.

［13］ 夏天. 2007. 基于 CARR 模型的交易量与股价波动性动态关系的研究 ［J］. 数理统计与管理，26（5）：887－895.

［14］ 夏婷，闻岳春. 2018. 经济不确定性是股市波动的因子吗?：基于 GARCH-MIDAS 模型的分析 ［J］. 中国管理科学，26（12）：1－11.

［15］ 姚远，刘振清，翟佳等. 2019. 人民币汇率的双成分混合波动率模型 ［J］. 管理科学学报，2019，22（11）：91－105.

［16］ 殷炼乾，邵锡栋. 2009. 中国金融市场波动率模型预测能力比较研究 ［J］. 预测，28（5）：20－26.

［17］ 张一锋，雷立坤，魏宇. 2020. 羊群效应的新测度指数及其对我国股市波动的预测作用研究 ［J］. 系统工程理论与实践，40（11）：2810－2824.

［18］ 赵树然，任培民，赵昕. 2012. 基于 CARR-EVT 整体方法的动态日 VaR 和 CVaR 模型研究 ［J］. 数量经济技术经济研究，29（11）：130－148.

［19］ 郑挺国，尚玉皇. 2014. 基于宏观基本面的股市波动度量与预测 ［J］. 世界经济，37（12）：118－139.

［20］ 郑振龙，黄薏舟. 2010. 波动率预测：GARCH 模型与隐含波动率 ［J］. 数量经济技术经济研究，27（1）：140－150.

［21］ 周杰，刘三阳，邵锡栋. 2007. 基于样本分位数的波动率估计：条件自回归拟极差模型 ［J］. 南开经济研究，137（5）：133－143，153.

［22］ Alizadeh S，Brandt M W，Diebold F X. 2002. Range-based estimation of stochastic volatility models ［J］. The Journal of Finance，57（3）：1047－1091.

［23］ Al-Thaqeb S A，Algharabali B G. 2019. Economic policy uncertainty：A literature review [J]. The Journal of Economic Asymmetries, 20, e00133.

[24] Amado C, Silvennoinen A, Teräsvirta T. 2019. Models with multiplicative decomposition of conditional variances and correlations [J]. Financial Mathematics, Volatility and Covariance Modelling, 217 – 260.

[25] Amado C, Teräsvirta T. 2013. Modelling volatility by variance decomposition [J]. Journal of Econometrics, 175 (2): 142 – 153.

[26] Amado C, Teräsvirta T. 2017. Specification and testing of multiplicative time-varying GARCH models with applications [J]. Econometric Reviews, 36 (4): 421 – 446.

[27] Andersen T G, Bollerslev T, Diebold F X, et al. 2001. The distribution of realized stock return volatility [J]. Journal of Financial Economics, 61 (1): 43 – 76.

[28] Anderson R I, Chen Y C, Wang L M. 2015. A range-based volatility approach to measuring volatility contagion in securitized real estate markets [J]. Economic Modelling, 45: 223 – 235.

[29] Arouri M, Estay C, Rault C, et al. 2016. Economic policy uncertainty and stock markets: Long-run evidence from the US [J]. Finance Research Letters, 18: 136 – 141.

[30] Asgharian H, Hou A J, Javed F. 2013. The importance of the macroeconomic variables in forecasting stock return variance: A GARCH-MIDAS approach [J]. Journal of Forecasting, 32 (7): 600 – 612.

[31] Auer B R. 2016. How does Germany's green energy policy affect electricity market volatility? An application of conditional autoregressive range models [J]. Energy Policy, 98: 621 – 628.

[32] Babaoglu K, Christoffersen P, Heston S, et al. 2017. Option valuation with volatility components, fat tails, and non-monotonic pricing kernels [R]. Working Paper.

[33] Baillie R T, Bollerslev T, Mikkelsen H O. 1996. Fractionally integrated gen-

eralized autoregressive conditional heteroskedasticity [J]. Journal of Econometrics, 74 (1): 3 –30.

[34] Baker S R, Bloom N, Davis S J, 2016. Measuring economic policy uncertainty [J]. The Quarterly Journal of Economics, 131 (4): 1593 –1636.

[35] Barndorff-Nielsen O E, Hansen P R, Lunde A, et al. 2008. Designing realized kernels to measure the expost variation of equity prices in the presence of noise [J]. Econometrica, 76 (6): 1481 –1536.

[36] Barndorff-Nielsen O E, Shephard N. 2002. Econometric analysis of realized volatility and its use in estimating stochastic volatility models [J]. Journal of the Royal Statistical Society: Series B, 64: 253 –280.

[37] Bauwens L, Veredas D. 2004. The stochastic conditional duration model: A latent factor model for the analysis of financial durations [J]. Journal of Econometrics, 119 (2): 381 –412.

[38] Black F. 1976. Studies of stock price volatility changes [J]. 1976 Proceedings of the American Statistical Association Bisiness and Economic Statistics Section, 81: 177 –181.

[39] Blair B J, Poon S H, Taylor S J. 2001. Forecasting S&P 100 volatility: The incremental information content of implied volatilites and high-frequency index returns [J]. Journal of Econometrics, 105 (1): 5 –26.

[40] Blasques F, Koopman S J, Lucas A. 2015. Information-theoretic optimality of observation-driven time series models for continuous responses [J]. Biometrika, 102 (2): 325 –343.

[41] Bollerslev T, Chou R Y, Kroner K F. 1992. ARCH modeling in finance: A review of the theory and empirical evidence [J]. Journal of Econometrics, 52 (1 –2): 5 –59.

[42] Bollerslev T. 1986. Genearlized autoregressive conditional heteroskedasticity [J]. Journal of Econometrics, 31: 307 –327.

[43] Brandt M W, Jones C S. 2006. Volatility forecasting with range-based

EGARCH models [J]. Journal of Business and Economic Statistics, 24 (4): 470 – 486.

[44] Campbell J Y, Shiller R J. 1988. Stock prices, earnings, and expected dividends [J]. Journal of Finance, 43 (3): 661 – 676.

[45] Chan J S K, Lam C P Y, Yu P L H, et al. 2012. A Bayesian conditional autoregressive geometric process model for range data [J]. Computational Statistics and Data Analysis, 56: 3006 – 3019.

[46] Chan J S K, Ng K H, Nitithumbundit T, et al. 2018. Efficient estimation of financial risk by regressing the quantiles of parametric distributions: An application to CARR models [J]. Studies in Nonlinear Dynamics & Econometrics, 23 (2): 20170012.

[47] Chan J S K, Nitithumbundit T, Ng K H, et al. 2015. Estimating financial risk using parametric quantile regression: An application to CARR models [R]. Working paper.

[48] Chen C W S, Gerlach R, Lin E M H. 2008. Volatility forecast using threshold heteroskedastic models of the intra-day range [J]. Computational Statistics & Data Analysis, 52: 2990 – 3010.

[49] Chiang M H, Chou R Y, Wang L M. 2016. Outlier detection in the lognormal logarithmic conditional autoregressive range model [J]. Oxford Bulletin of Economics and Statistics, 78 (1): 126 – 144.

[50] Chiang M H, Wang L M. 2011. Volatility contagion: A range-based volatility approach [J]. Journal of Econometrics, 165: 175 – 189.

[51] Chiang T C. 2019. Economic policy uncertainty, risk and stock returns: Evidence from G7 stock markets [J]. Finance Research Letters, 29: 41 – 49.

[52] Chou H, Wang D. 2014. Estimation of tail-related value-at-risk measures: Range-based extreme value approach [J]. Quantitative Finance, 14 (2): 293 – 304.

[53] Chou R, Liu N. 2010. The economic value of volatility timing using a range-

based volatility model [J]. Journal of Economic Dynamics and Control, 34 (11): 2288 – 2301.

[54] Chou R. 2006. Modeling the asymmetry of stock movements using price ranges [J]. Advances in Econometrics, 20 (1): 231 – 257.

[55] Chou R Y, 2005. Forecasting financial volatilities with extreme values: the conditional autoregressive range (CARR) model [J]. Journal of Money, Credit, and Banking, 37 (3): 561 – 582.

[56] Christensen B J, Prabhala N R. 1998. The relation between implied and realized volatility [J]. Journal of Financial Economics, 50 (2): 125 – 150.

[57] Christensen K, Podolskij M. 2007. Realized range-based estimation of integrated variance [J]. Journal of Econometrics, 141 (2): 323 – 349.

[58] Christoffersen P, Feunou B, Jacobs K, et al. 2014. The economic value of realized volatility: Using high-frequency returns for option valuation [J]. Journal of Financial and Quantitative Analysis, 49 (3): 663 – 697.

[59] Christoffersen P, Heston S, Jacobs K. 2009. The shape and term structure of the index option smirk: Why multifactor stochastic volatility models work so well [J]. Management Science, 55 (12): 1914 – 1932.

[60] Christoffersen P, Jacobs K, Mimouni K. 2010. Volatility dynamics for the S&P 500: Evidence from realized volatility, daily returns, and option prices [J]. The Review of Financial Studies, 23 (8): 3141 – 3189.

[61] Christoffersen P, Jacobs K, Ornthanalai C, et al. . 2008. Option valuation with long-run and short-run volatility components [J]. Journal of Financial Economics, 90 (3): 272 – 297.

[62] Conrad C, Kleen O. 2020. Two are better than one: Volatility forecasting using multiplicative component GARCH-MIDAS models [J]. Journal of Applied Econometrics, 35 (1): 19 – 45.

[63] Conrad C, Loch K. 2015. Anticipating long-term stock market volatility [J]. Journal of Applied Econometrics, 30 (7): 1090 – 1114.

［64］ Corsi F, Reno R. 2012. Discrete-time volatility forecasting with persistent le-
verage effect and the link with continuous-time volatility modeling ［J］. Jour-
nal of Business and Economic Statistics, 30 (3): 368 – 380.

［65］ Creal D, Koopman S J, Lucas A. 2013. Generalized autoregressive score
models with applications ［J］. Journal of Applied Econometrics, 28 (5):
777 – 795.

［66］ Cuthbertson K, Hyde S. 2002. Excess volatility and efficiency in French and
German stock markets ［J］. Economic Modelling, 19 (3): 399 – 418.

［67］ Dai Z F, Zhou H T, Wen F H, et al. 2020. Efficient predictability of stock
return volatility: The role of stock market implied volatility ［J］. North
American Journal of Economics and Finance, 52, Article, 101174.

［68］ Degiannakis S, Livada A. 2013. Realized volatility or price range: Evidence
from a discrete simulation of the continuous time diffusion process ［J］. Eco-
nomic Modelling, 30: 212 – 216.

［69］ Diebold F X, Mariano R S, 1995. Comparing predictive accuracy ［J］.
Journal of Business and Economic Statistics, 13 (3): 253 – 263.

［70］ Ding Z, Granger C W J. 1996. Modeling volatility persistence of speculative
returns: A new approach ［J］. Journal of Econometrics, 73 (1): 185 –
215.

［71］ Ding Z. 2016. Volatility modeling using GARCH: Theory and practice ［R］.
Working Paper.

［72］ Dobrev D, Szerszen P. 2010. The information content of high-frequency data
for estimating equity return models and forecasting risk ［R］. Working Paper.

［73］ Dorion C. 2016. Option valuation with macro-finance variables ［J］. Journal
of Financial and Quantitative Analysis, 51 (4): 1359 – 1389.

［74］ Duan Y, Chen W, Zeng Q, et al. 2018. Leverage effect, economic policy
uncertainty and realized volatility with regime switching ［J］. Physica A:
Statistical Mechanics and its Applications, 493: 148 – 154.

[75] Durham G B. 2006. Monte carlo methods for estimating, smoothing, and filtering one and two-factor stochastic volatility models [J]. Journal of Econometrics, 133: 273 – 305.

[76] Engle R F, Gallo J P. 2006. A multiple indicator model for volatility using intra daily data [J]. Journal of Econometrics, 131 (1 – 2): 3 – 27.

[77] Engle R F, Ghysels E, Sohn B. 2013. Stock market volatility and macroeconomic fundamentals [J]. Review of Economics and Statistics, 95 (3): 776 – 797.

[78] Engle R F, Lee G. 1999. A long-run and short-run component model of stock return volatility [M]. Oxford University Press.

[79] Engle R F, Rangel J. 2008. The spline-GARCH model for low-frequency volatility and its global macroeconomic causes [J]. Review of Financial Studies, 21 (3): 1187 – 1222.

[80] Engle R. 2002. New frontiers for ARCH models [J]. Journal of Applied Econometrics, 17 (5): 425 – 446.

[81] Engle R, Russell J. 1998. Autoregressive conditional duration: a new model for irregular spaced transaction data [J]. Econometrica, 66 (5): 1127 – 1162.

[82] Fleming J. 1998. The quality of market volatility forecasts implied by S&P 100 index options prices [J]. Journal of Empirical Finance, 5 (4): 317 – 345.

[83] Frijns B, Tallau C, Tourani-Rad A. 2010. The information content of implied volatility: Evidence from australia [J]. Journal of Futures Markets, 30 (2): 134 – 155.

[84] Galli F. 2014. Stochastic conditional range, a latent variable model for financial volatility [J]. Working Paper.

[85] Ghysels E, Santa-Clara P. 2004. Valkanov R. The MIDAS touch: Mixed data sampling regression models [R]. Working Paper.

[86] Ghysels E, Sinko A, Valkanov R. 2007. MIDAS regressions: Further results and new directions [J]. Econometric Reviews, 26: 53 – 90.

［87］Gordon N J, Salmond D J, Smith A F M. 1993. Novel approach to nonlin-ear/non-Gaussian Bayesian state estimation ［J］. IEE Proceedings-F, 140 (2): 107 –113.

［88］Hansen P R, Lunde A, Nason J M. 2011. The model confidence set ［J］. Econometrica, 79 (2): 453 –497.

［89］Harris R D F, Mazibas M. 2016. A component Markov regime-switching au-toregressive conditional range model ［J］. Working Paper.

［90］Harris R D F, Stoja E, Yilmaz F. 2011. A cyclical model of exchange rate volatility ［J］. Journal of Banking and Finance, 35 (11): 3055 –3064.

［91］Harvey A. 2013. Dynamic models for volatility and heavy tails: With applica-tions to financial and economic time series ［M］. New York: Cambridge Uni-versity Press.

［92］Harvey A, Sucarrat G. 2014. EGARCH models with fat tails, skewness and leverage ［J］. Computational Statistics & Data Analysis, 76: 320 –338.

［93］Kambouroudis D S, McMillan D G, Tsakou K. 2016. Forecasting stock re-turn volatility: A comparison of GARCH, implied volatility, and realized volatility models ［J］. Journal of Futures Market, 36 (12): 1127 –1163.

［94］Karpoff J. 1987. The relation between price range and trading volume: a survey ［J］. Journal of Financial and Quantitative Analysis, 22 (1): 109 –126.

［95］Kumar D. 2015. Sudden changes in extreme value volatility estimator: Model-ing and forecasting with economic significance analysis ［J］. Economic Mod-elling, 49: 354 –371.

［96］Lamoureux C, and Lastrapes W. 1990. Heteroskedasticity in stock return data: volume versus GARCH effect ［J］. Journal of Finance, 45 (1): 221 –229.

［97］Li H Q, Hong Y M. 2011. Financial volatility forecasting with range-based au-toregressive volatility model ［J］. Finance Research Letters, 8 (2): 69 –76.

［98］Lin E M H, Chen C W S, Gerlach R. 2012. Forecasting volatility with asym-metric smooth transition dynamic range models ［J］. International Journal of

Forecasting, 28: 384 – 399.

[99] Li T, Ma F, Zhang X, et al. 2020. Economic policy uncertainty and the Chinese stock market volatility: Novel evidence [J]. Economic Modelling, 87: 24 – 33.

[100] Liu L, Patton A, Sheppard K. 2015. Does anything beat 5 – minute RV? A comparison of realized measures across multiple asset classes [J]. Journal of Econometrics, 187 (1): 293 – 311.

[101] Liu L, Zhang T. 2015. Economic policy uncertainty and stock market volatility [J]. Finance Research Letters, 15: 99 – 105.

[102] Liu Z, Ye Y, Ma F, et al. 2017. Can economic policy uncertainty help to forecast the volatility: A multifractal perspective [J]. Physica A: Statistical Mechanics and Its Applications, 482: 181 – 188.

[103] Li X, We Y, Chen X, et al. 2022. Which uncertainty is powerful to forecast crude oil market volatility? New evidence [J]. International Journal of Finance & Economics, 27 (4): 4279 – 4297.

[104] Li Y, Ma F, Zhang Y, et al. 2019. Economic policy uncertainty and the Chinese stock market volatility: new evidence [J]. Applied Economics, 51 (49): 5398 – 5410.

[105] Malik S, Pitt M K. 2011. Particle filters for continuous likelihood evaluation and maximization [J]. Journal of Econometrics, 165: 190 – 209.

[106] Ma R, Zhou C, Cai H, et al. 2019. The forecasting power of EPU for crude oil return volatility [J]. Energy Reports, 5: 866 – 873.

[107] Mei D, Zeng Q, Zhang Y, et al. 2018. Does US Economic Policy Uncertainty matter for European stock markets volatility? [J]. Physica A: Statistical Mechanics and its Applications, 512: 215 – 221.

[108] Miao D W C, Wu C C, Su Y K. 2013. Regime-switching in volatility and correlation structure using range-based models with Markov-switching [J]. Economic Modelling, 31: 87 – 93.

[109] Mincer J A, Zarnowitz V. 1969. The evaluation of economic forecasts A. In: Economic Forecasts and Expectations: Analysis of Forecasting Behavior and Performance [C]. New York: National Bureau of Economic Research, Inc: 60 (3): 3 – 46.

[110] Nelson D B. 1991. Conditional heteroskedasticity in asset returns: A new approach [J]. Econometrica: Journal of the Econometric Society, 59 (2): 347 – 370.

[111] Pan Z, Wang Y, Wu C, et al. 2017. Oil price volatility and macroeconomic fundamentals: A regime switching GARCH-MIDAS model [J]. Journal of Empirical Finance, 43: 130 – 142.

[112] Pan Z Y, Wang Y D, Liu L, et al. 2019. Improving volatility prediction and option valuation using VIX information: A volatility spillover GARCH model [J]. Journal of Futures Market, 39 (6): 744 – 776.

[113] Parkinson M. 1980. The extreme value method for estimating the variance of the rate of return [J]. Journal of Business, 53 (1): 61 – 65.

[114] Pati P C, Barai P, Rajib P. 2018. Forecasting stock market volatility and information content of implied volatility index [J]. Applied Economics, 50 (23): 2552 – 2568.

[115] Patton A J. 2011. Volatility forecast comparison using imperfect volatility proxies [J]. Journal of Econometrics, 160 (1): 246 – 256.

[116] Pitt M K, Mailk S, Doucet A. 2014. Simulated likelihood inference for stochastic volatility models using continuous particle filtering [J]. Annals of the Institute of Statistical Mathematics, 66 (3): 527 – 552.

[117] Pástor L, Veronesi P, 2013. Political uncertainty and risk premia [J]. Journal of Financial Economics, 110 (3): 520 – 545.

[118] Pástor L, Veronesi P, 2012. Uncertainty about government policy and stock prices [J]. The Journal of Finance, 67 (4): 1219 – 1264.

[119] Qiao G X, Teng Y X, Li W P, et al. 2019. Improving volatility forecasting

based on Chinese volatility index information: Evidence from CSI 300 index and futures markets [J]. North American Journal of Economics and Finance, 49: 133 – 151.

[120] Shao X D, Lian Y J, Yin L Q. 2009. Forecasting Value-at-Risk using high frequency data: The realized range model [J]. Global Finance Journal, 20: 128 – 136.

[121] Sin C Y. 2013. Using CARRX models to study factors affecting the volatilities of Asian equity markets [J]. North American Journal of Economics and Finance, 26: 552 – 564.

[122] Smirnov N. 1948. Table for estimating the goodness of fit of empirical distributions [J]. The annals of mathematical statistics, 19 (2): 279 – 281.

[123] Tan S K, Ng K H, Chan J S K, et al. 2019. Quantile range-based volatility measure for modelling and forecasting volatility using high frequency data [J]. The North American Journal of Economics and Finance, 47: 537 – 551.

[124] Taylor S J. 1994. Modeling stochastic volatility: A review and comparative study [J]. Mathematical Finance, 4 (2): 183 – 204.

[125] Tsai I C. 2017. The source of global stock market risk: A viewpoint of economic policy uncertainty [J]. Economic Modelling, 60: 122 – 131.

[126] Wang F, Ghysels E. 2015. Econometric analysis of volatility component models [J]. Econometric Theory, 31 (2): 362 – 393.

[127] Wang X, Luo Y, Wang Z, et al. 2021. The impact of economic policy uncertainty on volatility of China's financial stocks: An empirical analysis [J]. Finance Research Letters, 39, Article 101650.

[128] Wu X, Wang X, Wang H. 2021. Forecasting stock market volatility using implied volatility: evidence from extended realized EGARCH-MIDAS model [J]. Applied Economics Letters, 28 (11): 915 – 920.

[129] Wu X Y, Hou X M. 2020. Forecasting volatility with component conditional

autoregressive range model [J]. North American Journal of Economics and Finance, 51, Article 101078.

[130] Xie H B. 2019. Financial volatility modeling: The feedback asymmetric conditional autoregressive range model [J]. Journal of Forecasting, 38, 11 - 28.

[131] Xie H B, Qi N, Wang S Y. 2018. A new variant of Real GARCH for volatility modeling [J]. Finance Research Letters, 28: 438 - 443.

[132] Xie H B. 2020. Range-based volatility forecasting: A multiplicative component conditional autoregressive range model [J]. Journal of Risk, 22 (5): 1 - 23.

[133] Xie H B, Wu X Y. 2017. A conditional autoregressive range model with gamma distribution for fifinancial volatility modelling [J]. Economic Modelling, 64: 349 - 356.

[134] Xiong X, Bian Y, Shen D. 2018. The time-varying correlation between policy uncertainty and stock returns: Evidence from China [J]. Physica A: Statistical Mechanics and Its Applications, 499: 413 - 419.

[135] Yi A, Yang M, Li Y. 2021. Macroeconomic uncertainty and crude oil futures volatility: Evidence from China crude oil futures market [J]. Frontiers in Environmental Science, 9: 1 - 13.

[136] Yu H, Fang L, Sun W. 2018. Forecasting performance of global economic policy uncertainty for volatility of Chinese stock market [J]. Physica A, 505: 931 - 940.

[137] Yu M, Song J. 2018. Volatility forecasting: Global economic policy uncertainty and regime switching [J]. Physica A: Statistical Mechanics and Its Applications, 511: 316 - 323.

[138] Yu X, Huang Y. 2021. The impact of economic policy uncertainty on stock volatility: Evidence from GARCH-MIDAS approach [J]. Physica A, 570, Article 125794.